素履不歇

一个语文老师的成长小史

高平 著

山东文艺出版社

图书在版编目（CIP）数据

素履不歇:一个语文老师的成长小史／高平著.—济南:山东文艺出版社,2023.9
ISBN 978-7-5329-6966-1

Ⅰ.①素… Ⅱ.①高 Ⅲ.①散文集–中国–当代
Ⅳ.①I267

中国国家版本馆CIP数据核字(2023)第153581号

素履不歇:一个语文老师的成长小史
SULÜBUXIE YIGE YUWENLAOSHI DE CHENGZHANG XIAOSHI
高平 著

主管单位	山东出版传媒股份有限公司
出版发行	山东文艺出版社
社　　址	山东省济南市英雄山路189号
邮　　编	250002
网　　址	www.sdwypress.com
读者服务	0531-82098776（总编室）
	0531-82098775（市场营销部）
电子邮箱	sdwy@sdpress.com.cn
印　　刷	肥城源盛印刷有限公司
开　　本	710毫米×1000毫米　1/16
印　　张	17　插页/2
字　　数	236千
版　　次	2023年9月第1版
印　　次	2023年9月第1次印刷
书　　号	ISBN 978-7-5329-6966-1
定　　价	48.00元

版权专有，侵权必究。如有图书质量问题，请与出版社联系调换。

序
生命深处的美景
——《素履不歇》的心灵回响

我出身于农村，又当过十年农民，对于积淀已久的乡村人的文化基因可以说了如指掌。二十世纪六七十年代的农民，不像现在这样能够进城打工，黄土地几乎成了他们的唯一生存保障。正是在这片飘散着粪土气息的土地上，世世代代的人们，任劳任怨地劳作着，而善良淳朴、吃苦耐劳、知足常乐等优秀品质也就相应而生；与此同时，愚昧无知、思想狭隘、听天由命等思想也根深蒂固地植根于不少人的心里。即使他们走进县城乃至大城市，这种文化基因仍然会或多或少地以其顽强的韧性影响着他们的思想与行为。

如果能将农民的美好品质承继并发扬光大，将不好的思想逐一过滤而摒弃，同时又将城市人视野开阔、志向高远的品性"据为己有"，则多能展翅高飞，取得非同一般的成就。

高平的童年就是在乡村度过的，她的智慧在于，她将乡村人最美好的品质，包括儿时的天真纯情等，一并"打包"带到了省城济南；又将城市人最优秀的品质吸纳到自己的人格宝库里。

于是，融合城乡美质于一体的高平，就有了精神的丰厚与纯美。

农村艰难的生活经历与求学生涯，并没有在她的心底积淀下多么沉痛的回忆，反而飘逸出缕缕诗意的芳香。也许正是乡村人那种美好的文化基因，让她的心里一直唱着"乐感文化"的圣歌。

《素履不歇》这本书，让我们看到了虽已飘远却又活跃在眼前的乡村景象。她的奶奶、父亲、母亲、姐姐、伙伴以及老师，一个个透过她的文字栩栩如生地向我们走来。那是乡村自然美景与古老道德和谐共唱的一支牧歌，仿佛是她清澈丰沛的人生上游。

可以肯定地说，当时那个几乎连乳名都没有的乡村小妮，怎么也不会想到未来会走进省府重点中学，并取得如此之大的成就。

可是，仔细想来，从她初入小学，直到今天，又是那么水到渠成。

少时求学的磨难，非但没有泯灭她的大学梦，反而使之愈燃愈烈。乡镇教学的时光，不但没有让她随波逐流地虚度光阴，反而让她在饱读诗书中积蓄了巨大的生命能量。进入山东大学附属中学之后，她教学、读书、写作一个不落，在为语文组赢得发展与荣誉的同时，自己也登临到特级教师和中学正高级教师的殿堂。

上天没有赐给她一个优越的家庭文化环境，对她来说，没有中断上学甚至都是一个奇迹，而且她也没能考上一所名牌大学。可是，当年那些各方面条件远远优于她的同龄人，今天又有几人能像她那样大鹏展翅而翱翔于天空呢？

这给我们一个重要的启示，每个人生命的前程，不是由他人来调控的，而是完全握在自己的手中。一个不能取得大的成功的人，往往不是输在了起跑线上，而是输在了过程中。高平正是在坚忍不拔地一直奔跑着，素履不歇。

她全然不想，前方是否有鲜花与奖牌，只是像阿甘一样一个劲儿地奔跑着。

未想鲜花，鲜花却在她的眼前怒放；未想奖牌，奖牌却挂在了她的胸前。尽管从来不孜孜以求于名利，可是，该到来的，终究要来。有了付出，自然也就有了收获，这也许是人生定律吧。

即使是收获，其含金量的多寡也大不一样。所有的成就，只有高尚人格为其支撑的时候，才有更高的精神价值。不然，即使得到再多的名利，也最终会在人格精神的"考评"中一败涂地。

高平，恰恰在这样的"考评"中脱颖而出，支持这种观点的实例不胜枚举。囿于篇幅，仅举一件事情，来加以佐证。

高平在担任初三语文教学任务期间，我曾好多次推荐她到全国教育大会上去做报告，都被她婉言谢绝了。理由很简单，她对学生有一个承诺，初三这一年，她哪里也不去，只有学生毕业了，她才可以放心地出去讲学。其实，周六、周日并不上课，可心系学生的她，却始终信守着诺言。不仅如此，每天傍晚放学后，她并不回家，而是在办公室里接待"来访"的学生。学生会提出这样那样的问题，她一一回答；有时候是面批学生的作业，并恰到好处地给予鼓励与点拨。用课余时间无偿地为学生释疑解惑，以及师生彼此的倾心交流，总会在她的心里洋溢出安适与宁静的美。

这样的品质，可能并不会被更多人看到，可她的人格光芒却悄然地照射到了学生的心里。我甚至认为，这一点也不亚于她已经出版的个人专著的价值。

人生在这个世上，名利不是不需要，可比名利更重要的是人格，因为它是亘古长青的。

如果说这种精神让我们充满敬意的话，那么，她的审美情趣，同样给老师们以有益的启示。

读者如果翻开这本书，就会沉醉其中而不知归路。在她的笔下，即使是一溪流水，一弯山路，春风秋雨，花开花落，都无不荡漾着美的涟漪。

这是因为高平的心中有美，所以，她目之所见，心之所感，都有了别样的美丽，即使在一般人因情感伤的时候，她也会在优雅地欣赏中"欲辨已忘言"了。

每个人都只有一次生命，这生命是美如鲜花，还是丑如烂泥，不是取决于你之所见、所触、所想，而是在于你的心里是不是有一朵盛开的鲜花在随风摇曳。恰如伟大的艺术家罗丹所言："对于我们的眼睛，不是缺少美，而是缺少发现。"对于我们的心灵，又何尝不是如此呢？笔者多么希望广大读者在读这本书的时候,也能嗅到自己心中的那朵鲜花所散发出来的芬芳啊!

如果说高平美丽的心境让许多人心向往之的话,她那"清水出芙蓉,天然去雕饰"的语言之美,同样让我们陶醉。从美学的角度讲,她的语言不属于"大江东去,浪淘尽,千古风流人物"的壮美,而是"杨柳岸,晓风残月"的优美。如果屏息静气,甚至可听到"小桥流水人家"潺潺的水声,闻到弥漫在书中如初春山地绽放的小花的淡淡的清香,让你有一种透彻心脾之感。

这自然与她几十年如一日地诵读世界名著有关,同时,也与农村时光依然在其心里起伏波动有关。童年的记忆是永不褪色的,甚至随着年龄的增长,反而还会像陈酿的白酒一样,散发出更加扑鼻的醇香。

希望有缘的读者走进书中,去品尝那优雅的文字和美好的情愫所散发出来的芳香,并触摸那个生命不断跃升的精神内核,让自己的生命也驶向一个美好的前方。

如果说这本描写高平乡村生活、求学和教学生涯的成长画卷有着独特之美的话,那么,高平来到济南之后的嘹亮歌唱则有着另一番美妙的音韵。从本书后记可以略见一二。而阅读她已经出版的《陪小土豆们读初中》《教想曲》《文学是一粒粟》,则可以领略到另一种精神风采。

凡心所向,素履以往。因为不止歇,她所见所闻所思所感,如涓涓细流竟也汇成江河,汇成一个语文教师的成长小史。

不由得想起苏东坡的著名诗句:"横看成岭侧成峰,远近高低各不同。"观览高平摇曳多姿的精神美景,聆听其文味悠扬的歌唱,也许会让你有一个新的超越与更加美好的前景。

陶继新

2022年2月15日于济南

自序
请永远不要
对我说你的起点有多低

我曾很多次被邀请去一些学校跟老师们交流，北至内蒙古，西至新疆，南至浙江，东至青岛……有一次去一个县城，局长说暑期的培训是强制性的。果然，我发现每一张桌子上都贴着参会者的名字，谁迟到了或者没有来，一望名字便知。培训开始前，我听拿到培训材料的老师悄声说，人家是来自大学附中的特级教师，还是正高级教师呢，我们不过是混碗饭吃，咱本来起点就低……

这已经不是我第一次听到有人这样说了。

但是我想说，请永远不要对我说你的起点有多低。

好吧，请允许我逆流而上，追溯属于我的"起点"。

说起我的起点，便不得不提那个大山深处的小村落。我的父母都是大字不识一个的农民，我的爷爷在我父亲三岁的时候病亡，我的母亲十三岁就被送到我奶奶身边，类似于"童养媳"，但她第二天就逃回了家，硬是攀住一棵石榴树，拒绝跟"婆婆"回家，从此卖豆腐养家。十三岁到十八岁的五年内，她每日挑着豆腐担子从小黄巢观到大黄巢观叫卖，无数次看见路旁的大狗不敢向前，哭了多少次连她自己都不记得。卖不完豆腐就不敢回家的日子，她也讨过饭。十八岁嫁到上里村，二十一岁生了我大姐。我是家里的第五个孩子，上面有四个姐姐，我因此而没有乳名，甚至差一点被送人。我的大姐、二姐都没有机会上学，我初中三年一直是吃煎饼就咸菜，高中的时候如果不是大姐供给我粮票我绝对要辍学，好不容易考上大学还是专科，毕业后我被分配回到大山深处当乡镇中学的教师……

　　单身宿舍只有一间斗室，只能放下一张小床、一张木桌。冬天要生起炭炉子，夜里屋子里的水会全部结成冰。那时候吃不到一个白面馒头。赶集买猪肥膘炼出白色的大油，最奢侈的时候会买冻的小黄花鱼，身上穿的是几块钱一米的布料找人缝制的衣服。有一年发大水，我的书全部被泡在了床底下，搬家来济南的时候可以说是两手空空。

　　想我刚到山大附中的时候，简直就是个乡村的黄毛丫头，学历最低，普通话都说不好。学生和家长甚至请求校长换人。要不是校长和书记的鼓励，也许我会逃到图书馆去做一名图书管理员。

　　但是我却要感谢，感谢命运安排我属于大山而不属于被仔细看管的孩子，我在山涧溪流奔跑、玩耍、呼喊，时有狂野，我认得了荠菜花和茵陈蒿，学会了种植花生和麦子。迄今为止我最喜欢的一项运动就是长跑……正是我人生之初的泥泞，留下我一路走来的深深脚印；正是懵懂无知，甚至不知道村子之外世界的浅薄，成为我人生上游涓涓流淌的清澈溪流。

　　我感谢父母都是最质朴的农民，他们告诉我土地里刨食的艰难。我亲眼所见，他们如何把最饱满的粮食上缴公粮，甚至遭受蔑视和羞辱；亲身体验如一只牲口一样拴在绳索上拉犁，懂得汗珠子摔成八瓣的辛酸；亲眼见到小村里面的"养蚕人"没有机会"遍身罗绮"，即使过着最底层的生活，也要拼尽全力。我懂得白居易的"背灼炎天光"，我知道苏轼的"簌簌衣巾落枣花"，我知道耕耘的不易，也同样知道"人勤地不懒"的道理。

　　我执着地要去读高中，曾步行六十里山路求学，半夜回到家号啕大哭；我在乡镇中学当老师的时候，也曾像许多老师一样感觉到前景无望而沉迷于打牌、织毛衣，我曾眼见"黑屋子土台子里面坐着泥孩子"……

　　孟子说："天将降大任于是人也，必先苦其心志，劳其筋骨，饿其体肤，空乏其身，行拂乱其所为，所以动心忍性，曾益其所不能。"如果上苍赋予我当孩子王的能力，终其一生可以影响成百上千的孩子算作是降大任于我，我只当我所遭遇的所有，是增益我所不能。

后来，我听到一个高级的词汇——"凹地效应"。当人生一开始就处在凹地，低矮甚至卑微，水会聚集而来，"水利万物而不争"，慢慢地你就能有海纳百川的博大，慢慢地你就能体会到每走一步都是向高处伸展、生长。

当然这本书的问世要感谢我的恩师陶继新。我曾把自己的所思所感顺手写下在QQ空间发布，当我的三本书出版后，有一天陶老师突然说，你写的那些随笔很好，可惜还停留在电脑里，有没有兴趣把它们整理一下出版？我当然欣喜万分，但是陶老师却有更多的想法。他说，上次在"全国名家人文教育高端论坛"上我说的一句话刺痛过他：老师不读书却给学生讲一二三四种读书方法，老师不写作却给学生讲一二三四种写作手法，这样不行。随手写东西的习惯对语文老师非常重要，把你的成长经历写下来可能会给许多迷茫的老师带来启发。

没错，中考改革后语文成绩提到了一百五十分，其中作文占到了六十分，我便呼吁安排专门的写作课老师，但是迄今为止，写作课还是由语文老师兼着。语文老师本就是学校里工作量最大的，批改一篇作文差不多要十分钟，"专职"的写作老师可以更好地指导学生写作。但现状却是，有些学校连语文老师都奇缺，甚至有的学校现任的语文老师都是其他专业的老师临时转行的。

如果解决不了写作课专任教师的问题，我们就要先弄清楚：语文老师有多少是真正会写作的。只有自己写作，才知道到底如何审题立意，构思选材，结构行文。这就是我出版第三本书的原因。文学是一粒粟，是一粒种子，让我慢慢成长。我在乡村教书的时候，是那个学校第一个获得区级优质课一等奖的老师，并且被选为区人大代表；来到山大附中，自卑好像是天生的，但是当我获得"济南市青年教师素质大赛一等奖"，并且是历下区第一名的时候，当我获得山东大学"三八红旗手"的时候，当我获得"济南市优秀班主任"的时候，当我被选为"济南市语文学科带头人"的时候,当我获得"特级教师"荣誉称号的时候,当我被评为正高级教师的时候,我发现,是写作,是一篇篇论文,是一部部手稿,是那些温润甜美的文字,慢慢帮我构筑起一个属于自己的世界,让我有勇气从人生最低处,去攀登一座又一座大山,也让我每每登上一座山的时候,没有"登泰山而小天下"的豪迈,却总是有"一山放过一山拦"的前行动力。

不停歇。

我在赤脚的童年懂得奔跑的价值,我在日复一日的简单工作中未曾倦怠,我在成为一个个不同的自我后,还想成为更好的另一个。

陶老师告诉我说,我是一个怀揣"文学梦"的孩子抵达真正"语文人"的典范,如果我们的老师真的潜心去读一个人的成长小史,就可以懂得文字的力量。当下,语文教学与教育专业方面的书籍真的是汗牛充栋,也许我写下自己的成长史,会给更多的老师启发。

没错,我曾经在内蒙古的一所学校受到很深的震撼。那个老师说他也曾有文学梦,还写过诗,但是被日复一日的琐碎埋没后,就不再有波澜。见到我的那个晚上,他开始编辑自己的诗稿。那年去济宁讲课,台下听课的赵老师告诉我,本来她是准备提前退休的,听了我的报告后她决定申请做一名班主任。在东营,一位老师竟然说,我不仅影响了他,也影响了他教育自己的女儿……

所有人都可以尝试,从山底慢慢往上爬吧,满天的星斗璀璨,巅峰的晴空更高远。

目 录

第一编　我是大山的孩子：如此卑微，也如此博大

我没有小名 / 3

我的山楂树之恋 / 9

那一刻我和奶奶最亲 / 16

我的父亲 / 19

母亲不识字，却是文学家 / 27

采蘑菇的小姑娘 / 31

又见雪花飘 / 37

花　生 / 43

杏的记忆 / 48

桃红朵朵 / 51

第二编　我有一盏煤油灯，不读书就不会有我想要的人生

小学时我有一盏煤油灯 / 57

你如一只白鸽坠泥渊 / 62

盆地深处有所中学 / 65

一个鹅蛋一张票 / 72

一只大鹅的故事 / 78

粮　票 / 80

读大学，也读一座山，一些人 / 82

第三编　爱教书爱生活，如何行走就如何写作

黑屋子，土台子，里面坐着泥孩子 / 89

栽了葫芦爬屋 / 99

一棵大树挪走了 / 104

让我离教育再近一点 / 107

原野花开——我和我的语文组 / 110

想起饺子 / 119

记得往事一箩筐 / 124

那些轻飘丝滑的日子 / 128

吃饭时候，母亲扫院子 / 131

眼　神 / 134

别样的风景 / 137

幸福就是去还没有去过的地方 / 141

枣花、梭子和麦子 / 147

过　年 / 151

给母亲打电话 / 160

第四编　这个夏是寂寂长夜

清明，让我默默地哭你 / 165

这个夏是寂寂长夜 / 173

那次貌似优雅的散步 / 176

我和母亲的漫长下午 / 178

第五编　小村叙事，对大地和苍生的悲悯

细粮　糠皮 / 185

你竟然没有见过萤火虫 / 189

季老师 / 192

为自己挖一口深井 / 195

粮食的味道 / 199

文学是一粒粟 / 202

第六编　山深未必得春迟

醒——2017，我的年度汉字 / 211

幸——2018，我的年度汉字 / 217

山——2019，我的年度汉字 / 232

海——2020，我的年度汉字 / 241

后　记 / 254

第一编
我是大山的孩子：
如此卑微，也如此博大

我在大山深处卑微地降生，我仰视所有。

孔子说："吾少也贱，故多能鄙事。"

童年时，我挥霍所有的时间肆意玩耍，去捡拾蘑菇，去下地锄草，去烧大锅，煮熟地瓜、玉米当一家人的晚饭，抑或给鸡、鹅、牛、猪做拌了米糠的饭食，见满天星斗，看萤火虫飘飞，认识麦地里田埂上的所有野菜，知晓村子里每一棵树的名字，懂得哪个人虽然年轻却应该叫奶奶，哪个人虽然年老却应该叫嫂子，你跑得快就赢了，你摔倒了就输了，哭鼻子也没有用……

我是大山的孩子，我如此卑微，却也如此博大。

那是我课堂的源头活水，即使是最困倦的时刻，只要我讲到我的大山，我的山楂树，我的亲人，孩子们的眼里立刻放出光来。

一次去学生家里家访，一进门，小扬的妈妈就和我聊起我的书，说起我写的大姐，她竟然流起泪来。她牵挂我大姐现在的生活，我说很好，她才收了伤悲，高兴起来，完全忘记了我是来家访的。我万万没有想到，作为一个语文老师，我的写作竟然为家访奠定了基调，小扬的妈妈拿来画着线折着角的书让我签名的时候，我也湿润了眼眶。

文字让我们如此亲近。

写这本"小史"的初心就是，如果你将来要做一个老师，特别是语文老师，就应该是"生活的发现者"、杂家，因为，生活的外延有多大，语文的外延就有多大。

我不知道在漫长无际的时光里，不过就是如书香世家的孩子可以通过读《诗经》"多识于鸟兽草木之名"，我漫山踏遍地成长，不过是为我变成一个语文老师做好所有的储备，成就一个孩子们惊讶崇拜的"多识"者。

　　虽然我知道，我只不过是个鄙陋的乡村丫头。

我没有小名

我出生在山东泰安泰山山脉东北方向一个偏远贫困的小山村。我出生的时候我们村子还属于"下港公社",后来改成"下港乡",近些年也许是规模变大了吧,就改称"下港镇"。

沿着黄前水库通往下港镇的唯一公路,过了下港镇继续往东北方向走十几里,还有个下港镇直属的上港村。有人说"上有天堂下有苏杭",可是我们这地方的人非要说"上下两港赛苏杭"。

真的没错,现在,下港镇已经划归"泰山风景区"了。

我出生的上里村在下港镇的东南方向,老一辈人称它"上里官庄",但迄今为止,我并不知晓上里村有什么人做过什么官,上里村在一条无名小河的上游,下游还有一个村子叫"下里"呢。上里村四面环山,村子的东西面各有一条大河。在东河的东面,有一座并不太高的山,名曰"高家山"。其实在上里村,赵姓和杜姓最多,而高姓人家占不到十分之一。

我不明白为什么上里村这仅有的一座山竟然叫高家山。

问父亲,他说我们高姓人家是从外地搬来的,刚刚搬来的时候就搭窝棚住在这座山上。虽然我们高姓人不多,但其他姓的人家都住在上里庄上,说起高姓人家就指指我们住的这座山,后来这座山就称为"高家山"了。到了爷爷那一辈,我们家也从山上搬到村子里来了。

在我的童年时代,我们老家的小孩子一般是到八九岁直接上小学,才会取一个"大名",根本没有所谓的幼儿园,甚至连"育红班"也没有。八九岁之前,大家叫的都是"小名",小名五花八门,有的为了好养活,男孩子叫"栓柱子""狗蛋子""狗剩子",女孩则更多地叫一些花花草草,诸如"兰花""春桃""杏妮""秋菊"……

我后来知道,小名就是城里人所谓的"乳名"。

中国文字总是充满想象力,乳名,多么亲切的叫法,就是给孩子喂奶的时候呼出的一个名字,那么甜腻,那么亲昵,甚至带着点宠溺。

我没有小名。

在当时生产力极其低下的偏远乡村,几乎所有的农活都需要肩挑背驮,家里如果没有男孩就会遭到歧视,被人称作"绝户"。因为女孩子早晚是要出嫁的,这家人就"绝"了。重男轻女,这就是表现之一。假如你家已经有了五个男孩正被折磨得要命,千万不要说男孩真烦人,要让没有男孩的人家听到,那简直就是故意显摆,气煞人也!

我的大姐降生了,取小名叫"焕珍",按照母亲的说法,"珍"是女孩,"换"珍就应该是男孩了吧?二姐降生,小名叫"兰英","英"是女孩,"拦住"不就是男孩了吗?第三个孩子降生,没承想又是女孩。母亲觉得这种取名字的方法不行。到了三姐直接取名叫"婷","停止"的意思。于是他们就又盼第四个孩子降临,想着终于可以生个男孩了。可仍不如人愿,四姐出生了。母亲就又换了一个思路,觉得应该让她给领一个弟弟来,于是四姐的小名叫"玲",取"领"的意思。

又是一个春天,母亲又要迎来她的孩子,母亲觉得,她这样一个善良的女人,泰山奶奶不会太委屈她,觉得这次一定是个男孩了。我们住在泰山山脉的余脉,老一辈人并没什么见识,崇拜的唯一的神就是泰山奶奶。据说母亲还特地找人算了卦,说这次保准是个男孩。那时我们全家还住在"西园子"里,母亲说那是一所老房子,为了喜气洋洋地迎接这个"儿子"的到来,他们决定盖一幢新屋。

"那时候吃不饱,我就给你大大(我们那个地方管父亲叫大大)煮豆粒,那个顶饿。"母亲经常对我们说起这个事情。我其实对父亲吃豆粒的细节并不怎么有记忆，在我的印象中父亲就是一个硬汉，他无论什么情形都能够应对，我倒是很想追溯那时已经怀孕的母亲，是怎样满脸幸福地给父亲递土筐传泥坯，因为那次造屋并没有请别人帮忙，是他们自己，如燕子衔泥喜鹊搭枝一样建造属于他们的新巢，专为了他们即将降生的儿子，他们幻想中的儿子。

母亲说，他们在门前栽了玫瑰花，西墙上垒了兔子窝，满心欢喜地等待。一个早晨，就在正屋的西套间里，终于等来了那个时刻。那时生孩子不去医院，有四个孩子生产经历的母亲，只是找了一个接生婆，就是本村的四奶奶。多年后的春天，我的生日这天，我从银行取了崭新的现金，用银行写满福字的大信封，装满厚厚的一沓钱，承载着我的歉意——老妈，我要让当年你伤心欲绝的时刻溢满幸福。我提着蛋糕，驾车回家给老妈过苦日。我禁不住想知道，那个早晨发生了什么，母亲说，在土炕旁的草堆上，她生下了我，一看又是个闺女，就哭了。听母亲叙述的我竟然也噙满了泪水，她觉得自己命苦。已经有两个儿子的大爷每年春天都会推着小土车送奶奶去泰山祈福，正赶上母亲独自生下我。

那时父亲一起床就去地里干活，饭点回到家，正赶上四奶奶搀扶母亲挣扎着上土炕，而那个刚刚出生的孩子还在草堆里。母亲每每说起这个镜头，总说，这时候父亲进来了，低头凑过来，说了一句话："只要不潮（方言，傻的意思）不傻就是好孩子。"他撕了一块自己的破袄片把我包了起来。虽已春天，但寒气还逼人，母亲后来总是说，父亲为什么总是对我这样好，就是因为，按照迷信的说法，用谁的东西包起来孩子就跟谁投脾气。

没错，我的确很像父亲，很多方面都像，即使两年后弟弟降生，父亲似乎仍然和我最亲。我不知道真的是那块破袄片起了作用，还是我的性格和他太像。

"你大大从来没有嫌弃过你呀。"母亲收了悲伤，抬眼看我，春日煦暖的光斜斜地照在我们身上。父亲已经离开我们了。李子树正开满雪白的碎花，大杏树上密密地结了青杏，我在这个安静的小院，卑微地出生，曾心怀走出远山的梦想，现在这里却是我最眷恋的地方。

在重男轻女的乡下山村，母亲这个月子坐得不够好，她没有心理准备。我不知道母亲是怎样承受这个打击的，萦绕在她耳边的是"她根本就没有儿子命"。据说母亲几天后就开始下床干活，因为吃不饱而饿得发晕，又赶上了伤风寒，真的差一点就送了命。那时候只有她和父亲干活，即使已经有五个孩子，但最大的也才十来岁。

上苍真的残忍，十几年的时间，父母都是在劳作和期盼中过日子，那个梦想的儿子还是没有来。

我猜想，当年母亲一定很无助，我不知道，她是沉溺在又是一个女孩的困苦中，还是反复思考给几个孩子取的小名不好而不知所措，总之，我没有小名。但总是要呼唤的，比如不能按时回家吃饭或别的时候，他们就叫我"五子"，因为我排行老五，我的姐姐们就直接叫我"老五"。

我还差一点被送人。当时有很多人家孩子多了就会送人。我有一个姨奶奶住在北山上，儿子家没有女孩，只有一个男孩，还在早晨摊煎饼时爬到了鏊子上毁了容。姨奶奶就说要跟我家讨一个女孩，我不知道这是开玩笑还是真的，总之在姥姥家，三姐听了就大哭不止，闹得母亲在姥姥家待不下去，只好抱我回家。母亲后来说，那是大人逗小孩子玩。

上苍没有辜负这对善良的夫妻，两年后，弟弟降生了。九月初九，据说正在地里干活的父亲高兴得一路小跑回家，坐在母亲身边久久地凝视他的儿子。我可以想象那种幸福，那种期盼了十年之后的快乐。母亲给弟弟取名"东子"，那是村里天天放映《闪闪的红星》的时代，那是一个崇拜毛泽东的时代，"东"这个字是母亲"字典"里最珍贵的一个字，虽然母亲并不识字。

浓眉大眼的弟弟也的确像极了潘冬子，肥嘟嘟的笑脸整天快活得很，他是我们全家的宝贝，姐妹们即使在山坡上捡到一粒酸枣也要揣在怀里给唯一的弟弟吃，更不用说我们从河里逮回来一条小鱼，也必须煎好了给他吃。我就清楚地记得，小时候有一次因为煎小鱼的时候不小心把尾巴翻掉了，弟弟满院子打滚。现在我们还常常拿这事打趣他。今天看来，宠溺成那个样子的弟弟没有变坏真的是个奇迹。

小时候不懂事，叫什么并不怎么在意，长大一点，当听到一个孩子被唤到小名的时候欢快地答应，我便感到一种刻骨铭心的疼痛。上学以后，我曾翻着那本小小的字典给自己起过很多小名，但我总被称呼为"五子"。我们高姓家族有一个瞎子五叔，也被唤作五子，我便十分讨厌这个名字。但是父母都实在太忙，田里家里都是他们一手操劳，白天下地干活，夜里也要推碾拉磨，他们似乎也没有意识到叫我五子有什么不好。

回忆童年的时候，我才发现，几乎没有和母亲牵过手。几年前母亲患了白内障，我把她接到济南手术。从手术室出来的时候她的眼睛包着纱布，我赶紧去搀她，我第一次牵起母亲的手，那厚厚的、结满茧子的手，昨天还在劳作的沾着泥土和锅灰的手，彼时似乎才释然那份童年的痛。

"五子……"母亲不知为什么哽咽了，我没有问她，把她轻轻地扶上车。

对门的灿金哥家有六个儿子，跟我们姐妹几个几乎是前后脚出生，我们在人家面前就分外地没底气，庄稼活还是要靠力气的。后来大家都陆续长大，我们姊妹几个过得还算比较好，只有弟弟一个男孩，家里自然会富裕些，而他家的六个男孩，只有一个讨上媳妇，其他的有两个用女孩换亲（农村那时候有个陋习，如果男孩子说不上媳妇，实在不行可以用自家女孩跟人家换个媳妇），其他的都是光棍，日子自然没有我们家富裕。

那年回老家度暑假，吃过午饭，就领着女儿小土豆到我小时候常玩的西河捉螃蟹。本来母亲不让我们去玩，说那里很晒，不如在家里凉快。可小土豆觉得闷在家里多日没意思，央着出去。穿过厚厚的草，越过几块玉米地，我们终于出现在西河。现在的河早没有了当年的汹涌，时断时续的河床也不再细沙满布，我甚至都不能够脱掉鞋子行走，不知是我娇气了还是石头不再是鹅卵模样。我们顺着河从北向南走，偶尔还会有几个我认得的螃蟹窝，旁边有它们行动留下的"信息"——一堆细细的沙子。我教给小土豆如何去辨认和捉取，还试图去掏深一些的洞。我小时候是天不怕地不怕的，挽起袖子就去掏那些深洞，根本不顾小伙伴"有蛇有蛇"的呼喊。

我不知道时间是什么时候溜走的，当我意识到的时候已经天色昏暗。我拉起小土豆就往家赶，可水草紧紧地抓住我的肩膀和小腿，让我们行走迟缓。当我们好不容易钻出那片野草地，登上前面桃园的时候，我听到了一声凄厉的"五子——"，让人毛骨悚然，那声音很绝望，几乎要哭了。我听出那是母亲的声音，她一定在家里等着急了，才跑来喊我们的。

母亲是真的哭了，那年她七十八岁，拄着一根木棍，站在村西边的高地上，面对着西河高喊。这么多年来，我从不曾听她那样呼喊，我愣在那里，竟然也差一点哭了。原来母亲看天快黑了，就出来探看我们是不是回来了，在街上碰到邻居，那人说起前些日子在大河里淹死了几个人，我知道母亲一定是在心里做了最坏的猜想，这才一个人拄着木棍这么远来找我们。她已经老了，她不能够轻松地穿过那些草地和玉米地找寻我们，她只有高喊，但她喊什么呢？

她叫我"五子"，那就是她心底我的乳名。

我跟在母亲身后，牵着小土豆的手，我的心突然剧烈地疼痛起来，母亲絮絮叨叨地数落我带给她的惊吓，木棍敲击着只容一人通过的田间石路，咚咚地响。

我的山楂树之恋

在高家山的半山腰，有好大的一棵山楂树，郁郁葱葱有五间房那么大，是我们家的自留树。当然，高家山上主要还是别人家的自留树，有的是栗树，有的是柿子树或者苹果树。

"自留树"一般是世代相传的家产。记得我的女儿小土豆第一次知道人有生死的时候吓得哭起来，她问："妈妈，为什么我们不是一块石头或一棵树？"想来树真的了不起，几代人也许都已经葬于根下，而它仍然枝繁叶茂地伸展开来，甚至越来越生机盎然。

我们家在当时是"贫农"，父亲三岁的时候，爷爷去世了，奶奶一个人带着三个孩子过活。提起守寡的日子，奶奶从来不说苦，即使说起年轻时为了分田争宅基地被人家晚上往家里扔石头，奶奶脸上也是平静的。奶奶娘家住得实在远，又没有近的人帮衬，恬淡隐忍也许就是奶奶的克刚法则。真的，我就仅仅在很小的时候见过奶奶的侄子从凤楼那个遥远的地方来走过亲戚，一年只来一回，到我们家的时候已是中午，住一宿早起吃点东西就返回，据说回到家也就黑透了天，那时候全靠步行。

每年，我们一大家子最盼望的就是霜降前后的"下山楂"。我们把摘叫作"下"。这棵山楂树据说是父亲小时候栽下的，山楂树长得并不快，那时我们还没有分家，当然是一大家子人的共同财产。大爷家有五口人，大爷、大娘以及三个男孩，最小的叫旺子。打我记事起，大娘就病在床上，不曾和我们上山摘过山楂。我家有八口人，我们姊妹五个和弟弟东子。因为只有一棵树，又是大家共有的财产，每年下了山楂都是用杆秤称，除了给奶奶留出一些，其他的平均分开。

下山楂就像过年一样值得期盼。我们总是早早地出发，从住的地方到山上的漫长路途，我们最为盼望。因为一大家子简直就是一个大部队。父亲推一辆车子，大爷推一辆车子，母亲用一个大篮子盛着中午饭，这棵山楂树是需要我们一家人下一整天的。母亲早就为我们准备好了吃的，比如烤鱼、咸鸡蛋、蒸地瓜、馍馍，有些是平常吃不到的。我们这些孩子每人一个篮子挎在身上，拿着水壶、盛山楂的麻袋。

跑跑跳跳一路进发，东子和旺子如果走累了还可以坐上推车，一边一个。那时两个小家伙都肥嘟嘟的，父亲有时把车子偏到旺子一边，说，还是旺子胖啊，你瞧，我的车子被压歪啦！东子则斜着眼把住车帮吓得尖叫，我们就在一旁笑。

一进山，我们就会被好吃的诱惑，这边是酸枣，一颗一颗都很小，有琥珀色的，绛红色的，还有才红一半的，酸枣树有刺，我们就小心翼翼地采摘。那边是软枣，挂满枝头，是酱紫色的，软软的，里面有一粒硬硬的种子。只是它太高了，我们就央求大爷家的扣子哥爬上去给我们摘，扣子哥向来机灵，三下两下就到了顶上的树杈。我们就抬头盯着他，因为他一旦占据有利地形，就会摇晃树干，啪啦啪啦，荒草上就落了软枣，我们拿出昨晚上就准备好的小布袋子往里面装。这时候母亲就会催我们，因为我们今天的主要任务是下山楂。我们这才恋恋不舍地钻出比我们还高的蒿草。

远远地，我们看到那棵红彤彤的山楂树了，它全身挂满了玲珑的红色小灯笼，被周围的柿树簇拥着，像一片彩霞降到人间。我们便大呼小叫地冲过去。一到树下，我们就各人忙各人的，因为第一件事就是先自己吃个够。山楂树体形巨大，有的枝子因为缀满山楂而垂下来直接触到了地面，我们这些孩子就直接坐在地上吃，在山野空气的润泽和丰富日照的向阳山坡，每一颗山楂都香甜酸软，有的已经有点面了。这时父亲就会笑话我们没出息，母亲则警告小心吃倒了牙。如果吃倒了牙，那拿来的好吃的就捞不着吃了！更可怕的是，有的时候我们贪吃，竟然吃得口吐酸水，回家后折腾得一宿睡不好觉。

然后才开始下山楂。母亲有时候还会带个高脚的机凳，踩着机凳摘。父亲、大爷、扣子哥，还有姐姐们，当然包括猴儿一样的我，就顺着树杈上了树，十个人在树的怀抱里竟然也稀稀拉拉的。篮子是昨天就已经拴好绳扣的，直接挂在树杈上，树下是四姐，篮子满了她就负责把山楂倒到篓子里。一边摘山楂一边讲故事，山猫、狐狸等说来说去，那些篮子也上上下下，一上午就摘了满满两大篓子。

中午吃饭时间，我们这些孩子并不好好听话地待着，我们会把菜卷在煎饼里就不见了踪影，这里看看那里瞧瞧，就把那个小布袋装满了。比如栗子树下肯定有干栗核，那些已经被风吹开的栗蓬管不住它淘气的孩子，它们纷纷跳下树来钻进荒草堆里，但还是难逃我们的眼睛。那些个小的柿子，也许因为好看，也许因为摘回去也用处不大，还左一个右一个地缀在树上，我们就把矮处的摘回家。母亲第二天早晨摊煎饼的时候，就把已经熟透的柿子揉进酥黄的煎饼，当年的新鲜玉米的香味伴着柿子的甜香，咬在嘴里嘎吱嘎吱响，早饭可以吃好几个呢！说是一家人下山楂，其实我们这些孩子干不了多少活。那时还有些苹果因为收的时候太小而落在树上，现在它们长大了，有红星也有金帅，太高的我们会用长长的棒子打下来。我们这里的果子都不用洗，用袖子擦一下就嘎嘣脆地吃起来。

当夕阳酡红，山楂树也基本只剩了叶子，那些卸下负担的枝子像放下孩子的母亲直起腰来了，山楂树看起来更高了。这时候父亲就会号召大家扯扯枝子，就是把那些太密的树枝扯断，把那些已经风干的枯枝也扯下来，运回家当柴火，这样大枝子明年挂果会更大更多。

篓子里装得满满的，因为怕饱满的山楂在下山的时候滚落，父亲割下长长的荒草盖在上面，然后用绳子勒紧。遇到大年（果树有大年小年的说法，大年结得多，小年结得少，果树也要歇息），两车子都放不下，我们的小篮子里也会有，要一路辛苦地挎回家。

一进门，奶奶就颠着小脚迎出来，她在家里早就准备好了秤，还有一些盛山楂的草筐。首先给奶奶倒出一些，冬天，奶奶爱拿它当药材。其余的两家分开，我家是大部分卖了钱，小部分留下来，由母亲放进草筐做成山楂包，挂在小西屋的墙上，过些日子山楂自己掉些水分，软软的，酸甜可口，下雪的时候，过年的时候，我们都会拿出一些来吃。当然，有的时候没有山楂树的人家也会来讨一些，山楂可以消食，那些积食的小孩就常常需要它帮忙。

大爷一直身体不好，我的第一个大娘据说刚过门没多久就死了，第二个大娘患有肺结核，这在当时是不治之症。我记忆中第一个去世的人就是我的这个大娘。记得她住在"东园子"里，我们搬着小板凳给大爷家去送，忘记是搬家呀还是其他事，但清楚地记得见到了面庞苍白的大娘，她躺在床上。不久大娘死了，我们小孩子当然爱热闹，把小布鞋上缝上白布，袖子上挂着"孝"，叽叽喳喳地在院子里飞来飞去，好像过节一般，包括大娘最小的儿子旺子。

"穷人家的孩子早当家"，父亲虽然没有上过学，但他自己学会了算盘。我们高家人少，总得有人支撑这个家族，有什么事情好跟其他姓的人家交涉，父亲在家族中渐渐成为"挑大梁"的。那时家族有什么事情就由几个有威信的"老家局"聚在一起商议，在童年的记忆里，我们家几乎就是"聚集地"。高家的孩子到了说媳妇的年纪还没有人提亲，父亲他们就到处打听合适的人家，人家来相亲的时候提出的要求不好满足，比如对方要的钱，一时拿不出，父亲就站出来撑着，很多时候是先从我们家里出。高姓人家的女孩在婆家受了委屈跑回娘家，父亲也会聚集一家老少去婆家说理。他自年轻时就没有怕过什么事，怕过什么人，直到2014年7月八十多岁去世，包括他卧病的十多年里，家族上有些事情还会有人来跟他说；那些被他帮助过的孩子的孩子过年的时候还会给他送来鸡蛋、点心；每年樱桃熟了，都会有他重孙子辈的端着盘子从高家山上给他送来，当时高姓的很多人家也住到了庄上，但有一些和父亲年龄差不多的我的哥哥辈的几个人仍然住在山上。

自从父母盖了新房子，就把老宅子留给了奶奶和大爷一家。分家后奶奶一直是一个人过，但大娘死后，奶奶就成了大爷家三个孩子的"娘"，应对吃穿用度，成了奶奶的日常。奶奶虽是小脚，但艰苦的日子练就了她硬朗的身板。大娘去世时奶奶还不到七十岁。

　　大爷死了两个老婆，留下三个孩子，自己身体又不好。连远嫁到莱芜的大姑，过一阵子都要来给他们摊一盆煎饼，我的大姐、二姐长大后更是成了给他们家看孩子的，旺子几乎就是在我们家长大的，因为他和我的弟弟东子同年。

　　那时漫长的冬天偶尔会有电影放，在村东的河滩里挂一块白帆布，上演《穆桂英》《花木兰》《地道战》《铁道游击队》……平常我们都是一大家子人一起看，旺子当然就跟着我们。有一次旺子感冒得厉害，也许还发了高烧，我们知道大爷在家就都去看电影了，等回来才知道，大爷见旺子睡着了就把他反锁在黑黑的屋子里，谁知后来旺子醒了，黑暗中他害怕了，大声地呼喊，用小小的身体撞击木门。据说大爷回来的时候旺子如死了一般瘫在门边，眼睛上翻，全身哆嗦成一团。父亲当晚就把他送到了黄前医院。很长一段时间大爷和我父亲母亲轮流去医院，那时大姐已是赤脚医生，也常常去医院换班。但旺子还是死在了医院，那个虎头虎脑的旺子再也没有回来。母亲悔恨交加，东子更是很长一段时间掉了魂魄一般，我则常常感觉那个满脸抬头纹的小胖墩旺子突然出现在我的身后大声地呼救，这是我童年记忆里很伤痛的一件事。

　　大爷的两个儿子娶了媳妇后，奶奶八十岁上搬进了我们院子。奶奶活到九十二岁，一直吃素。父亲从来不吃牛羊肉，在父亲看来，那些躬耕于山岭的牛和给我们提供奶的羊都算家人，不能宰杀煮食，带得我们一家都不吃。母亲年轻的时候常常跟着父亲下地干活，一天三顿饭不定点，她怕回来得晚耽搁了奶奶的饭食，就让奶奶自己慢慢做，想吃什么就做什么，当然赶上节日时还是九口人一起吃。

　　直到奶奶九十二岁的那一年冬天，她像一棵巨树一样走到了生命的尽头。那时山楂也不再值钱。更关键的是，这么多年过去了，山楂树也一天一天度过了它的旺盛期。又加上高家山被集体分了,我家山楂树下的地被分给了一户别姓人家,人家嫌山楂树树大根深耽误种庄稼,就在翻耕的时候把很多根斩断,山楂树估计也和奶奶一样,足够长寿后,要歇息了。

奶奶去世后,我家和大爷家才算是真正分家,家族长辈们说,你们两家抓阄吧,一张上写奶奶的那些水田,另一张上便是山楂树。

也许是真的和这棵巨大的山楂树有缘,父亲抓到了那个写有"山楂树"的阄。虽然山楂不再值钱,但父亲每年还是照常给它施肥浇水,定期给它打药灭虫。山楂树不再像原来那样健壮,结果子也很少了,孩子们也都长大飞走了,不再去下山楂了。但每年霜降过后,父亲母亲还会拿着饭在山上待一整天下山楂。他们年龄大了,爬上爬下才勉强摘完,那些高处的就不管了,让它们下雪的时候自己落下来。

后来父亲生病卧床,总还清楚地记得节气,每年都催母亲到山上给那棵山楂浇水施肥打药,我们放假的时候,父亲也会嘱咐我们去看看那棵山楂树。母亲的生日正好挨着霜降,我们姐妹几个就纷纷奔回家去下山楂。盘山公路已经到了树边,姐夫常常开车上去,我们就爬树摘,回来你一包我一包地分。因为母亲不能赶集,留下的也只好切片晒成山楂干,到冬天有来收的再卖掉,也卖不了几个钱。我则喜欢这些"亲娘手切"牌山楂干,在寒冬泡红茶的时候捏一两片放进沸水,自有来自山野的甘甜酸软陪着我。

2009年,这棵山楂树自己枯死了。

那年秋天,很多人都说高家山上有一种奇怪的动物出现,父亲就絮絮地说他的那棵山楂树。母亲说,已经死了,那么大的一棵树,也没有法子啊。父亲便怅然地叹口气。纵然年轻的时候动如疾风,脑血栓后的他卧在沙发里,连袜子都要母亲费半天劲才能够穿上!

那时父亲每天下午两点钟就睡觉,仿佛过了那个时间他就难受支撑不住。那天安顿好父亲,母亲说,你天天记挂着你的那棵山楂树,我给你弄回来。七十多岁的母亲推起一辆小推车就向高家山走。

天黑的时候，母亲才推着那个已经腐烂的山楂树桩子回来。树枝树干早被人家扛回家当柴火烧了，只有这个树桩子还直直地站着，但根已经腐烂，母亲没费多大力就把它推倒了，然后用斧头把它斩成两截，放在了小推车上。

三个小时过去了，平常上床就呼呼大睡的父亲竟然一直没有合眼，见母亲回到家父亲才舒了口气，他问母亲："人家都说高家山上有野物，我挂着你害怕，一直没敢睡，你害怕了吗？"

母亲和我讲的时候，眼里闪过一丝光亮，她说，她告诉父亲，没有。

现在，我小时候种下的山楂树也硕果累累了。

那一刻我和奶奶最亲

在我的记忆里,奶奶住在西园子里头,头发灰白、小脚,穿着青布衣服。

奶奶一直吃素,九十多岁仍然身体硬朗。

冬天特别冷的时候,奶奶就给我们做棉袄袖子,就是在棉袄的袖子上再加长一段,做成一个独立的袖子,一直伸到手指甲,这样就可以护着手不受冻。但是那时候太爱玩了,把那个长长的棉袖子当成了擦鼻涕的,没过多久,那个袖子就变得黑亮黑亮的,奶奶就会给我们拆洗一下。

记忆中冬天特别冷,棉袄也不暖和,家里也没有什么助暖的东西,所以每年手都会冻得黑黑的,每只手上都有好几个冻疮。奶奶看着心疼,夜晚的时候,就会在煤炭炉子上烧一大壶水,把下午从地里采回来的麦苗放在滚烫的水里,清澈的水就会变得绿绿的,奶奶逼着我们把小手都放进去,她说这可以治疗冻疮。麦苗是被冻得青绿青绿的,还没有麦香。据说冬天的麦子,如果踩一踩苗,第二年长得更好。当然我们几个也会在烫手的时候玩耍起来,嬉笑声溢满了园子,奶奶也不生气,只是笑着,看上去很满足的样子。

记得那时候没有什么机械,麦子面、玉米面、地瓜面都是靠我们用石碾或者石磨磨成细粉的,晚上我们姊妹几个就像一串蚂蚱一样围着磨道，嘻嘻哈哈地磨地瓜面。奶奶负责把细面用箩罗出来，那些粗的重新倒进磨眼。我记得东子摔断胳膊的那个冬天，父亲总是推着他去莱芜攒骨，晚上陪我们最长的就是奶奶，她整晚上劳累，罗面带起来的粉尘满屋子都是，结束的时候她简直变成了一个神仙奶奶——头发完全是白的。

大爷有三个儿子，没有女儿，大娘死后，烧火做饭缝缝补补这些活全是奶奶承担，所以奶奶来我家很少，只是做了好吃的或者逢年过节，父亲会让我们给奶奶送好吃的或者直接把奶奶请到家里来。奶奶每次来都高高兴兴的，和我们在一起吃饭她分外开心。

那时候不知道怎么了，我的手上老是长一些莫名其妙的东西，奶奶比我还着急，我一回家就跑来为我烫手。偏方说国槐树上长的一串一串的槐兰丹可以治疗，正好西园子里有一棵很高的老国槐树，她就踮起小脚用竹竿从树上打下来炒熟再煮水给我浇洗。我不知道是不是因为这种偏方，我的手的确在高中毕业的时候就好了。

我近距离见过奶奶的小脚，有的时候阳光好，她会把长长的裹脚布拆下来清洗，奶奶爱干净。但是每一次我都很心疼，这样的两只小脚，是怎样支撑一个家的，孤儿寡母的日子，这个坚强的女人难道真的不曾哭过吗？

奶奶去世的时候我已经工作了，那时我在距家十里地的乡村中学任教。听到消息，我火急火燎地骑自行车赶回家，到老宅子门口的时候自己的心跳得怦怦响。家人们都在忙里忙外，老宅子里没有人，只有已经停止呼吸的奶奶静静地躺在北屋门口，巨大的门板上垫着麦草，奶奶的脸上盖着一张黄纸，头边有一豆灯，灯火被风吹得左闪右闪。

我双膝跪在奶奶身边，用手轻轻拂去奶奶脸上的一缕白发，周围一片安静，好像天地之间只剩下我们两个，我觉得那一刻我和奶奶最亲。这是我的生命里第一个最亲的人离世，这是我不曾经历的伤痛诀别。

父亲特意去墓地转了很久，终于相中了一处，背靠着山，前面开阔。一直到现在，特别是父亲也去世以后，每年的清明等特别的日子，我们都要去扫墓，把荒草除掉，再培上一层厚土，双膝跪在坟头，向她诉说心事。

后来我离开老家到省城工作，冬天有暖气，我的手再也没有生过冻疮，周边也不再有麦田。

但我是那么怀念，怀念凛冬那暗夜中，麦苗在奶奶手上的清香。

我的父亲

我的父亲是一个极不顾及面子的人。

他从不顾忌在外面和人打架，以至于被我们姐妹几个称为"战争贩子"。集体对他来说至高无上，李家给集体摘花生偷偷塞了一些在口袋里被他发现，王家坡里薅草悄悄在筐里藏了几把豆角被他瞧见，他都让人家掏出来（他是队长，还曾去过大寨，那时高喊着农业学大寨，父亲在大寨照了他认为最得意的一张照片，至今还挂在我家的北墙上）。人家便记恨他，有事没事地在背后找碴骂他。

那时我们姐妹几个已经长大，特别是大姐、二姐，都到了找婆家的年龄，而母亲又是极要面子的人，一听见外面嚷成一片，母亲就会撂下哪怕是最着急的活，跑出去一看，一准是他。有一次三姐生气地说："像他这样不顾脸面的人，应该用飞机驮到没人的沙漠上去，管他怎么打呢，反正没有人认识他！"

其实那时三姐没见过飞机，更不要说沙漠。

还有更让人气愤的事，那时村里只有两三辆自行车，由父亲专管。父亲把它们锁到我家的小东屋里。当时姐姐们兴奋极了，她们希望趁晚上放工有月亮时学学骑自行车，没想到父亲死活不同意。每每大队干部有公事需要骑车，他都亲自拿钥匙去开，推走后立即锁上，下午回来推进去又牢牢地锁住，姐姐们又骂他"老顽固"。直到大姐结婚，远在福建当兵的"大哥"（姐夫）买回了一辆永久牌自行车，我们姐妹几个才学会了骑自行车。

农业学大寨造田垒堰,那个光着膀子赤着脚推土车的人肯定是他。他特别逞能,人家推五百斤还要别人帮着拉车,而他一个人就要推八百斤,脸憋得通红,脑门上青筋暴露,呼哧呼哧地喘着气,这还不算,推起来一路小跑,人家推两趟,他一定要推三趟。布鞋一旦进了沙子就硌得难受,穿的时间长了也不跟脚,这大大影响了他的进度,他干脆把那双沾满泥巴灌进沙子的鞋子扔在路边。有时回家时竟忘了穿上,赤脚走在回家的路上。好几次大姐受不了他的"野蛮",每每放工(那时集体干活,大姐因为家里人多挣不够工分,辍学跟着父亲在地里干活,后来当了赤脚医生),就跑去找父亲的那双鞋。年轻漂亮的大姐手中提着那双早已经看不出颜色的土布鞋,常常遭人耻笑,就跑回家向母亲哭诉。母亲向父亲唠叨时,免不了遭一顿训斥:"你们知道什么,穿着它干活不赶趟!"

我知道父亲每天总要比别人多跑好几趟,他所说的赶趟是赶他心中的那片火。晒得枣红的胸膛,踏得荆棘都刺不进的两双大脚板,没有人可以比得上他的干活速度,那时的他在我心中简直是一座怎么也扳不倒的大山。

父亲没有上过学,爷爷死得早,奶奶拉扯他们兄妹三人,那时孤儿寡母总受人歧视,父亲就早早地挑起家庭的重担。父亲特别袒护我姑姑,觉得脏活重活本就不是女孩子的营生,父亲坚持让姑姑在家里做饭洗刷;我大爷有病身体虚弱,父亲就安排他走亲上店;他好像自认命运安排他成为家里的顶梁柱,"兵来将挡,水来土掩"了。一次我大爷去黄前被车撞到要输血,父亲二话没说就撸起了袖子,虽然一会儿就因为没有吃饭而晕倒在医院里。

他自己学会了算盘,有点账目他都能应付,我们村的几座桥都是他领着架起来的。现在我带小土豆回家,总要在桥上停下来走一走,历经四十多年的风雨,那几座桥仍安然无恙。我常自豪地说:"这些桥都是你姥爷建的。"小土豆总要唏嘘半天,因为她也见证她的姥爷从健步如飞，到患了脑血栓走路要拄拐棍，到只能在院子里挪动，到只能在屋子里晒太阳，到老得不能自理，到真的不需要一双鞋子，卧床几年离我们而去。

母亲总把父亲的这场大病归结为他造的"眼镜湾"。其实那时父亲已年纪大了，也不再担任村里什么干部，但村南的麦田里需要造一口湾，偌大的一片麦田怎么可以没有一口湾呢？无奈他们造了几次都塌了，村干部想起了父亲。母亲极力反对他再去干这么重的活，而父亲天不亮就悄悄地拿了铁锨架起土车去了南河。许多人都说，在大湾竣工的那串鞭炮声里，又听到了父亲久违的笑声。

父亲认为那个湾圆得不规则，因而想垒牢固几乎是不可能的，就选择垒成两口小的，圈起来恰像一副眼镜。

父亲再次脱掉了他的鞋。那时已是深秋，农村开河打湾总是在农闲时节，收割之后的原野像一位皮松肉软的老奶奶，但小麦已经落种，似乎已在地下萌动，为了出芽之后落雪之前还能够透透地浇上一茬水，他们要赶时间。天已经很凉了，也许已经下过几次霜了吧？地上的草都已枯黄，父亲把褂子脱下来，下了水。为了根基打得牢固，底层需要用巨大的石块，已挖出的湾底不停地向外渗水，虽有抽水机不停地响着，可还是有水没过膝盖。他和几个年轻人就这样下了水，吆喝着把几块巨大的石头垒在湾底。

脸憋得通红，脑门上青筋暴露，号子的声音盖过了抽水机的嗒嗒声，水湾里泥水翻腾……父亲就这样在泥里水里摸爬滚打了整整七天。父亲的到来似乎给那些年轻人增添了无限的信心与干劲，当第七天的太阳变成彩霞的时候，那口"眼镜湾"就造成了。

父亲斜搭着衣服推车往回走的路上，手麻得攥不住车把。"可累坏了。"他在心里说。年轻的时候再累睡一小觉也就恢复如初了，倒头如山洪海啸的鼾声把他的累抛得不知去向，他便没有在意。因为母亲对他的打湾行动并不支持，回家他也没敢告诉母亲，谁知半夜他连翻身的力气也没有了，他只好喊母亲，母亲过来一看，父亲的嘴斜了。

那是我来济南工作的第一年,当时自己像一棵长大后被强行挪走的树,在新的环境里极不适应,来自工作和心理的压力压得自己透不过气,因为不想把这种情绪传递给他们,已经好久没给家里打电话了。一个周六的下午,大姐突然打电话来说,父亲病了,正在医院,我一下跌倒在沙发里半天起不来,我知道父亲这座推也推不倒的大山,自己倒下了。

匆匆去赶车,急急地奔向医院,父亲竟然真的躺在病床上。母亲说幸亏救得及时,半夜打电话给大姐,他们立即开车回家,把父亲送进了医院。

父亲似乎一辈子都不曾这样安闲过,他的那双手还沾着厚厚的泥土,当我端来一盆水给他洗的时候,大姐说没用,她已给他洗了三遍了。我还是蹲在他的床前,握住那双皮糙质硬的手,真的,那些泥土似乎已长进了他的皮肤。

前些年也曾和姐姐们一起声讨父亲,上大学后,每每看到同学的父亲西装革履地来宿舍,心里就会隐隐地疼痛。而放假回家,他仍然喊着我下地干活,拔草、锄地、拉车、挑水、看水沟……特别疲惫的时候,特别是开学时自己的手变得又粗又糙的时候,就特别讨厌他那没命干活不顾颜面的样子。母亲说他一辈子就知道干活,他看不上大街上人家聊天闲坐、吹天吹地的样子,更不允许我们如此。他下地干活总顺路挑一担水,给果树浇上;回家路上总顺手割一些草,喂给牛羊;不好走的路他要垫垫;堰上石头被大雨冲掉了,他要重新把它搬回去,趁大雨泥多,把它糊好;庄稼倒了扶起来;地里有石头扔出去;顺手插上一株苗,拔掉一棵草……

父母自己盖起来的老屋后来漏得没法住了,父亲就日思夜想要再造一所新房。我知道大门外大槐树下的沙子是他一筐一筐从东河滩里挎回来的;老榆树底下的那一大堆石头,是他每回路过南河一块一块挑选的;那些填地基的鹅卵石,是他冬天从西河里一车一车推回来的;那些木头,是他从北山上一根一根扛回来的。人家都是买了一次性用车拉回,而父亲舍不得花钱,还美其名曰买一根扛一根,挑得仔细,没有一根不是好的。父亲的指甲从来不用剪，沙子石头为他磨得溜圆。生病几天，他的指甲明显地长了，我便找指甲刀来为他剪，没承想指甲又硬又厚，怎么也剪不动。我只好找来了一把大剪子，那沾满沙子泥土的指甲吧嗒吧嗒落地的那一瞬，我的眼泪流了下来。

握着这一双厚厚的手掌，竟也把那些早已模糊的往事握住了……

到现在为止我吃过的最好吃的东西，是父亲冬日里在炭炉里烤出的地瓜。那时乡下的冬天似乎格外的冷，太阳都升上了树梢，可我们几个还赖在床上不起。父亲便把昨晚落炉之后烤在里面的那一炉膛地瓜拿出来，热得很呢，他从这只手倒到那只手，又从那只手倒到这只手。本来就香甜可口的地瓜像一只灰兔在父亲的大手上蹦来蹦去之后便软得像糖稀，等我们的口水已满满地溢出，父亲才一人分一块。我们像一群小燕子似的趴在土炕头上啃着吃，父亲便又在新点燃的炉火上给我们烤棉裤，从温暖的被窝里迅速地抽出腿，又以最快的速度伸进烤好的裤脚去，这几乎是童年最多的记忆了。现在冬天我还忍不住到大街上买一块烤地瓜吃，但无论如何也比不上父亲烤的。

每年的八月十五，父亲都要到苹果园里给我们买回一大筐烂苹果，我不知道是因为那时不懂得给苹果树打药，还是好的苹果都被卖到城里去了，总之满满一筐苹果全是烂的，并且烂的总比没有烂的甜很多。父亲早早地出了门，我们几个便去村口的井里挑回一担水，父亲一到家，就把一大筐烂的苹果倒到天井，我们就把烂掉的部分用水洗净，美美地吃起来。后来曾见报纸上说，一个苹果一旦有一个指甲大的腐烂点，就意味着整个苹果都有了致癌物质，我吓得半死，因而现在家里的苹果有一点腐烂就要扔掉，但每每忆起父亲给我们买的那一筐又一筐烂苹果，那甜津津清脆脆的感觉又在嘴角漾开了。

春天似乎很少见着父亲，母亲说，除了参加队里的劳动，他还要在一些边边角角的地方开出一块块小地。这种小地不规则，有的只能栽一两棵花生或三两棵地瓜，抑或点上几棵豆角，但父亲却乐此不疲。因为唯有此，秋日里他的孩子才比别人少挨饿，甚至他的孩子还能去上学

（我们姊妹六人除了大姐、二姐，都读了书，这在那时偏远的小山村真的不多见）。除夕枕头底下，还藏着别人羡慕得不得了的炒花生、煮栗子、风干的山楂……还有，父亲冬天不让母亲出门，除夕的夜里，我们都能领到一双母亲亲手为我们缝制的家织布的鞋子，鞋子里还有一双绣着牡丹花的鞋垫。

  童年的夏天似乎总是下着暴雨，早晨的梦里浩荡着震耳欲聋的山水，一夜的唰唰声成就了东河的暴涨，下游小安门水库里的鱼就会顺水游上来，这似乎是上天赐给这个穷乡的丰礼。天还不亮，河里已满是手拿网兜肩扛袋子的人，父亲为了让我们吃个够，总是会拎回来几条很大的鱼，我们就在家里烧好一大锅水等着。终于，背着重重的袋子，满脸晒得赤红、全身都是鱼腥味的父亲拐进了胡同，我们就欢呼雀跃地围在老宅子的那棵大枣树下。父亲每次都是在这棵树上挂一个钩收拾鱼，父亲把鱼鳞刮得干干净净，在氤氲开来的鱼的醉人香气里，我们争抢着那个最大的鱼鳔玩。其实现在我怎么也回忆不起是如何吃鱼的，但父亲那刮鱼的嗤嗤声和我们姊妹几个欢呼雀跃的情形却常常挤进我成年后杂乱的梦里，那般清晰。我曾试图去回忆父亲吃鱼的镜头，我抚摸着遗失了很久的记忆碎片，可响起的总是他给我们从热气腾腾的锅里向外捞鱼时憨厚的笑。

  记忆中的父亲从不在乎吃什么，他吃得最多的是咸菜，再者就是母亲给他晒的酱，拌的春芽，煮的豆粒。对了，父亲也有奢侈的时候，他生日的那天，母亲总给他炖一碗肥肉，那是集市上卖的最便宜的肉膘子，他便什么也不再吃，大大的一碗我们看起来极其恐怖的肥肉不一会儿就下了肚，然后他抹一抹嘴，露出满足的笑容。

  可今天才听医生说，他这个病最不能吃的，一是盐，二是肥肉。

  生了病的父亲似乎分外孤独，我才知道，其实他是极要面子的人。不能干活了，母亲希望他能拄着拐棍到大街上跟人聊聊天，散散心，没承想他根本不去，后来母亲说那是因为他怕有人说他喊天动地地劳动了一辈子，到头来却落个半身不遂！这些年我们姊妹都陆续地离开远行，成家生子，回去看他的日子越来越少了。

后来几乎每次回家，给父亲带得最多的就是药，可怜他差点把一把老骨头都给了集体，到头来吃点药片都舍不得。大包小包的药成了他的最爱。最怕蛇的他，竟让弟弟给他泡蛇药酒喝，虽然已经八十多岁了，可还梦想着有朝一日能恢复如初，赤脚推车如飞。有时我们劝他，说他年纪大了，也该享享清福了，谁想到他竟然气急败坏，情绪极为低落，吓得我们不敢再说什么。

2014年暑期培训，我是远程研修指导老师，需要每天给几个学校的老师看作业，没有像往年暑期一样回老家陪父亲。一天早晨，大姐给我打电话说，你就不要出远门了，父亲好像不太好。地瓜说（地瓜是我先生的网名，我是花生，我女儿是小土豆，女儿说我们都是地下工作者），大姐不到关键时候肯定不说这样的话，我们还是回老家一趟吧。

早晨，我们驾车回家，见着父亲，那个山一样的大汉瘦骨嶙峋，吃饭咽不下，母亲给父亲喂了一点牛奶，父亲又把它吐了出来。但是，父亲特别坚强，见到我们总是笑的，特别是见着我的小土豆。后来我们知道，那是他生命的最后时刻。

因为远程研修还有三天结束，我跟父亲告别，告诉他我三天后就回来度假，他笑着和我招手告别。没承想开车刚刚回到济南就接到大姐的电话，父亲走了。我们接着调转车头，赶在天黑前又回到父亲身边。我拿一个马扎，蹲在父亲身边，这是父亲在家的最后一天，我一夜没睡，我说这是对我自己的惩罚，惩罚我上午不该离开他。

父亲是真的离开我了，虽然很长时间，我都神色恍惚，回到家还下意识地到东屋去见父亲，但是，那个陪了父亲十年的木床，早已不见了。

父亲去世后，很多东西包括崭新的棉裤、棉袄都烧掉了，母亲说，在那边父亲什么都用得着。那些稍微旧一点的东西，母亲都一件件清洗，我劝母亲用洗衣机洗，但是母亲说，他一辈子只和石头土坷垃打交道，最干净了。

我愣在那里。我一直以为，母亲嫌弃父亲一辈子赤脚浑身泥土，没想到原来母亲的想法是这样——父亲只和石头土坷垃打交道,最干净了。

"你大大呀,全庄子的人都信他,那次修大河的时候,从眼明方村走来的一个小脚的老太太,走到河边就走不动了,小脚磨破皮了,一个人蹲在河边哭。你大大让小俊推着车子把老太太送到了八亩地北头的栗子山上,要是她自己走呀,得走一天。"

"那人家不攀我大大吗,活儿可是一人一份呀?"

"咳,你大大一个人干了两个人的活呢。到现在说起来,人家还认为那个老太太是咱们家亲戚,要不,谁会这么好心呢!"

我父亲就是这样一个人,当时我们家卖地瓜,称好后父亲还要再送人家几块;卖黄姜的时候也是。母亲说,父亲生病后,有一天一个陌生人提着十斤鸡蛋来看父亲,母亲不认识,那人说,他年轻的时候来上里村卖粗粪,天黑了还没卖完,家又远,父亲说他都买了,就把钱都给了那个人。粗粪堆在我家门口父亲再一点点卖掉,人家现在想起来还觉得过意不去呢。

母亲不识字，却是文学家

母亲不识字，那个时候的女人大抵如此吧。

她的家就在西山的黄巢村，村口有一口大井——扳倒井，据说当年黄巢兵败至此，饥渴难耐，扳倒这一口大井使溃军得以润泽。

黄巢村与我们村其实就隔着一条河，我曾在很小的时候多次经过那口井，每一次都怀着深深的敬畏。

"苦瓜藤上结个瓜也不甜"，那个夏日雨夜，我和母亲在昏黄的灯光下聊天，她说起自己的童年，酸甜苦辣咸，母亲小小的年纪就尝遍。黄巢村是远离大路的犄角旮旯里的小村，姥姥家穷得吃不上饭，姥爷就到外地砸石子干苦力挣点钱。母亲兄弟姊妹六人，她十三岁就被送到我奶奶身边"团养"，类似于"童养媳"。说到这里，母亲突然涕泗纵横。八十多岁的她现在是整个村子的老人羡慕的"有福之人"，但这个夜晚，她好像回到了十三岁时的困窘。她说，她第一次见到她的婆婆的时候充满了恐惧。那个年代没有不怕婆婆的小媳妇。我的奶奶那时候已经守寡多年，梳着疙瘩鬏子，面孔严肃。母亲说来到这里的第一个夜晚是和奶奶睡在小黑屋子里，吓得她瑟缩在墙角一夜未眠，天蒙蒙亮她就逃回了家，硬是攀住一棵石榴树，拒绝跟来领她的"婆婆"回去。从此，她小小的年纪就卖豆腐养家，十三岁到十八岁的五年间，她每日挑着豆腐担子从小黄巢观到大黄巢观走一遭，卖不完就不敢回家。

苦瓜也能品出甜来，母亲就是每日里汲水做豆腐养家而练就了一手好活，也韧如一棵野草，虽然来到上里村后没有重操旧业，但一直到今天，每年年末，母亲都会和同村的二姐给我们姊妹做豆腐，柔软醇香。据母亲说，谁家做豆腐做得又厚实又香甜，明年的日子肯定好着呢。我们也深信不疑，因为并不是所有的豆腐都能做成功。

母亲嫁过来后二十一岁生了大姐，然后几乎是每两三年生一个孩子，一直到生下弟弟，共生了六个孩子。我生了小土豆才真正懂得，一个女人近二十年在怀孕、哺乳中生活是怎样煎熬，更何况那时根本吃不饱。母亲回忆说，那年父亲去黄前水库建大坝，她一个人在家没有了粮食，又要给在外面出大力的父亲拿饭，还有孩子嗷嗷待哺，实在逼得没法那么爱面子的她哭着去找大队书记借谷子，掺上树叶给我们攥菜窝窝。家里加上奶奶九口人，孩子们还小，她几乎每晚都要推磨压碾，每天都要摊一大摞煎饼，到晚上还要煮地瓜面团子，那样的难日子她是怎么挨过来的呢？

但母亲向来乐观，她看着自己如花的女儿一个一个出了嫁，有了幸福殷实的家，她看到自己的儿子娶上媳妇，给她生了白胖的孙子，她就觉得满足，心里像开了花。她仿佛看到一棵大树分枝分杈，哪一股都花红果硕，于是有一次不知来了什么兴致，竟自诩是文学家，仿佛这个家的繁荣昌盛是她精心写成的一篇文章，起承转合都完美。

她把家里收拾得干净利索，她的小院四季瓜果飘香，她养的小鸡满院飞，她种的海棠月月红，她蒸的馒头麦香，她炸的鱼虾金黄……

母亲照看了患脑血栓的父亲近二十年。

父亲去世后，母亲有一段时间以泪洗面，我知道，世界上最疼她的那个人去了，虽然在他们那代人身上，我们看不出"爱情"这个词。父亲脾气暴，我甚至认为母亲常常受委屈，但是那天，母亲突然说起来那时候吃水需要去村口挑，干完一天的活回到家，父亲从来都是抢着去挑水，他舍不得母亲再干重活，如果回到家见母亲已经抢先去井上挑水，再累也要出去寻，替母亲挑一段路。

虽然我们姐妹都尽量抽时间回来看她，但是，谁可以代替父亲呢？

父亲去世后的第一个春节,弟弟就把母亲接到了城里。母亲卖掉了自己养的鸡,大包小包装好所有家当,砸死窗户,锁好大门,看似一去不复返。但是母亲住惯了自己的小院子,不适应城市出入门必须上锁,连邻居也不认识的"陌生",开春就闹着回家,又大包小包地重新回到了小院子。

第二年十月初一,三姐特意从牡丹江赶来,一是来给父亲上坟,二是来接母亲。冬天三姐家屋里暖,他们的生意冬天也暂停。那是母亲第一次坐飞机。但母亲在三姐家只待了三个月,飞的心思都有了。当时我的外甥女敏正在济南读书,年初六,母亲就跟着敏坐火车回来了。我们全家半夜从火车站接回母亲,母亲无论如何也不肯在我家住下,初十就闹着要走,我们只好把她送回家。

母亲重新喂了鸡,当满院的小鸡飞来飞去的时候,我知道,母亲又活过来了。家里的鸡下的每一只鸡蛋,母亲都会细心地存起来,谁回家就给谁塞几个,那一刻母亲好像很富有。

去年春天回家,我突然听到胡同口卖小鸡小鸭小鹅的叫卖声,我冲出去,母亲也跟过来。我看到挤挤挨挨的一群鸭,就挑了两只最欢实的送给母亲,虽然每个人都觉得母亲八十多岁了不应该干任何事情,但是我喜欢让小鸭子在早晨叫醒母亲,喜欢看母亲给小鸭子剁一大盆绿菜,给小鸭子换上干净的井水洗澡,喜欢母亲盼着小鸭子孵蛋的神情。母亲给我攒了一大罐子咸鸭蛋,谁都舍不得给。

母亲八十多岁还上山种地,几棵地瓜、豆角或花生,有时候是一沟玉米,当然,还照看东岭的四棵山楂树。她常常说,每一次一步一步走到东岭再折回来,其实也没干什么活,不过是拔了几棵草,或是给山楂树劈劈枝子,她都会疲惫不堪,她说她终究是老了。每年大姑家的表哥从莱芜过来看母亲,她都有东西送他,山楂和花生下头都没有。母亲所说的下头,指的是大姑家住的平原地带,我们家住在"山上",那他们那里就是"下头",那些山楂花生就是母亲拿得出手的"财物",她不习惯让左手提着牛奶、右手提着鸡蛋的亲人空着手走。

年假放得早，我带了葡萄、橘子、瓜子、米糕、鲅鱼、青菜奔回家。晚上六点钟，和母亲通腿睡觉。我告诉母亲说，这个时间，我在学校还没有放学回家呢。母亲的耳朵有点背，我相信她没听见。

开车要回去的时候，母亲左走右走要找什么东西给我带上。我知道，现在母亲已经赤贫，真的什么都没有了，地几乎全部承包给了外人去种，因为她自己已经到了需要人照料的时候。母亲很羞涩地转来转去，说，你看看，光给我往这儿送东西，我可是什么也没有了……她还是跑到小西屋里给我带了两捆子"鸡腿葱"，她门前两米见方的小菜园，两排葱长得很粗壮，现在，那是她全部的土地。

但是，母亲却是我写作的一口"深井"。

每次回到这里，时间似乎一下子按下了暂停键，"结庐在人境，而无车马喧"，小院子只剩下鸟鸣声，屋子里我和母亲泡一杯红茶，然后，母亲开始给我讲小村故事，她慢慢地说，我只是听，回来写作的时候，我觉得很多时候，一个字都不需要改。

母亲可是不识字的文学家啊！

离开家，却最眷恋母亲的小院，到今天为止，"回家"这个词，我是专门留给我的老家的。

采蘑菇的小姑娘

前些日子身体不好,感觉从未有过的虚弱,就想起了上次回家时母亲给我杀的一只鸡至今还放在冰箱里。

我从不在超市或市场买鸡吃,也许是被所谓的"激素鸡"吓得,除此之外还有另一个原因,那种用饲料在短期内速成的鸡的确没有一点味道,吃起来仿佛嚼干柴。有一次回家无意中说起,母亲就在我们家的小院子里喂起了鸡。父亲脑血栓后,母亲就出不得门,家里过去喂的牛、羊、猪,一律卖掉了,也许怕父亲看到伤心。本来鸡也不喂了,因为喂鸡至少需要粮食,而父亲不能干活了,母亲为了照顾父亲也不能下地干活了,自然家里的粮食就绝了粒。母亲听我说城市的鸡不能吃,就又在院子里喂起了柴鸡,她认为鸡是最好的补养品。

年轻的时候母亲用自家的鸡"抱窝",现在只能买。母亲买小鸡也颇讲究,一定要黑爪的,她说这是柴鸡的标志,我也不懂,总之只要是母亲给我杀的鸡,吃起来准香得不得了。其实在家里喂鸡有很多麻烦,比如白天要把小鸡撒出去晒太阳,晚上还要把鸡笼挂到墙上防老鼠或黄鼠狼来偷(去年母亲养了二十只雏鸡,据说一夜就让黄鼠狼咬死了十几只,母亲心疼得一夜没有睡着觉)。但我们喜欢,母亲就会克服困难,比如她会走二里山路到下里集上去籴玉米。

从此我每一次回家,包里总少不了母亲给杀好的鸡。父母年纪大了,我们姐妹几个让打井队在小院里给他们挖了一眼水井,用水就方便了。

过去要到村东头的井上挑水，一天要好几次，总也舍不得用。现在母亲可以用井水把鸡洗得干干净净，挂在杏树枝上滴干了水，再用塑料袋裹好给我放包里。

其实还是有些讲究的，比如老家的柴鸡一定要用从山上捡回的山蘑菇炖，要用干柴，要用铁锅，坐在柴火炉子上要炖整整一个下午，有人叫它"火头鸡"。别说小院，就是整个村子都能闻到那让人流口水的炖鸡肉香。掀开锅盖，八角、香叶、小茴香、香葱、黄姜等融合而成的美味扑了个满鼻，肉是绛红色的，星星点点的金黄色油花缀满溢出，蘑菇在这层漂亮的底色上盛开出夏日的模样。要的就是这样的感觉，这样被一层香香的浓雾笼罩氤氲的陶醉。

现在真的很难吃到这样的炖鸡了，柴鸡自然已难觅，虽然很多特色酒店也打出柴鸡的招牌，但我知道那是哄人的。要么根本就不是纯正的柴鸡崽，要么是柴鸡崽却并没有用真正的粮食喂，因为真正的柴鸡长不大，连那两只爪子都是干瘦干瘦的，过去我们形容一个人长得瘦就常说他的手简直就是"鸡爪子"。

更难觅的其实是真正的山蘑菇，这些年我一直希望在山村的集市上可以买到山上的蘑菇，而每一次都大失所望。后来就暗笑自己迂，现在山上已没有野生的蘑菇自己又不是不知道，干吗还抱这样的奢望呢？

真的不可能再有那样的日子了。那时我们小孩除了盼春节就是盼夏天，夏天对农村的孩子来说实在有太多的诱惑，现在想来最有诱惑的是可以到北边大山里捡蘑菇。我的小伙伴很多，大都住得比较近，年龄也相仿，那时在农村都是先给孩子取一个小名，到上学时才取大名，所以上学前大家互相叫的都是小名，霞子、小芳、红菊、兰花……我们到上学的那一天才知道自己的伙伴取了什么大名，就觉得新鲜，不停地呼喊彼此的大名，而被叫的小伙伴竟然有那么一点不好意思呢。

常常是早晨鸡叫三遍，我们就呼朋引伴地起床了，当然喊的是小名，我们中最胆大的是二大娘家的五姐，本就长得像男孩子，做起事来也风风火火。常常是她先起床，然后在胡同口咋呼两嗓子，大家就陆续起来了。不一会儿就能聚集十个、二十个，一人拿一只篮子，我拿的篮子是父亲头年秋天从山上割了荆条编成的，父亲专找又细又长的，把外面的皮剥掉，露出又白又滑的条子。父亲可是编条筐的好手，我的这个篮子也就精美漂亮，颇得小伙伴的喜欢，有的小伙伴出于嫉妒，还故意过来挤对我呢，父亲知道后也会给他编一个。

你能想象吗？一二十个十岁左右的小孩，在早晨三四点钟，沿着蜿蜒崎岖的山路，叽叽喳喳地向北山行进，有的为了吓唬伙伴，还冷不丁地学几声狼或黄鼠狼的叫声，路上便会长久地响起埋怨声、责骂声、惊叫声。我们往往天未亮就赶到石门，这是入山的必经之处。石门由几块巨大的石头组成，上面接连三个巨大的水库：石门水库。每每走到这里，我们就会大呼小叫，因这里曾淹死了一个漂亮的姑娘，她不爱一个男子，但父母非要逼迫，她就出走了，据说她是一步一步走入了冰凉清澈的湖底。但不管怎么害怕，我们还是要在这里吃早饭，因为起得太早，又走了这么长的山路，肚子早咕咕地叫了。更何况，每一次上山，总要拿上平常吃不到的好东西，比如爹妈可能会给拿上一个鸡蛋，或煎上一个菜饼，这种来自身边的直接诱惑是小小的我们难以抵御的，用母亲的话说，那就是"狗窝子里边藏不住干粮"。我们迫不及待地啃起自己带的好吃的，有时还互通有无，你吃我一根咸菜，我掰你一块烙饼，说着笑着天就亮了。我们早就按捺不住了，纷纷要上山。人多时我们就分几拨，但要找一两个认路的领着，谁也不许掉队，一般是顺着南面的山坡向北。一棵一棵盘根错节的松树下长满了厚厚的草，扒开那些草，就露出厚厚的松针，就在这些松针表层，长出一撮一簇的蘑菇，而那山路山崖上，到处是灿烂的石竹花和野菊金针草。

当然也不是每一次都那么幸运，要有耐心。比如要下过几次丰沛的雨，让树下得到足够的滋润，天气要足够炽热，我总觉得那是大地蒸出的小馒头。有时我们一入夏就耐不住性子进山，往往是失望而归。但大多数时候我们做了调查，比如王大叔进山放牛是否顺手捡回了蘑菇。

蘑菇有很多种，我爱捡的有三种：松蘑菇、蜡蘑菇、秋蘑菇。必须要认得准，因为有毒蘑菇，那种长得很鲜艳漂亮的、个子很高的蘑菇不能捡，每年都有人死于毒蘑菇。老人们讲，虽然刚采回来的蘑菇鲜嫩可口，但必须晒干再吃，毒蘑菇经不住太阳晒，一晒就瘫软不成形的蘑菇再好看也要扔掉。

松蘑菇是鹅黄色的，大的像一把把小小的伞，光滑干松，伞底是细细的纹，小的白白胖胖的，湿滑，有时为了让它们多长几天我都舍不得捡；蜡蘑菇最漂亮，它的伞盖是蜡质的红色，炖完鸡后它还保持着打开的伞形，咬起来脆脆的，甚是好吃。如果我的篮子快满了，我就不再捡松蘑菇，我愿意让我的篮子被漂亮的蜡蘑菇覆盖，就像盛满了鲜艳的花朵，回来的路上都得意扬扬。

相对于松蘑菇来说，蜡蘑菇似乎更难找寻，往往是捡了很久才会遇到一两个，但它在夏天肥美的绿草中分外显眼，很远就能看到它如花朵般。有时是两个人甚或更多的人同时看见了远远的有一簇蜡蘑菇，就同时向它冲去，就会为了到底是谁第一个看到的而争论不休。就为了一簇蜡蘑菇，有的甚至在争抢中没有挎好自己的篮子，好不容易捡到的蘑菇滚落一山谷，还要从谷底先把篮子找回来再捡起蘑菇。

有一次分外幸运，当我们翻过一道山梁，竟意外地发现了一整片蜡蘑菇。那个景象现在还多次进入我的梦乡。在矮矮的一片松树下，开满了像杜鹃花似的蜡蘑菇，有的正盛开，有的还含苞，拥拥挤挤，绚丽耀眼。我们兴奋极了，我是把篮子里已近满的松蘑倒掉，重新捡起这些漂亮的"花"。我忘不掉我的手触到蜡蘑菇时那湿湿黏黏的感觉，我忘不掉那种奢侈，哪一个漂亮捡哪一个，哪一个鲜艳捡哪一个，最后还有半个山坡，可我们已经把篮子垛成了小山，还脱下外面的长裤，扎住裤脚捡满了搭在身上，还剩好大的一片，但也只好忍痛割舍了。我们暗下决心：明天再来。但意外的是，我们迷了路，跌跌撞撞地在山谷间转悠，那天我们分了好几帮，一会儿喊小名，一会儿喊大名，好不容易才找到了回家的路。第二天再来找寻那片蜡蘑菇时，它却像天边的一缕彩霞，怎么也找不到了。我们只好怅怅地捡些松蘑菇回家。

对了，不能忘掉秋蘑菇，我们又叫它鸡腿蘑。深秋的深山似乎不再具有旺盛的生育能力，已难觅一两只蘑菇了。但也许是大自然舍不得让他的儿女失望吧，立秋后还会有一些蘑菇出现，个小腿长，深棕色，嚼起来颇有滋味。

现在想来还觉得可笑，那些蜡蘑菇我没有舍得像平常一样把它晒在盖垫上，而是用剪刀剪断泥根，用手一根一根捏掉黏在蘑菇伞顶的松针，用针一个一个像串珍珠那样串成了串，干干净净地挂在了我家门口的两边，我曾骄傲地认为那是我给我家的门戴上了漂亮的项链，真的好漂亮啊。记得大雪下了第三场时它还挂在那儿，过年炖鸡时姐姐想用一些我还不愿意，母亲就说："最好的东西是用来过年的，为什么舍不得啊？"炖出鸡来母亲先给我舀出一小碗，当然挑了些蜡蘑菇在里面，说："我闺女真会过日子，长大出嫁了一定讨婆婆喜欢。"我就噘着小嘴说："有鸡炖蘑菇我还是给娘吃。"至今母亲说起来还笑个不停，说那不是昨天的事吗，怎么一晃我的闺女都这么大了呢？

如果幸运，还会在回来路过的一丛又一丛的胡树林里见到灵芝呢，现在是很罕见了。2008年暑假，还在熟睡中的我和小土豆被地瓜喊醒，原来他早晨起来爬山时发现了"宝贝"，为了让我们能够见到还熟睡在树丛里的灵芝，他用草盖住，从被窝里把我们拉起来上山。刚见到时，我简直被它的完美惊呆了。在那个早晨，我们盗得仙草一枝，移植到我家的露台上，每每有闲暇，总会去感受山野气息，十年了，它竟然还保留着在深山胡树林里的样子。

今天我可以真正地吃到柴鸡炖蘑菇，并且是真正的山上的蘑菇。放牛的王大叔前些日子帮我家干活，我家的老屋漏水了，正好王大叔家也修理屋子，母亲就请他顺便给修修。修房可不是小事，要把过去的老瓦揭掉，重糊一层泥上去，人家干了整整一天。母亲过意不去，就宰了一只鸡招待王大叔，王大叔说："别瞎了这鸡，我夏天放牛拾了几个蘑菇，可我没鸡炖，还在棚上扔着呢。"说完王大叔回去拿来了那蘑菇，还真不少，够炖三只鸡的，炖鸡剩下的母亲就悄悄地塞在了我包里。回来我就把鸡放进了冰箱，把蘑菇搁露台上晒好，没有贵客，怎舍得吃呢？

我把那只柴鸡从冰箱里拿出来，用温水泡上，那只黑爪已被母亲收拾得干干净净的鸡在我面前舒展开来，我甚至能想象它在我母亲面前的奔跑和鸣叫；然后，我又把蘑菇用开水泡上，用母亲的话说那叫"养"开，在一个个气泡的飞旋中，那一只只蘑菇真的仿佛又活了过来，连那上面沾着的草屑和松针都绿得滋润了。

不知道为什么我竟然很想哭。

也许我想起了我捡蘑菇的童年吧，那时从山上返回的时候都是"得胜还朝"，呼啸着冲下山来。如果时间还早，我们还会沿着山涧的溪水走，把布鞋脱了，让小脚丫在夏日温润的水中尽情地嬉耍。顺便还会捉蟹子或虾，也会捉些小鱼，花翅子居多，还会从小溪边上掐薄荷回来，大人会和上面糊煎成薄荷饼，有时还会连根拔起，拿回家种在自家院子里。薄荷是可以在地下不断蔓延生长的，极易成活，往往是几株没多久就变成了一片。有时来了客人父母炸鱼时剩下了面糊，会喊我们掐几枝薄荷来，因为少，上不了桌，就成了我们小孩子的美味。

即使快到家了，我们这些野孩子也还要在黄泥湾里洗一个澡再说。一筐一筐的蘑菇就在湾边上晒着，我们一个一个扑通扑通"下了饺子"。黄泥湾顾名思义充满了黄泥（后来我到了黄河，才知道我们村的黄泥湾比黄河还要黄），它在我们村子的西面，并不顺路，但我们总要绕路去。我们喜欢从高高的石堰上跳进黄泥湾时冲起的巨浪，固执地认为那是自己巨大的能量。那时我野得根本不像女孩，我能憋住一口气从黄泥湾的这头游到那头。我长着黄黄的头发，在山上奔跑，像一只灵敏的猿猴；晒得黑黑的皮肤，在水里翻滚，像一条光滑的泥鳅。

离别故乡，别却曾经的年少轻狂，在这个陌生的城市里，我找寻不到什么叫太阳在树梢上跳舞，我也找寻不到日落西山的漫天云霓，那个穿梭在林间河溪的小丫头哪里去了？有时我憎恶时间的残忍，不经意间，多少光亮的额头爬满惆怅，多少鲜艳的笑靥变得苍凉！

"采蘑菇的小姑娘，背着一个大竹筐，清早光着小脚丫，走遍树林和山，她采的蘑菇最多，多得像那星星数不清，她采的蘑菇最大，大得像那小伞装满筐……"

又见雪花飘

又见雪花飘。

这是昨夜悄悄送来的礼物,不大,还没有玉树琼枝,还没有"千树万树梨花开",那些还很绿的树,只是被小雪挠了个痒痒,笑得前仰后合,白的雪白,绿的翡翠,是个温润的梦。

雪花让我们每一个人变成孩子。

送孙子上学的老爷爷,哈着白气,笑眯眯的。小孙子用脚把雪踢得高高的,他的大铲车把雪山铲倒了,就拽着爷爷来瞧,老爷爷耐心地给孙子又堆起了一座。也许上学要迟到了,不管他。

女儿挽着老妈妈,不知道又说起了什么可笑的事,妈妈的白发飘啊飘,女儿像开在雪花中的莲,脸上红扑扑的,眉上刘海上都是雪末儿,她们已出来好一会儿了吧。

一个穿高跟鞋的漂亮女士,也许像我们一样刚刚下楼才发现下雪了,也不知道那是不是她的车,她径直走过去,在车头薄薄的一层雪上,像个调皮的孩子似的画了一个大大的笑脸。嗨,管他是不是呢,给自己一个笑脸,或给别人一个笑脸,不是都很开心吗?

西装笔挺手拿公文包的"绅士",您瞧啊,专踩未化的雪。第一场雪似乎还在试探什么,并未来真格的,仅在墙根或路边悄悄地观望。这位大男孩就只好斜着身子一颠一颠地走,锃亮的皮鞋被弄得湿漉漉的,可他还是兴冲冲的,一个一个熊爪子似的大脚印歪歪斜斜。

不知为什么小时候村庄里那么容易下雪,"麦盖三床被,来年枕着馒头睡"。那时候一放寒假,我们就急急地把作业赶完。那时作业很少,因为在小村子里,没有几家孩子上学是为了考大学,父母压根就没抱那么大的奢望。老师知道孩子放假还要帮父母干活,也不会布置太多的作业。

那时放了寒假最主要的活是压碾子,要蒸下一大瓮窝窝头,要摊一大瓮煎饼迎接新年,都需要先把玉米或地瓜干碾成面。我们天不亮就去占碾,乡村也有乡村不成文的秩序,压碾棍子排一排,谁去的早谁家先压,仿佛各家的碾棍都有记号,从来没产生过分歧。整个小村只有两个碾,我们常常去占村西离家近的那一个,一直从天亮碾到吃中午饭。有一次四姐的小拇指被碾棍子挤了,整个早晨都在哭。

但一下雪,就完全不同了,一切时间都是我们的!

一般是玩一些我们小孩子的玩意儿,比如打瓦,就是把一些较大的瓦片立在两米开外,在脚下画一道线,把一块较薄的石片放在脚上,抬脚用力甩出石片,谁能够恰好把远处的瓦片打倒,谁就赢了。应该也有些规则的,但现在不怎么记得了,只是那些嬉笑声似乎还在耳畔。瓦片不够多,且容易碎,我们就寻找又薄又大的石片代替,为了找到一块合适的石片,有时我们就结伴进山或下河,还能顺手捡回些滑石。这种石头真神奇,能够在土路上画出一道道白线,明晃晃的,煞是好看,我们都像珍藏宝贝似的把它藏在枕头下。包括那些用得得心应手的石片,用完后也要把它抱回家,藏在大门后,第二天玩的时候再搬出来。

一朵朵大大的雪花棉花团般坠落,两米之内视线已有些模糊。为了提高难度,我们也会不断地把距离拉大,也会因为霞子没有遵守规则而大吵大嚷,或狗娃在瓦片上做了手脚,石片还未碰到就倒下了。有时几个人争起来就滚在了一起,全身都是白白的雪末,回家不知挨了多少回骂呢。

更要命的是,玩这种东西特别费鞋,那时的鞋都是用布缝制的,鞋底是用麻线一针一针纳成,大人只有晚上有点空,纳一双鞋实在不容易,可往往穿不了多久就被我们打瓦给穿破了。因为这,我每一次都找姐姐们穿坏了的鞋来穿，可那些鞋一点也不跟脚，我就把每一次的失利归罪为那些鞋。

还有"抓子儿"。就是把五块小石头放在手心里，高高地扔起一块，利用石头起落的空当儿把剩下的四块摆成不同的"队列"——一个对三个，两个一组，四个分散，充满变化，然后重新扔起那块小石头，抓起来下面的……说容易，做其实很难，十分考验人的协调能力，眼疾手快才可以，手上忙着，脑子还得记清楚到底到了"哪一环"。对手大声吆喝着故意扰乱，大呼小叫是街头常态，一块一块小石头被我们磨得溜圆，越用越顺手，哪个孩子没有自己得心应手的五个石子呢？一般都是石英石，晶莹如玉，在手心的上下翻飞中变得温润明亮，后来我们也用杏核，桃核有点大，大人们常用，我们小孩子喜欢用苦杏仁那种小杏核，磨得越来越圆，实在是美妙，扔起它们的时候，会有杏仁在壳里面轻响，像一首乐曲……

再就是跳房子。先在地上用滑石画出五间房子，正方形中画十字，分成四间，再在任何一间处伸展出一间，把小瓦片扔在脚底的房间，单腿跳着把瓦片从第一间推入第二间，如果用力不当，瓦片无法顺利地进入下一间，压线或出了房子都算"瞎"了。其实关键还是体力，一圈下来，另一条腿绝对不能着地，一着地也算"瞎"了。我们常常乐此不疲，虽是大雪纷飞，可头上绝对像蒸笼一样冒着热气。庆祝的拍着巴掌，懊悔的也许就一屁股坐在了地上，雪厚实还好些，只是粘点雪末，雪薄时也许就弄一身泥，回家也是要挨骂的。对付我们这群屡教不改的泥猴，大人也有办法。那时一个冬天只有一条棉裤，为了到过新年时还是新的，就在裤子比较容易坏的地方打补丁，比如两条腿，比如屁股，大大的补丁几乎盖住了"庐山真面目"，到了除夕的晚上，才把那已经磨得不像样的大补丁拽下来。有趣的是，那时穿的都是家织布，自己染的，因此特别容易褪色，当把大补丁拆下来后，颜色是不一致的，有补丁护着的地方深些，露着的地方浅些，所以远远看去还像是补着两个大补丁。那时真希望穿一身真正新的全身没有补丁的新衣裳，即使不能实现，也没有关系，所有的小伙伴都如此，谁会去笑话谁呢？

雪把我们的小脸皴得红红的，冻得我们的小手上长出一个一个的"小蘑菇"。玩起来忘形不觉得，到了晚上，这些"小蘑菇"便会痛痒难忍。油灯下奶奶抓着我们"破烂不堪"的小手放在热水里烫，今天似乎还能听见水的哗哗声。我们的手历来是第二年春暖花开时才好，因为第二天就又投入到"疯玩"大军里去了，哪还顾得了这么多呢？

还有跑树，把所有的人分成两组，往往要用剪子包袱锤的游戏胜负来决定，指定两棵远远的大树，一组一人站定，一声令下向远方跑去，过去必须绕树跑一圈，看哪一组所有的人先跑完。这可不仅仅是一个人的荣誉，平时跑得不快的也会玩命地奔跑，否则就要遭到全组人的"嫌恶"。有时分组时就明显有了力量悬殊，一组胜券在握，就故意"耍酷"，比如跑过去绕了树两圈，或干脆爬了一米高再跳下来跑，让失败的一组无地自容。有时失败组很是不服气，竞赛会重新进行，他们憋着一股气，"哀兵必胜"，趁着胜组"耍酷"时超越他们，那受嘲笑戏弄的可就是那位刚才还"帅呆了"的"大人物"了。如果还不能赢，失败组就坚决认为失败是因为"寡不敌众"，比赛只有"势均力敌"才好看。于是又一轮剪子包袱锤上演了，原先一个战壕作战的好友成了劲敌。那时我们就懂得了"优胜劣汰"，许多跑不快的就干脆去玩别的游戏，而那些跑得快的就成了各组争抢的"香饽饽"，在雪地里风驰电掣一直是我童年最美好的回忆。

记忆中最壮观的当属打"行头"。所谓行头，其实是一种用线缠成的球，没有现在的好线，就用奶奶或母亲拆被褥时拆下的旧线。每年秋收前，奶奶都要把全家人的被子拆洗一遍，母亲总要把全家人的棉衣拆洗一新，那些在旧衣服上值了一年班的白线黑线就被无情地撕扯下来。而它们却成了我们的最爱，一层层密密地缠起来，然后在最外面"界"一下，就是用漂亮的彩线缝上一层小格子，这样线就不至于脱落下来了，那最外面的一层线我常常央求母亲给我她纳袜底的七彩线，可漂亮了！我们还比谁的更大，我家人口多，线也自然多。更何况，姐姐为了让我的更起（就是弹力大），还给我在行头的心子里夹了些塑料皮，所以，每次玩这个游戏，他们都不好意思地把自己的行头揣在兜里，说还是用你的吧，我的行头就在人群中如流星般飞舞啦！

过年前后的十几天，整整一胡同人，大的如灿远哥，当时已六十多岁了。叫哥，是因为我的辈分大，他的孩子的孩子都跟我差不多大呢！这是我后来才弄明白的事，那时我常叫他的孙女妹妹，母亲不知给我纠正了多少回呢，说小菊妮子得管你叫姑奶奶。小的如我的弟弟，当时也许刚刚会走。分成两大拨，轮番地发球，看对方的抵御能力，说得奢侈点，简直是古典排球。一只七彩球在众多颗仰望的脑袋上空如梭子般飞转，一个个被压抑了一个冬天的嗓门炸开了腔，老老少少，男男女女，也许为了没有说明白的一条戒律，也许为了没有画清楚的一条滑石线，爷爷不让孙子，女儿追逐老爹，个个脸上被红霞照得亮朗朗的。

雪花使所有人都变成了白眉大侠，头上，甚至脖子里都冒着"仙气"。每当夜幕遮蔽了一双双眼睛，意犹未尽的大家相约明早再开战时，我的花行头也就变成了泥球，这时我的任务是回家把它洗干净，父亲为了给我烤干这只七彩球，专门在炭炉边架起了一个铁丝架子。第二天早上，天不亮就有人开始吆喝："打行头啦！""打行头啦！"

就是夜晚，也有好玩的，就比如藏老毛猴守吧，类似今天孩子们玩的捉迷藏。但现在孩子已很少玩了。城市的孩子自不必说，水泥钢筋已把他们的世界分割得支离破碎。农村的孩子一样，电视手机占据了他们的童年，作业争夺着他们的快乐。村里的孩子也明显少了，含辛茹苦的父母五十岁就长出白发了，他们在城里给孩子买了房子，他们认为只有在城市有落脚之地才幸福，他们向往的是可以成为城里人。

姑姑家的三哥整个冬天都住在我们家里，舅舅家的民也是，妗子得了肺结核传染，他就被母亲接到我家来了，我们家成了"集中营"。几乎整个村子的孩子都集中到这里来了，分组后，一组去藏，另一组面壁等待。随着一声"藏好了"，面壁等待的那组就出发了，看谁抓到的多，柴垛里，花生秧里，牛槽里，树上，破宅烂院里，都是可能的藏身之所。

我们一般都能不太费力气地找到他们，是雪出卖了他们，厚厚的雪地上总会留下他们奔跑的踪迹，顺藤摸瓜，哪里逃去？经过一番研究后，三表哥想出了个好办法——藏的时候把鞋子反过来穿，这样他们就找不着啦！有一个晚上，我藏到了场院的牛草堆里，反穿的鞋子保护了我，他们怎么也找不到我。听着小伙伴们"我看见你了，再不出来我们就回家睡觉了"的声音渐行渐远，我傻傻地庆幸着自己的胜利。直到半夜才听到父母的呼唤声，原来小伙伴们都已回家睡觉了。那时参加的孩子太多，也没有人做过清点，往往是有些孩子被从邻居家聊天归来的父母顺便牵回了家，所以游戏也没有准确的结束规则。要不是民在睡觉时发现他身旁仍是空的，那夜我也许就要在草堆里待到天亮了。本来我家孩子就多，再加上他们两个，有时还有其他的表哥表姐来寄住，床小了根本盛不下，母亲就垒成宽宽的"大通铺"，一睡就是五六个呢！我们像一群小燕子，早晨在被窝里就打架，但那夜我发了烧，三表哥现在说起来还觉得欠了我情呢！

"从那以后，你变聪明了。对了，还记得吗，有一次你还藏到树根的被窝里呢！"树根是我们对街四叔家的小弟弟，那时我们哪分得清这些呢！有一次我们村子里有个人死了，谁都不敢去那个院子，三表哥刚来不知道，就藏在了里面，自然没有人找到他，他赢了！

如今三表哥的脸上也已爬上了沟壑，但我看得出，每说一回，他都能回一次童年。

想说的还有很多，正月十五的晚上我们把用旧了的刷帚淋上油，在西边的地瓜地里看谁扔得高，雪花向下，火星向上，星子闪烁，狂野的呼喊从西山荡回来，从东山又传回来；成群结队地去西河砸鱼，雪花使本来澄澈的冰面模糊，一个又一个冰窟窿被狂欢般的嬉笑填满，那些花翅子拿在手里身上还是温的……

又见雪花飘。

那些人，那些事，都已随雪霏霏去……

永远都想做个孩子，可今天雪花已飘上了我的头发。

花 生

腊月二十回老家给父亲祝寿，母亲给我带了一袋子花生，是手剥的小粒花生，也许她老人家未曾忘记我对花生的痴迷吧。

说喜欢花生是真的，记得刚刚兴起起网名的时候，我就给自己取名"花生"，迄今微信名也不曾改变。现在很多人看我写的东西，我自称"花生"，大家都说好，女儿"小土豆"几乎熟人皆知，但是读到"地瓜"，就要分辨一下哪个是真正的地瓜，哪个是指我家先生。

其实花生是我们那里最常见的东西。但大集体的时代并不能时时吃得到，当地里花生还只是个"小纽纽"（花生没有成熟的时候白白胖胖，里面的仁很小，是虚胖的白娃娃，实在没什么吃头，慢慢长大，反而小了，饱满了，这时候才好吃）的时候，我们就计划着怎样享用它了。

父亲是队长，对我们教育极严。记得有一回我们几个馋小孩，不约而同地来到野外薅草，其实是想偷挖生产队的花生吃，还有花生地旁的豆角，又细又长的嫩豆角是可以生吃的，脆生生有点甜。

午后的阳光灿烂，刚刚用手挖出的几颗花生散发着新鲜泥土的芬芳，我们舍不得一次吃掉，把最饱满的几个塞在兜里。正在疯玩，远远地发现了父亲急匆匆的身影。为了不让我们染上恶习，他每天回家先翻我们的口袋。我们被远远逼来的父亲吓得战战兢兢，一路狂奔到村口的一块地上，急急地挖一个小坑把花生埋起来，还用手使劲地按按。父亲已经追到我身边了，他大大的眼睛直瞪着我，如同九十度的热火炙烤着我，吓得我几乎站不稳，他最讨厌别人偷集体的东西。

那时我想，长大了，我一定把花生吃个够！

花生从地里刨出来后会运到一块较大的地里集中管理，晚上有人看着，当晒得差不多干了，就组织全队老小来摘花生。摘花生的日子是孩子们的节日，虽然不能往家里拿，但是可以吃个够。所以一到集体摘花生的日子，家家都会领着好几个孩子，在堆积如山的花生堆跟前，尽情享受饱嗝的畅快。

那时的冬天格外漫长，漫漫长夜，既没有电视，也没有其他娱乐，我们便期待剥花生的日子。为了第二年春天播种时有现成的种子，进了腊月，队里就会打开仓库，把堆积如山的花生按照斤两分到各家各户，利用晚上的时间剥好。称的时候把花生皮的分量去掉，但总是会多给一些，算是对人们黑夜点灯的酬劳。所以每每剥花生的时候，我们基本不吃那些个儿大饱满的，父亲常说，只有这样的花生，明年才有力气破土顶天，长成茁壮的挂满花生的一大棵。父亲总是把"小纽纽"给我们吃，"小纽纽"很甜，分量轻，再说又小，当种子不合适。偶然遇到一个"大马"，我们姐妹就要争半天，因为一般花生都是两个仁的，三个仁的也不少见，但很少有四个仁的，它比一般的花生要长出一截，弯着腰像只飞奔的大马（现在街头上卖的炒好的花生，居然有很多是四个仁的，仁还个个是紫红色的，有一次我惊喜地买了一大包回家）。父亲轻轻一捏，只听"大马"啪嗒一声响，弟弟就会凑过耳朵来，父亲就把"大马"夹在弟弟的耳朵梢上，然后弟弟就像得了大宝贝似的东奔西跑，那只"大马"在弟弟的耳朵上一颠一颠的。许多年过去了，弟弟已经长成大汉，我依然记得他小时候顽皮的样子。

伴着父亲《狼来了》《猴子腚是怎么变红的》等一个又一个故事，我们忘记了窗外冬夜里凛冽的寒风。

快过年的时候，我们会拎着剥好的花生去队里交，一般都会剩回一些来，父亲说够称，说明你们没有偷吃，剩回来的当然要犒劳你们。于是在锅里放一些从河里拎回来的雪白的沙子，先把沙子炒热，然后把花生放进去，炒得黄酥，让我们嘎嘣脆地吃个干净，那种香已经不是现在吃遍百味的孩子能够感受得到的了。

如果多一点，母亲便把外面的粉红色皮搓掉，把花生搓成两半，凉透了，在锅里面放冰糖红糖，化开熬出大泡，再把花生倒进去，搅拌成琥珀花生，又甜又酥，装盘也可以算作一道菜。

还有一些日子是值得热烈盼望的，那就是开春的"开场日"。秋天集中摘完花生后，花生秧被集中堆放在大场院里，大大的场院堆了一排又一排的花生秧，周围用玉米秸子和高粱秸子严丝合缝地围起来，并且有人看着，这是牛一个冬天加开春耕地时的草料。而孩子们热切盼望的当然是那些粗心人留在花生秧夹缝里的小花生。有时甚至是很大的一颗呢！那种收获尤其令人欣喜。

开场日是在阳光灿烂的初春，树叶已经发芽，燕儿翩翩地飞，欢快地唱着。天刚刚亮，我们一群孩子就不睡懒觉早等在那里了。其实也有很多大人参与进来，不记得是怎样一种开始，但过程相当壮观，大家都很勤奋，那些花生秧在空中乱飞，细细的粉尘，伴着新鲜花生秧的味道，这一幕一想起恍如昨天。我们小孩的手快，仿佛比大人收获更多，在得意与幸福中，早准备在胸前的布袋很快满了。放在枕头底下，藏了又藏，生怕被别人偷走，高兴了也会分几颗给别人。

而真正享受花生，是在包产之后，父亲不惜力气地种花生，因为花生真的比其他的庄稼更有收益，一大筐地瓜也换不来一盘子花生米。一块块山地周边还有些荒坡，父亲就领着我们开荒，分成一小块一小块的。然后分给我们姐妹一些种子，说看谁的小地里收成最好。反正那不是正规田地长出来的，不交公粮，像白捡的一样。我就特别高兴能够在小地里种花生，为了这甚至不惜从三里远的地方挑水浇灌。那时我长得不高，母亲就给我两个瓦罐挑，但路途实在遥远，一路上要歇三四次。只记得肩膀被压得酸痛，满头大汗但满怀希望。暑假的时候我惦记着这些小地里的花生，有空就跑去拔草，宁可在酷暑中炙烤，我心里甜滋滋地期待它在地下一日日饱满起来。

不论什么时候，只要来了客人，母亲总会炸一大盘酥脆的花生米，就着它们，父亲一众就能把一瓶高度白酒喝干。每年八月十五，我们会吃到当年刚晒干的新鲜花生，酥黄酥黄的花生米有种特别的味道让人着迷。但那时家里人多，一盘花生一人几粒就所剩无几。平日里，我们都知道节省着吃，因为一大捧花生就可以换回一把崭新的锄头或者一把雪亮的镰刀。

分产后我们家就大量种植花生，父亲还翻山越岭去寻好的花生种子，那时我们家率先种起粒大的花生，整个北岭和东岭的所有旱地都被种上了花生。父亲借着当队长的便宜，跟别村的人换来很多孬地。拿好地换孬地可以扩大土地面积。然后利用冬天，他再领着全队老少改造成好地，把石头抬出去，把细土翻上来，地盘甚至扩大了两倍。一直到今天，上里四队原来的住户说起来还心怀感激。我们家由原来大面积种地瓜改成大面积种花生，记得那时整个东屋里堆满了成袋子成袋子的花生，不用说，我家就这样慢慢地宽裕起来了。

除夕的夜里，母亲总是忙在锅台，她把一大袋子花生倒进炒好的沙子里，用大铁锹翻动，然后，疯玩的我们到齐了，她就拿着瓢给我们分花生，六个姊妹排成一排，一人一瓢，当然也有爆米花，也有自己家种的葵花子，还要一人分一个苹果或者几颗栗子和山楂。领到手我们便纷纷跑到自己屋里把它们藏起来，确定安全后再出去玩。年初一仿佛才是应该吃的日子，一颗一颗放进嘴里，嚼得细致悠长，回味深远。

漫长的春夏就长久地没有花生吃，真想它啊！开春之后，我们会到野外挖野菜，有时是荠菜，有时是苦菜。挎着父亲冬天用条子编织的小筐，手里拿着父亲亲自打制的小铁挖沿着乡间的小路一路挖，有一次，我突然有个惊奇的发现，一枝倔强的绿嫩嫩的苗儿把干裂的土地顶起来，我欣喜万分地呼朋引伴，一群孩子跪下来"研究"，原来是一粒被丢在田野里的花生发芽了！

其实每每秋收生产队刨完花生后我们都会到地里挈（我查了字典，但没有这个字，因为下面是手，我姑且用用吧）花生，就是用小镢头刨开花生棵在的地方，会有些早熟的花生落在地里，生产队的人都已经收完，落下的自然属于我们。每年我们这些小孩都会挛很多，一直留到下雪，还有的小孩挛得多，还用来卖钱呢。

今天我们竟然发现了"漏网之鱼"，它居然躲过层层封锁"凌寒独自开"。但农民种地是不重茬的，今年种了花生，明年一定改种其他，否则庄稼便长不好。所以我们几个就商量把它刨出来。更令人欣喜的是，竟然有好多棵呢，于是那天早晨我们不再挖荠菜，而是每人挖了一些花生苗回去，放盐下锅，真的很好吃。

长大离家后很多次老家来人，母亲捎给我的也大都是花生，有时怕我放不住，就会把带壳的送我。我把它们放在厨房的入口处，有时炒菜煮肉的间隙，我会拿几颗吃，小土豆笑着说，有那么好吃吗？我会给她唱起儿时的歌谣"黄房子、红帐子，里面住着白胖子"，心里就悠然升起许多对于花生的情感，而那段岁月，也一日一日地浮上来，浮上来。

后来不再交公粮了，种地还有奖励，父母却老了。热衷种地的老人永远不可能再躬耕在东岭北岭了，我们姊妹也都离开家，地只好承包给村里的年轻人。母亲把东岭的一块小地留下来，所以现在我还能吃到花生，那是母亲专为她的孩子种的小粒花生。

父亲去世后，母亲连东岭的小地也去不了了。有一年春天回家，见母亲着急得牙疼，原来她的地想承包给别人种却没有人肯承包了。我给母亲钱，说我承包了，母亲悠悠地说，不要钱，只是不要让它长满荒草，用手翻熟的地荒了，可惜啊。

我想起艰苦岁月里父亲在荒野开垦的一块块小地，想起陶渊明的田园将芜胡不归，对母亲说，我开车从城里到乡下，从山上到村里，发现大片大片的地都荒了，年轻人都不种了。本是要安慰母亲，没想到母亲竟然落下泪来。

杏的记忆

又是一年春好处。一树一树的杏花开起来了。

杏的记忆是童年的伤。

我家前面的水泰家有五棵大大的水杏树,是那种汁液奔涌的大水杏。我家一棵杏树也没有。

父亲最讨厌又馋又懒的人,家里栽的树也基本用于建房搭屋,我家大门外栽了五棵大榆树,新房子的一扇大门、四扇小门都是伐倒它们解板上漆而成。现在尚有人来家里时推着两扇黑漆大门感慨,那个厚呀,几乎没有声音,不像有些人家的铁片子大门一有风便吱吱嘎嘎,它沉重得在风力人力下纹丝不动,像极了那时的父亲。

按照民间的说法,榆树每年都长满"榆钱"(余钱),必五谷丰登六畜兴旺。我家这五棵树长得又粗又直,童年的我学会了爬树,春天捋榆钱烙饼,榆树树皮黏黏的,在缺少白面的日子里曾让有创新力的三姐掺入玉米面、地瓜面包成饺子。我家还栽了两棵大梧桐树,大姐、二姐没有机会上学,她们要挣工分让我们几个小的读书,父亲栽下两棵梧桐树陪她们长大,为的是将来给她们做成大衣柜当嫁妆,就像江南的父亲在地下埋藏女儿红。

父亲栽的树都是有用的,但孩童的我们只渴望果子。

我被水泰家的那些杏树诱惑,从开花就开始了,粉唇欲启时的羞怯,缤纷零落时的洒脱,那时我没有找到语言形容,现在也没有。连男孩子也喜欢,弟弟就是爬上土墙去"高瞻"这繁华时从水泰家已酥软的土墙上跌坠下来摔折了胳膊,尽管父亲和大姐轮番用小土车推他去莱芜找人攒骨,但直到今天,弟弟的胳膊也无法伸直。

那么密那么美的花朵掉落下来也不疼惜,因为青青的小果子替代了它们,一天天地饱满水灵起来了。

我管水泰的娘叫嫂子,这是辈分使然,其实水泰比我还大呢,他得喊我小姑。嫂子是小脚老太,腰弯得都快叠成双了,手都快触碰到地了,我从来没见过她直腰而立,也从来没见过她离开她的园子。我那时多么盼望她有一天能出去串串门,我们几个口里流着酸水的孩子也可以借机偷几颗杏,但她从来不,仿佛她一离开这园子就散了似的。

我被那沉甸甸肥嘟嘟的杏诱惑:绿中发白了,脆了;白里透红了,软了。空气里都会飘散着一种甜糯气息,被太阳晒得红红的一串缀满枝头,用手轻轻地捏开,褐色的核就光溜溜地滚落出来,杏肉就厚实实脱落下来,金黄甜美的汁液奔涌而出,让人急不可待。

搬到新家后日子好多了,母亲开始在院子里栽种果树,其中就有三棵杏树,管够了我们这帮小馋猫,关键是小馋猫们都长大了,走过远方吃过荔枝、芒果、榴莲的我们,再也不留恋这些杏了。况且,在我家小区门口的农贸市场,初夏总有从南山运来的杏,硕大,清甜,十元钱几乎可以买下整整一筐,憨厚淳朴的农民样子的大叔说,那是一棵向阳大树上的全部。每每杏成熟的季节,母亲都会给我们打电话,但除了极少数的年份真的赶上有事情能回家顺便摘杏,其他时间母亲愁得不行,满筐满篓的杏吃不了送不完卖不动,常常会烂掉,母亲只好把杏核给我们留下来。

那天我站在我家杏树的高高顶枝上,杏颗颗饱满,金红、麦黄,我像个富翁,专挑最漂亮熟透的长得好看的摘,在衣襟上擦一下就咬开,沉醉杏香的我被母亲催促,她怕我掉下来,但我知道,我和树之间的默契是童年就达成的,那些甜甜的杏一定记得。想吃哪一颗就摘哪一颗,想带哪一颗走就带哪一颗走,我行走在树杈上如履平地。

生小土豆的时候正赶上杏成熟，婆婆怕我吃坏了牙齿就摘了几颗放在麦囤里，等我出了月子，婆婆满脸笑容地捧给我软软的甜糯大杏，我竟如见到久违的亲人般热泪潸潸了。

婆婆去世后，我家的杏也落红一地，没人捡起。

桃红朵朵

小时候，母亲总会养一群一群的鸡，为了和满街上别人家的鸡区分，母亲爱用桃红色的颜料给小鸡染色，一朵一朵桃花在院子里滚。

母亲养的鸡从来不用买，都是自己家的鸡"抱窝"。每每天气转暖，就有些鸡不再下蛋，它们选择自己喜欢的地方"趴窝"，鸡蛋便是自己前一阵子下的，由于地方比较隐蔽，甚至我们很久见不到那只鸡。过些日子，这位伟大的母亲便带着她的"子弟兵"趾高气扬地出现在院子里，如果狗或者猫企图"垂涎"那些小小的精灵，这位母亲便架起自己的翅膀，很奇怪，那时这只鸡看起来好像突然比原来高大了很多，她甚至敢于和庞大的猪、威猛的牛"斗"，看得我们全家笑作一团。

也有些"娇气"的母鸡，似乎很喜欢被母亲"侍弄"，连连趴窝，不再下蛋，母亲知道，它要抱窝啦。母亲会挑一个很大的柳条筐，垫上柔软的草，厚厚的，把这只要做贡献的鸡抱进去。母亲有时候会念念有词：好啊，春天暖啦，该领几个孩子啦。关键是有时候会有好几只鸡同时"抱窝"。母亲就会忙个不停，今天看看这一窝，明天看看那一窝，过些日子就要用温水浮一浮，那些"活"的蛋会在水中游泳，一摇一摇的，不动的母亲就把它拿出来，说这个不行了。我们这些小孩子就喜欢看稀奇，每一次母亲要"浮小鸡"的时候，一群孩子就凑过小脑袋来，看到鸡蛋在温水里摇摇晃晃的时候，我仿佛看见神奇的力量。

母亲对"鸡崽"很挑剔，专选那些个儿大的，母亲说，"个儿大力不亏"。八月十五晚除夕团圆夜，都可以吃上自己家养的上等的好鸡肉。为了选到红公鸡，母亲还对邻里家的鸡做过研究，比如二嫂家有一只大红公鸡，那它踩出的鸡蛋一定会孵出个儿大的红公鸡。母亲便提前跟人家说好。前院后院住着，人家不好意思收钱，母亲会拿自己家的鸡蛋去换，既然是优良品种，那就十五个换十个，这是母亲的原则。

夏末，那些披着金灿灿霞光的粗腿大膀的红公鸡已经可以跳出院子了。

更有意思的是，母亲还喜欢兑换乌鸡蛋、鸭蛋、鹅蛋甚至鹌鹑蛋，劳驾这些鸡妈妈顺带着把它们孵出来。当小鸡们开始"窜颈"，就是小小的喙戳破蛋壳，发出嘟嘟的声音的时候，母亲就一步不挪，她要专门把这些"逆子贰臣"挑出来，因为鸡妈妈面对这些"不明来路"的孩子会有些"不知所措"，在它的腹下，竟然出现了很多它想象不到的"品种"，它会去啄它们。鹌鹑是被母亲早早地挑出来的，它们的样子跟鸡不一样。母亲怕伤害到这些小东西，抱在怀里，像怀抱婴儿一样，母亲看小鹌鹑的神情，连我们都嫉妒呢。乌鸡还好些，母鸡只会偏着身子不断地看，我想它一定也感到奇怪吧。

有一年母亲借鸡孵鸭，在一群鹅黄的小鸡群里，出现了一只嘴巴扁扁的家伙，嘎嘎地叫着；又有一年母亲借鸡孵鹅，在小巧玲珑的小鸡群里，出现了几个脖子长长的大家伙，见人就要伸长脖子，吧唧着带蹼的大脚丫子追上去。

当麦子打回家，麦秸就垛满了房前屋后的角角落落，这些鸡妈妈就各自选出自己喜欢的地方当"产房"了。散发着麦子清香的麦秸垛也正是我们这些贪玩的孩子捉迷藏的好去处，常常就从麦秸垛里哄起了专心专意的老母鸡，当然免不了被母亲骂一通。

那时不知怎么回事，母亲老是有些气虚，偏方便是把毛蛋炒了吃。所谓毛蛋，就是那些在"浮小鸡"的时候不会游泳的蛋，出于种种原因停止了发育。是因为温度没有达到吗？也许是我们这帮野小子给捣的乱。那时好东西真的太少，很多时候，看到母亲用油把带毛的还没有孵出的小鸡炒得金黄金黄的,我们馋得不行,就央求母亲给我们点吃,母亲总会给我们分一点,但说这东西火大,小孩子不宜多吃。

其实最高兴的是年三十杀鸡时能够得到"毽子毛"。平时杀鸡没什么大的"忌讳",但过年不同。母亲一定会从当年的大红公鸡中选择一只最好的,个子最高,体型矫健,最最关键的,是要有一身漂亮的红披风,这样的用来过年上供最吉利。母亲挑好了,就把厚厚的木门关上,大公鸡在这个狭小的院子里,被全家人追,有时这精灵就借着院子里堆放的柴草或木棍,踩着上了墙,跳到院子外面一溜烟跑了。每年年底都能见到有人家全家人在村子里追一只鸡的情形,但是母亲不让我们追,她说,这也是一条命呢,它懂。但是为了完成年五更的供奉,母亲一般都会在晚上鸡宿到窝里时,用一块大石头堵住鸡窝,第二天就可以"一夫当关万夫莫开"了,然后顺利地逮住大红公鸡。母亲总要在杀鸡前给它一把上好的麦子吃,用母亲的话说,得吃得饱饱的。

但是母亲不敢杀鸡,每一次都是请人来杀。每一次都要好几个人帮忙,有人专门抓住鸡腿,有人专门抓住鸡翅膀,母亲则在一旁说那句永不变更的话:"鸡啊鸡啊你别怪,你是大家一口菜。"如果杀鸡的叔叔下刀很准,这个鸡就会扑闪着翅膀上蹿下跳一阵子,母亲说它在挣命,如果没有杀到要害,这只鸡还会睁着大眼睛蹲在那里,母亲就不忍心再看。

过年的鸡杀得有规矩,要趁鸡身上热乎柔软时盘起来,两条腿从后面转过来稳稳地坐在大大的盘子上,两个翅膀咬在嘴里,大大的红鸡冠高耸着,远远看去,仿佛一只要腾空的凤凰。

我们小孩子就是趁着烫鸡的时候抓紧取鸡毛,专挑那些鸡翅膀上的,鸡毛长长的,霞光闪闪,实在是美极了。奶奶总会打开她的嫁妆,拿出一两个制钱让我们扎毽子,一朵一朵美丽的花一般的毽子,一直在我们的脚上跳到第二年的春二月。

第二编
我有一盏煤油灯，
不读书就不会有我想要的人生

  我的大姐只上了三天学，据母亲说她哭了五天；二姐一天学也没有上，学校来家里招生的时候，母亲把二姐藏在了地窖里。

  我却能够上学，走十几里山路去上初中，又自作主张去六十里外读高中。求学之路是如此艰辛，在攀爬到难以坚持的那些瞬间，是什么给予我光亮？

  是文字。

  而发现我文字光亮的是我的语文老师。

  现在我还珍藏着中学时代的作文本。

  初中的时候我是语文课代表，王老师总把我的作文当范文，我最期待语文课。

  高中的时候我也是语文课代表，彭老师也喜欢把我的作文当范文，我的文章还获奖了。

  看着老师给我精心批改的作文，甚至连那些勾画都成为我的最爱，而那些记录着我们成长、思索、甜蜜、伤痛的文字如一条涓涓细流，流淌成生命的溪水，镌刻出时间的不灭。如果不是他们一句句鼓励的话语，一次次赐给我写作的热情，一个遥远山区的孩子，怎会懂得文字的温润，文学的奥妙？

  于是即使步行六十里崎岖山路，即使骑自行车把下巴磕伤牙齿碰断，我仍去远方读书，似乎有一种召唤，不读书就不会有我想要的人生。

  没错，语文老师是一个孩子的精神领袖。

彭老师送我的《鲁迅全集》，是我书架上最"醒目"的珍藏。

如果你是语文老师，其实你不必费神费力地给孩子们寻找错字错句，你只要读他们的文字，赞美、颔首、啧啧称奇，然后说，我小时候可没写出这么好的文字。

当然，好的文字须炼成。

你需要潜心地去读，读那些经过时间的淘洗在世界文学史上仍然熠熠生辉的文学，耳濡目染慢慢萃取。

小学时我有一盏煤油灯

山村的孩子玩到八九岁才上学,在此之前整天在村子里上墙捉鸟蛋,爬树逮知了,有的时候也用自己和的面筋粘知了。枣子成熟的时候,我甚至大半天都在树上而不是地上,我喜欢在山间树间奔跑,喜欢在西边的大块地瓜地里奔跑。直到今天,奔跑仍然是我最喜欢的运动,如果没有特别的事情,要么早上要么晚上,每天奔跑一个小时,至少半小时,那是我人生的酣畅淋漓。

最有意思的是演戏。大雪覆盖万籁俱寂,忙碌了一年的农人闲下来了,一到夜晚,小小村庄的东河枯滩人头攒动,戏台四周灯火通明,锣鼓喧天,老老小小武装上厚厚的棉帽棉袄棉裤棉鞋,戏腔声高高低低,喝彩声远远近近,我的大姐演《朝阳沟》里的银环。村里放电影也在东河边,为了占个好地方,我们小孩子常常是一整天都在东河边的空地里摆小石头,因为家里人多,常常会有一大片地方被我们从小河里一筐一筐运来的小石头占下——这是我们家的"势力范围",夜色降临的时候,大人才会搬了凳子来看。

和我一起玩的有红子、霞子、芳,还有小四,玩起来就忘了时间,经常一直玩到天黑。破败的土墙围成的小院子,篱笆上尚摇曳着喇叭花的旧影,老母鸡咕咕咕跳到墙外去了,我们几个小孩子正在上演一场戏。我们常常模仿电影里的人物或大戏里的角色,肩头上搭一块白毛巾,咿咿呀呀地哼唱，虽然没有词句，那眼神那拳脚却像模像样。偶有冬季的勤劳者从山上剪果树残枝回来，头就从破土墙上露出来，那是我们的第一批观众，有时会拍掌鼓励，有时也会嗤之以鼻："小孩子折腾什么！"

后来，大孩子陆续地上学了，我便也羡慕起上学来。霞子是和我玩得最好的，她比我大一岁，那年正赶上她上学，我就跟着去了，背着一个手工缝制的布袋书包。第一天上学，也许闲着无聊，老师就领我们玩丢手绢的游戏，说谁被追上了就要唱歌，我那时跑得飞快，自认是不会被捉到的。但狡猾的小四竟把一块手绢轻轻地放在了我后背上，我被捉到了！一群比我大的孩子起哄让我唱歌，我当时觉得是被欺负了，便哭着离开了校园。

其实小学的校园离我家很近，以我的速度估计只用了两分钟。老师当时也许没有反应过来，再加上那时孩子有的上学有的不上，也有的上了一阵子就不见了踪影，也就没有人在后面追。过了好些日子，赵老师见着了大姐，问："你妹妹不是上学了吗？怎么又不来了呢？"

其实这次出逃后不久我就后悔了，因为一到上学的日子，胡同里不见了一群孩子的嬉笑玩耍，我又不屑去跟比自己小的孩子玩。不上学的周日（那时星期六也上学），他们说的也都是学校的事情，我仿佛一只落单的孤雁，被他们丢下了。于是每每人家上学去了，我就跟着父亲去地里干活，拔草、浇地、撒肥，到底把花生播多么深才更容易出芽，苹果苗如何在热地里接活，我都弄懂了。甚至连最难的"擢撇子"都学会了。那时候没有抽水机，从河里汲水浇田有一种方式就是"擢撇子"，两根绳子拴在一个用铁做的类似于"舀瓢"的东西上面，两个人一人一头拉着一根长长的绳子，用甩开的力量把舀瓢甩到河里舀满水，然后用荡回来的力量把水送进水沟，水沿着水沟淌进庄稼地里如此循环往复。父亲做梦都想不到，这个早晨脸都没洗在河对岸使着最大的力气的闺女将来会去读大学，会成为正高级教师，当时父亲只是告诉我怎样才能把农活做得更好，记忆里他真的不曾劝我去上学。

没事的时候，我就独自坐在大门口的大石头上发呆，想象小伙伴在教室里读书听课的样子，甚是羡慕，天天盼着来年上学。

入学的日子终于到了，我背起书包去上学了。我记得我写的字被赵老师贴到墙上让其他孩子看，特别是方格子本上的字，写得尤其好看。第一节课写的是毛主席的"席"字，赵老师手把手地教我们，我清楚地记得他的手轻轻捏着我的手，在黑板上把这样一个当时认为最难写的字写得很漂亮。我没有练过书法，现在每每在黑板上写出苍劲有力的大字，我的学生使尽了力气还擦不掉的时候，就有学生问，老师老师，你写的字为什么就这么好看呢？

其实每年招聘老师，当那些入围的大学生在黑板上写下自己名字的时候，我基本就可以断定是不是录用他。没别的，书写里面有态度，笔画里面有审美，没见过一个把字写得歪歪扭扭的人可以把语文教好的。

那时没有电灯，点的是煤油灯，就是用一个墨水瓶装上煤油，用棉花捻一根捻子。为了节省煤油，我们常常是让捻子刚刚露出头，豆大的灯花陪伴我早晨早起的半小时和下午放学后半小时的念书时光。灯花映照着黑红色的脸庞，读书声时断时续，课间的追逐，课上的喧闹，真的使小小的村庄充满了温暖的、淡淡的、煤油的味道。

这盏小灯还陪伴我月出东山之上的读书时光，那时候放学后是先玩的，到晚上，大家都睡了，我会点起这盏煤油灯读一会儿书。我读过什么书呢？似乎都不记得了。

那时家里穷，我们姊妹多，我冬天睡的是一个"地瓜干"床。因为秋天收了太多的地瓜干，我们就在东屋里垒砌高高的一张床，我就把小煤油灯放在上面，不过有一次因为不小心把灯打翻了，整个冬天屋里都充溢着煤油的味道。我后来坐车常常晕车，就会抱怨是因为那时候被煤油味给害着了。

因为孩子多，大姐、二姐都没能上学，如果说纯正的农民，二姐是。也许是崇拜读书人，二姐后来嫁给了村子里的民办教师。

在家里我们姊妹的分工不同，那时大姐当了村里的赤脚医生，一般不会早回家。她不是给这家看病就是给那家接生，常常回到家就扔过来一包喜糖，又有人家生了儿子或添了闺女了。记忆中二姐空闲时间就纳鞋底，纳鞋垫。三姐的活是压碾，四姐薅草。我呢，常常被留在家里烧火，而我最喜欢烧火，因为柴火放进炉底就可以看书了。我尤其喜欢烧大锅，蒸窝头或者煮地瓜，半天才能熟，一本小画书基本就看完了。因此，有事没事我就申请去烧火，母亲还因此常常奖励我，拿崭新的一枚硬币给我，她到今天还常常给现在的小孩说起我小时候有多爱干活，其实是我喜欢玩火，还有，就是能够借机看书和用她奖励我的现大洋去买书。

说来很多人也许不相信，我小时候认为世界就是我们上里这个小小的村子，从来不知道外面还有一个庞大的世界。第一次离开小小的上里村是因为要到乡里参加数学竞赛，其实小学的时候我学得最好的学科是数学，数学老师是高高瘦瘦的"柱子"老师，他总是在学完一个单元的时候把他的那本书给我，现在知道那是"教师用书"，上面有更细致的讲解和供练习的其他题目，因此我的数学当时在班里最优秀。

当时选上去参加竞赛的孩子并不多，跟在我们身边的就是柱子老师，那时候连自行车也没有，我们走十里山路去下港乡。只记得我们叽叽喳喳像一群小鸟，而柱子老师是我们的保护伞，蜿蜒的乡村公路上几乎没有车，整条山路都是我们的，我不知道其他孩子是什么感受，当我拐过山脚看到另外一个村庄时，一下子惊呆在那里，因为没有人告诉我，上里村外面竟然还有村庄——外面的世界！

后来我在山东大学文学院读现当代文学硕士研究生，我的导师庞守英老师给我推荐迟子建，我此前只是在给我的学生推荐寒假读物的时候读过她的《北极村童话》，庞老师说我写的东西和她的有点像，我才去读她的《额尔古纳河右岸》《伪满洲国》《我的世界下雪了》《亲亲土豆》《白雪的墓园》……然后我就遇到了她说的那句话："小小的北极村，世界的北极村。"于是我在做硕士论文的时候，就选用了这个角度。虽然我站在人类学的角度去观照她的写作，但是反复在我眼前晃动的，竟然是我自己生长的那个小小村子。

那是一个普通日子，但我的班主任赵老师一来，就很不一样了。我怯怯地躲在母亲身后，只听赵老师说，这孩子将来有出息，你们要好好供她上学啊。父亲呵呵地笑着，大姐则高兴地给赵老师泡了一壶茶。我考上了选拔很严的公社最好的中学。

小学时光咣当一声很快结束了，当时我们小学仅仅考上了我和北街的霞子两个女孩。其实我并不明晰，我前行的路到底在哪里。

你如一只白鸽坠泥渊

我的小学校园在上里村的西北角上，十几间泥屋，土坯造就，常年风雨侵蚀白粉脱落露出泥黄，屋顶是黑瓦，灰突突的天空下，冬日的校园几乎没有色彩，除了偶尔几声鸟雀，万物静默如谜。

那天期末考试，天空突然刮起狂风，还撒下盐粒子一样的雪来。破旧的灰蓝的，有几块玻璃都碎了的门被推开，凛风裹挟着沙土拥进来一个穿着白色羽绒服的、美丽的女老师。

我那时不知道什么是羽绒服。我的第一件羽绒服是大姐从福建军队回来过年时送给我的。那是一件红色的长款羽绒服，用金线在方领上走出曲曲折折的形状，那么暖和，还那么轻盈，那时我上高二。

我们当时穿的都是家织布做的棉袄棉裤——奶奶把自家地里的棉花搓成条纺成线，秋日里请人织成布染上色，现在被称为藏蓝色，但洗一水就不再浓艳，一个冬天也不曾换洗过。

我们的教室里弥漫着煤炭炉子不能尽燃的呛人味道。窗子初冬时用塑料布钉死，但现已岁末，塑料布早已被班里调皮的男生撕毁。我不知道那时候为什么那些男生从来不怕冷，我也是，课间从不在屋子里待着，怎么会怕冷？撕破也便撕破了，连赵老师都不曾批评过我们，北风一吹，塑料布在风中呼啸翻转。

她像一只白鸽，随着白雪飘进我们的世界，孩子们显然是惊呆了，片刻的寂静之后是无边的喧嚷，耳边是乡野孩子肆无忌惮的尖叫、口哨。

藕棒（绰号，因为家里穷，总也吃不饱，长得倒不矮，但瘦削得可怜，长胳膊长腿，简直像藕棒）他们喜欢恶作剧，"白鸽"的降临显然给他们提供了素材，但我的记忆却如此宁静，那个白鸽般纯良的女人，油画人物般楚楚动人。

用今天我的眼光看，她仍是美丽女人中的"至品"，高挑，白净，丰腴，黑发飘逸，明眸善睐，齿白唇红，连监考时巡视都分外迷人，乡村野老无人那样走路，泥泞的小道怎么可能容得下高跟皮鞋走起来的端庄优雅。

"我们开始听写生字。"她一出声也是令人惊奇的"撇腔"，每一个字都如此清晰、明澈、透亮、美妙。连我在粗糙的纸上写下它们的时候都分外庄严。

那场考试似乎很短，考完试她便白鸽般飞走。但下了课那炸了锅般的校园里，传说的都是她。那时我大叔家二哥也在学校当民办教师，我第一时间知道了她的名字——静美，果真是名如其人，那人，那名字，如此完美地统一在她的一颦一笑里。我忙问二哥，她怎么会突然降临在这里？二哥说，她是下乡知青，今年暑假被分到邻村的三亩地小学，今天过来是因为教育局怕孩子们作弊而进行了"对调"监考。她只是偶尔来一次，却在我的童年的碧空里如白鸽扑啦啦飞过。

我无法想象以后漫长的日子她如何度过，只是听说她嫁给了本村的拖拉机手，在农村，这可不同凡响。大家谈论的，还有另一个漂亮的女知青"玉白"，也人如其名，但我只见过她被批斗时的情景，整整一条河渠的人都赶来看她。一群连自己脸上的灰都还没洗干净的人，因为白天没有时间，在漫长的冬夜里忙于批斗，有时也唱大戏，抓小偷。他们批斗的是一个穿得干净洋气的城市女人，干净的脸，清澈的眼睛。他们就是不能容忍在这污浊的世间有她们白莲一般存在。当然，叫嚣最狠最凶的，蹦着跳着扇他们耳光的多是女人，她们更不能容忍，习惯了她们粗布黑手的男人，魂魄竟在那个早晨被这朵白莲完全地摄走了。

他们高声地叫喊，纷纷扔坷垃，扔石头。

她只高昂着头，没有辩解。她向谁辩解？何须辩解！

后来离开家乡外出求学，也不再知道她们的下落，据说静美老师的丈夫早逝，仅有的一个女儿考学进城，她后来在一所中学当了图书管理员，后来怎样，就不知道了。

盆地深处有所中学

现在出去开会,常被问及在哪个学校教书。我会不假思索地说"十六中的",然后仿佛梦游般醒来:"哦,哦,不对,我是山大附中的。"别人就会投来狐疑的目光,我其实真的常常失言说出我来自这样一所学校,因为我十三四岁的时候,一不小心把根扎得太深了,不管走到哪里,都仿佛是一棵树,枝叶伸向蓝天,风来了也摇啊摇,但树下的深根纹丝不动。

上初中要走十里山路,开学的日子来了,奶奶给我用麦秸编了一个草苫子,母亲给我摊了一盆煎饼,叠得方方正正的,背在背上一个大包袱。我和霞子一起走,感觉累了,就招呼过路的拖拉机捎上一段。那时候也不懂什么是害怕,捎到下港街拐弯的地方,我们就下来继续走。

终于,我们到达了那所中学——我的母校泰安市第十六中学——我读了三年初中,大学毕业后在这里工作了八年。

其实没过多久,霞子就不愿上学了,那时候初中也是想来就来不想来就辍学了,在校生活也的确是苦。大草苫子铺在划定的方寸之地,下面就是水泥地,冬天剧冷,夏天酷热,大通铺一人一个小长方形的"床",一间屋子住着四个班的女生。

现在如果让我再住进那间宿舍我会打怵,夏天苍蝇满天飞,虱子跳蚤更是猖獗,我的一位男同学就因为受不了虱子跳蚤才辍学的。他说男生宿舍更恐怖,每次进宿舍都先把裤管卷起来,小腿上会有不少跳蚤。

在虱子跳蚤的反复围攻下，晚上睡不了几个小时。现在，十六中已有学生宿舍楼了。

吃的是从家里背来的干巴煎饼，还要数着吃，否则就可能挨饿，没有菜，每人从家里拿来一玻璃瓶子咸菜，如果计划不好，最后几天连咸菜也没有了。母亲曾每周都给我两三毛钱让我买咸菜皮子吃，就是从萝卜咸菜上只刮下一层皮，用酱油腌制，那在当时就是奢侈的享受，十六中西南角的小卖部就有卖，但除了极少数实在没有菜才买一点，母亲给我的零花钱大都原封不动地拿回去，下周就不要了。我记得我们学校三位男生因为偷了学校食堂的几块咸菜被发现去游街，在全校大会上批评示众。

穿的是破破烂烂的衣服，根本没有校服，姐姐们的衣服穿小了就缝缝补补变成我的衣服，即使去乡里上初中也还是穿着那身旧衣服，其实也无所谓，那个年代都一样。但是也有人家里真穷到没有衣服穿，读读曹文轩的《草房子》，你大概可以了解那个年代的确只有像杜小康那样的富人家的孩子才会一年四季有不同的衣服。我同村有一个哥哥就是因为家里没有春天的衣服，冬天过后，柳条都发芽了，他还穿着棉袄，上体育课的时候，没等跑就大汗淋漓，被同学嘲笑的他转头就跑回了家，再没来上过学。

最难忘的是一年冬天，周天下午从家里冒着大雪回学校，背着煎饼包袱，手里提着咸菜瓶子，大雪很深，走起路来十分费力气，我的头发上、眉毛上都是冰凌子。后来我教《送东阳马生序》的时候，给孩子们讲述那次经历：我一个人"行深山巨谷中。穷冬烈风，大雪深数尺，足肤皲裂而不知"，"至舍，四支僵劲不能动"，但是，我们却没有"媵人持汤沃灌，以衾拥覆"，到了学校就抓紧去班里上晚自习，鞋子还是湿的，整个晚自习都冻得瑟瑟发抖。

我讲述的时候孩子们静静地听，他们特别喜欢听我讲述我老家的故事，我童年的经历，毕竟城市的四角天空让他们觉得什么都新鲜。

上学路上，我最害怕的是路过八亩地附近的一个小村子，村里有一个不足一米二的五十多岁样子的男人，总在村旁张望。后来我学了生物学，才知道那是生长激素缺乏导致的侏儒症，但对我们小孩子来说就是"怪物"。我和霞子一起走的时候说说笑笑装作看不见他，只有我一个人时就特别恐惧。好在那天他也许嫌冷没有露面，我飞也似的跑着过了那个村子。经过庙岭子之后，有一个骑自行车的大哥哥从后面追上来，幼小的自己脑子里琢磨着各种可怕的事，于是就紧紧地勒住包袱向前赶，谁知他在我跟前停了下来："我载你一段吧，看把你累的！"也许我真的是累得走不动了，就把包袱挂在他的自行车上，坐在他的车后座上，他一直把我送到了学校。原来他是我们学校前面工具厂的工人。我其实一路一直战战兢兢。现在我已记不清他的模样了，但那份来自陌生人的善意，一直不能忘怀。

随着时间推移，很多孩子不再来，现在看来，那也是一种筛选，没有毅力不愿吃苦受罪就被提前筛选出局了。

来到十六中，认识了一些新的同学、新的老师。

莲是我的同位，她比我还小一岁，学习很好，似乎是我的竞争对手，期中期末的大型考试，不是她超过我就是我超过她。那个第一名似乎总愿意黏着我和莲。

语文老师是王志坚，他是莱芜人，说着地道的家乡话。莱芜话分不清儿化音，他一说话就有人窃笑。王老师有一颗门牙很有特点，很多调皮的孩子就给他取绰号。但正是他奠定了我爱文学的底子。其实他很少讲课，总是让我们先自己看书，什么时候看书看得盼着老师讲课了，他才开始讲。他总能犀利地看透一篇文章的内里，让我很是佩服。他常常把我的作文当作范文，这使我常常觉得写作的时候就是心灵的假日。可惜后来王老师不再教我们，换成了吴老师，他激情澎湃，特别擅长讲诗歌，我记忆最深的是他朗诵《海燕》。初三的时候又换了个张老师，讲课的时候两手攀着讲台，扭着身子看教案，眼睛是不动的，那里有他要的标准答案。

教数学的曹老师也是特别会讲课的老师，特别是代数，让我觉得数学充满魅力，后来曹老师当了副校长，现在早已退休了。

英语老师就多了，因为在我们那里英语老师几乎都不是正规院校毕业的。最早是被我们称作"果子"的老师教英语，他长得可以说是标致，虽然是男老师，但小巧玲珑，头发每天梳得整整齐齐，说话也曼妙优雅，也极讲究穿着。后来的英语老师是代课的闫老师，虽然长得高高大大，但也时常跷兰花指，让我们觉得英语老师就应该是这个样子。他仅仅高中毕业，但英语教得还不错，至少我的英语是最好的科目之一，如果得了九十九分，一定是他故意判我的一个标点符号写得不规范而扣了分。

物理老师是倪老师，他总是在黑板上写下各种字体的板书，一会儿是行书，一会儿是楷书，一会儿又是草书，洋洋洒洒满黑板都是好看的汉字。连我做的笔记都是很多种字体，我觉得我写的字受他的影响很大。也许我的字也是不受拘束的野孩子样子，慢慢变得洒脱不羁。记得毕业去一所镇中心学校实习，当我们把教案交上去的时候，得到表扬的就是我写的教案，连校长都说还以为是个男老师呢，那时的教案都是手写。我的好朋友继文是研究书法的，我也常常得到他的表扬，他总说字如其人。我曾给我的学生布置过一篇写作《黑板上的记忆》，竟然有很多孩子说难忘我在黑板上的板书，常常潇洒狂放一气呵成。我从来不在黑板上规规矩矩地写，想起什么来，或者听到学生有什么精彩的言论，就在黑板上记录下来，下课的时候整块黑板变成"大花脸"。学生还说，老师，您的字很不容易擦掉，简直是"入木三分"。

最有意思的是倪老师长着好看的"柳叶眉"，我们从来没有见过一个男孩子会长得那样好看，后来他调到了泰安的一所中学，从此没有再见过面，我想他现在也应该白发苍苍了吧。

化学老师是李桂新老师，她是我在十六中见过的最懂得鼓励教育的老师，她总是笑得很迷人。如果说我的成长道路上有一位老师真正引领了我，毫无疑问，那就是李桂新老师。她给我们做的第一个化学实验，似乎是氧气实验，记得突然就一声巨响，我从此爱上了学化学。我来济南工作后常常向李老师汇报我的工作生活情况，仍希望听到她的鼓励，有一年她来济南还到过我家。

我们女生宿舍隔壁就是李老师的家，夏天小院子里开满了美人蕉，门口是两大盆兰草，长着墨绿色的小豆豆。她的丈夫是医生，脾气也极和蔼，有一个像布娃娃似的小女儿彬彬。一次晚自习后，我们透过窗子看李老师家，她正在备课呢，我们几个小丫头忍不住叽叽喳喳，被李老师发现了。她出来笑着说，她在备课，以后我们要是当了老师，也要像她一样晚上备课呢，我们听了羞涩地逃走了。但李老师备课的样子却长久地印在我的心上，我不知道是不是因为这我爱上了当老师。我当时想，如果今生我也能够像李老师那样成为十六中的一个老师，能够有这样一个院子，晚上还能读书备课，该多好啊。

后来我大学毕业来到十六中教书，成了李老师的同事，能够近距离感受李老师大姐一样的温煦，我的入党介绍人就是李老师。

地理老师是外地人，说话跟我们不太一样，总是抑扬顿挫，特别难忘的是他拿着地球仪用方言介绍地球的特点："两极稍扁，赤道略鼓。"今天我还记得他还没说完全班就笑炸了。

生物老师是张老师，他长得细瘦高挑，白皙，穿着得体，写得一手方块字，简直像印刷出来的。孩子总是对各种各样的生物感兴趣，找他询问，他总是笑着，慢条斯理地回答。后来听说他得了皮肤病，连家都没有了，前些日子见着和他同村的光春，说张老师前几年就去世了，去世前的几年是在精神病医院里度过的。

音乐、美术是一个老师，是我们的班主任张继举老师。张老师一直是文弱的书生气质，对我特别好，还让我第一批入了团，当了班里的团支书。其实我那时极不爱说话，除非万不得已根本不开口。我记得有一次张老师开团员会，事先没有告诉我让我发言，会上突然说让我给大家讲讲要求，我一时语塞，什么也没说出来。张老师和蔼地笑了笑，自己讲了一下。回来我就十分懊悔，觉得对不起张老师。但他似乎从来就不会批评人，包括班里最能捣乱的孩子，他也只是摸一摸他的头让他安静下来。每次运动会，张老师都会给我们运动员发热热的酥烧饼，对一直啃干巴煎饼的孩子来说，那也是一次盛宴。最难忘的是吃饭时的场景，在偌大的操场上，几个孩子手举着烧饼，山珍海味般，到现在，那些热乎乎的日子似乎还在。离校的那一天，他把我们几个叫到家里，还给我们做了饭，文弱的张老师忙里忙外的样子让我终生铭记。

姚老师是我们的体育老师，他常常反穿着粗绒的运动衣，教我们跳山羊、叼小鸡，最艰苦的是跑越野，当然越野是对我们运动员而言的。每天早晨他拿一条长长的树枝，跑到各个宿舍轰我们，虽然那冰凉的树枝并没有抽上我的身，那时候我跑得飞快，但我还是很害怕的。他惩罚学生最狠的招是让"罪犯"逆时针跑步，直到跑得恶心呕吐为止。三千多米的越野长跑，训练时是沿着山间小路，真正跑时才沿大路跑。从学校操场绕一圈，然后冲出校门直奔官地大桥，中间要经过下港大桥，然后我们沿着西山跑，沿着羊肠小道跑，沿着山的脊梁跑。有的同学跑起来完全是凭直觉在跑，有一次一个学生竟然跑进了河里，那时我的越野成绩一直保持在前三名，跑得最快的是我们班的"大辫子"。

说出来也许很多人都不相信，我在初中的时候成绩最好的是体育，那时我可是短跑健将，100米、200米和400米三项冠军，据说我的这三项纪录保持了八年。每一次运动会入场式都是用手牵国旗走在队伍最前面的，甚至姚老师为了让我创纪录，总是把最好的第三道留给我。姚老师觉得，我将来可能会在体育上小有成就。我曾跟着姚老师去参加市里的春季运动会，那是我第一次见到城市的模样，第一次爬泰山，虽然那天正赶上大雾弥漫，我并没有见到泰山的真面目。

十六中是一所盆地中的学校，离下港大河特别近，西边一条，东边一条。特别是西河，成为我们的乐园。那时住校，下午放学吃饭后，就三五成群地直奔西河，仿佛那里有什么东西在魅惑着我们。特别是期中期末考试的时候，我们爱钻在河边的草丛里背书。我的好朋友有庆华、传华，还有继芹与凤芹，到今天我们还都是特别好的朋友，即使很多年不见，还是见面一说起下港大河就兴奋地提高嗓门。这样广阔的大盆地里，有山有水，在这样的怀抱里，我们似乎就格外不见外，大声背诵，记得牢靠。

临近毕业的时候,我遇到了一件现在看来改变我命运的事情:学校请来了一群大学生为我们做报告,讲述他们离开大山的生活。那是前些年从我们十六中毕业的孩子,已经完全没有了乡下孩子的土里土气。我突然有一种被击中的感觉,原来在"野"之外,还有一种叫作"雅"的生活,大学生的样子,我喜欢。正如鲁迅先生说的那样:我的意见改变了。回去我悄悄对莲说,我们应该有一种野心,考高中读大学才有出息。

但是那时候首先选拔最优秀的孩子上中专,剩下的考高中,我和莲都学习非常好,当然是老师们认为首先被录取的。但那时时兴考中专,因为一旦考中就转户口,变成吃国库粮的,这对乡村孩子来说是个巨大的诱惑。

于是我们俩做了一个决定:"逃!"逃到莲的家里去,那里是大山深处,要步行两个小时。我们对莲的父母说学校放假了,企图在她家里复习,我们幼稚地认为,躲过中专选拔我们就可以上高中了。

没错,我们回来的时候中专真的选拔完了,我俩被张老师叫去训了一顿,说就我们两个学习好,本来可以给班里争争光,这下好,抓紧去考区里的重点高中吧,再晚就没学上了。善良的张老师一边训我们,一边做菜请我们吃了顿大餐。

我们两个就抓紧报考高中,好在我们两个实力还可以,很顺利地通过了范镇四中的录取线,还幸运地分到了一个班。好在那时候没有家访,我到今天也没敢告诉父母,但是这个决定的确改变了我的人生轨迹。

一个鹅蛋一张票

我也不知道自己那时候为什么那么迷恋上高中,其实我的同学很多都坚持考中专,有的甚至一直复习,我高中毕业的时候,有的同学还在初中复习呢。

我们村子里第一个考上中专的女孩接到通知书的时候,母亲曾羡慕地说,真好,人家姑娘吃上国库粮了。因为家里孩子多,大姐、二姐没有上过学,三姐、四姐也因为联中中途解散而辍学,只有我考上了离家十里路的乡镇重点中学。父亲那时就感慨地说,他的孩子还没有一个真正进入考大学的考场,更不要说成为大学生。当时我曾心里默念,我一定给你们考个大学回来!

考上高中我自然是很高兴的,但是离家实在是太远了。六十里山路外的范镇,是当时幼小的我无法想象的。记得四姐那年去学了缝纫机,给我做了我的记忆中第一件崭新的衣服,是一件粉色底子绛红色小花的燕尾领小褂,二姐则在灶屋里摊了一早晨煎饼,柴草烟很大,呛得二姐眼泪直流。那时家里已经有了一辆自行车,但我不会骑,第一趟去高中是三姐骑车子送我,又是一包煎饼,一个草苫子,累得三姐气喘吁吁,终于到了,找到宿舍住下来。

在范镇的这三年,几乎是在想家中度过的。在初中因为离家近每周都能回家,往往是刚开始想家就到了周六。而在高中,两周才回家一次,特别是周末,家近的孩子都四散回家了,我们几个就在宿舍里熬日子。

记得冬天洗头，头发很快结冰，冰碴似雪花般落下。

高三的时候，我上不下去了。学校要求一个月回一次家，可煎饼带不来那么多，要买饭票。在那个年代，买饭票必须先买粮票，只有家里有吃国库粮的才会有粮票，我家没有。好在那时大姐跟随姐夫在部队上，是她支持我读下来的。她常常把粮票夹在信封里寄给我，每次收到大姐厚厚的信，都会心里充满力量，我知道，那是大姐用另一种方式在完成她的大学梦。

每次回家几乎都是痛苦的回忆，因为中途要倒一次车。从范镇到姚庄大约十里地，从东边方向到泰安方向的车较多，我们总能挤上一辆。但是从姚庄回老家下里方向的车一天只有一趟，我们必须坐上它，否则就进退两难。很多时候是又折了回去，因为被挤得满当当的公共汽车拒绝，前去的路太长，不如回学校近，再说，回去有车，而回家只能步行。

有一次实在是想家，就下定决心往家的方向走，那时已是下午，从姚庄到家还有四十里的山路，五六个孩子一开始还蹦蹦跳跳，后来就口干舌燥走不动了，只好歇歇再走。终于走到下里的大岔路口了，这时已是晚上七点钟，和他们分手，我一个人还要再走三里路，深秋的村子已经进入梦乡，没有灯光的路上，枯叶索索。心中突生恐惧，我再次发挥特长，拼命地奔跑，回到家，第一件事竟然是号啕大哭。母亲心疼，说她不知道我什么时候能回来，否则她会到路上等我，那是连电话也没有的时代。

我来到山大附中后，有一次在办公室和史老师谈起孩子们的写作贫乏，"言之无物"，我们做了一个"创举"，带孩子们进行"六十里"远足。这个想法，其实就来自我高中时候的那些"远足"。记得我们在一个春天的早晨出发，从洪家楼穿过七里堡、黄河大桥，到达鹊山，然后沿黄河浮桥折返，整整走了一天，这成为孩子们终生难忘的"壮举"。到今天为止，每年的春四月，我们初二的孩子都期盼这一天的"远征"，也许他们永远不会知道，这个创意来自一个求学的苦孩子无奈的跋涉。

后来每逢周六，范镇当地很要好的同学都会借给我一辆自行车回家，那是一辆大轮自行车。刚开始我根本就不会骑，于是就一边走一边自学，学着姐姐的样子把腿绕过座子踏上踏板，不知摔了多少次，算是学会了。但越靠近家的地方越是山岭纵横，我当时还不会用手闸，车子飞驰而下摔进了沟里，把一颗牙给磕断了，下巴也划了一个三角的口子。我只好推着车回家，我当然不敢告诉家人，放下书包照常到北岭去晒地瓜干。我知道，如果母亲知道，很可能会劝我别再上学，村子里还没有出过一个大学生，女孩子应该早早地找婆家，生孩子。天黑收工回家的时候，大姐突然发现我的嘴肿了，当赤脚医生的大姐用一张伤湿止疼膏给我贴住，直到现在我的下巴底下还有那个三角形口子的印迹。那颗牙还是工作了以后补上的，十几年来一直是空缺的，甚至形成了一个习惯，只要一笑就会用手去挡住嘴巴，直到有一年它发炎疼痛难忍，我才在山大医院第一次挂起吊瓶，镶上了这颗牙。

后来不知怎的母亲知道了，她心疼地说，再挤也是坐车比较安全，但是车票每次都要五毛钱，来回就要一块钱，那时在我眼中就是一笔巨款。我上高中本就给家里增加了不少负担，都是父亲母亲劳作加上姐姐们下地干活在供养我，便不好意思向母亲开口。

"一只大鹅！"一次回家突然发现家里增加了这样一个庞然大物，我便高喊。母亲从草窝里捡出来一只大大的鹅蛋，笑盈盈地说："闺女，鹅蛋五毛钱一个，正好一张车票，你可以常常回家啦。"

在范镇，我遇到很多好老师，记忆最深的是语文老师彭西刚，他让我当语文课代表。他高大魁梧，是他开始让我们写周记，并且他会在文后写下漂亮的批改文字，加上我一向喜欢语文课，语文成为我成绩最好的学科。他常常在班里读我写的周记，有时是全文读，有时是读个片断，这也极大地鼓舞了我。现在我给孩子们批作文，也喜欢在他们的文字后面写些留言，这种亲切的交流方式是彭老师教给我的。后来他组织我们参加华东六省一市作文竞赛，我写的是《母亲的微笑》，写母亲到车站送我的情形，竟然获得了一等奖。记忆深刻的是，我第一次在全校的升旗仪式时到台上去领奖，那种荣誉，让我更加热爱文字，热爱文学。

那时的暑假,我会躲在老家东岭的小屋里写小说(东岭上栽满了山楂树,不知道是不是怕被偷,家家都要派人整天看着),记得写的是高家山上的事情。后来,彭老师把我叫到办公室对我说,现在不要把太多精力用在这上面,否则再热爱写作也永远是高中水平,别忘了自己心中的大学梦,现在应该一门心思先读好书,才有进一步深造的可能。我牢记这句话,后来考到了师专。彭老师也调到了泰安的一所学校。有一天他专程跑到师专来,送给我一套《鲁迅全集》,是那个年代的版本,干净的白色封面上是大先生的像章,还有彭老师的签名,书不过三四毛钱,但对我来说却是"心爱的宝书",现在这套书和我的很多书放在一起,我还时常阅读。

数学老师是戴老师,年轻英俊,明眸皓齿,也是我们高一的班主任。那时班级之间的比赛像极了连队之间的拉歌,《满江红》《让我们荡起双桨》……很热闹,真的跟着他学了不少好听的歌曲。后来他调到泰安去了,接替他的是一个说着一口方言的老师,他一直笑话我们这些学不会的孩子,说我们学东西不懂得在一开始就学会它,简直就是馒头没及时发起来的实疙瘩,再想发起来已经晚了。其实真正使我数学开窍的是接近毕业的时候,有一个个头不高的光头老师,他让我懂得了数学的奥妙。高考时我数学考得还不错。

英语老师是一个终日擦着白粉的女老师,记得她的名字里有一个"萍"字,说话轻软低缓,也没有教到我们毕业。后来有一位高大威猛的男老师,记得他不厌其烦地给我们讲各种从句,我觉得烦琐之至,但也懂得了西方语言的曼妙。

还有一位让我难忘的是地理老师,他在地理课上讲"橘子树枝青叶茂"时,读成了"橘子树枝/青叶茂",害得我们笑岔了气。他莫名地皱皱眉,又大声地讲了下去。他是我们的高三班主任。

我们班的慧最爱看小说,快高考了还塞一本武侠在桌洞里偷看,地理课上终于被班主任发现,他一把扯出那本流行的《雪山飞狐》,用力地摔在桌子上,高喊道:"就你这个状态还考大学?你考上了我倒着走!"

然后气得说不出话来。而慧在后面的日子里拼命复习，竟然考上了提前录取的外语系，那个笑着送来通知书的正是这位地理老师。

高考结束的那个暑假，我回到了村子，突然卸下高考重担的我仿佛秋日里掰下棒子的玉米棵，带着沧桑的青黄。那年我们家盖新房子，我负责搅拌泥沙，现在想想，搅拌泥沙也仿佛搅拌我的心情，嘈杂的人声常常惹得我烦躁，二姐又故意刺激我，因为她怕我太在意。而其实我真的很在意，小村庄历史上还没有过一个女大学生，难道上苍真的肯眷顾我？如果考不上大学，三年的高中就白读了，接下来的日子又该怎么过呢？我似乎习惯了在学校读书的日子，如果不能读书，我简直不知道该怎样应对将来。

那时候心里十分焦灼，所有碰见我的村子里的长辈和伙伴，第一句话大都是问考上了没有。我跟着父亲下地干活的时候甚至不敢走大路，绕着走小道，主要是为了绕开那些"询问"。

但急也没用。发榜的日子渐近，我甚至越来越仓皇。母亲却常说：没事，考不上咱就找个活干。当时三姐就是经舅舅介绍在乡里的山楂片厂当工人。

我天天跟着大人干活，除了在家里帮灶盖房，也经常跟着父亲到地里劳作。父亲是种庄稼的一把好手，浇地、除草、劈玉米叶子、翻地瓜秧子、打水，我样样也干得不错。我最常干的活就是浇地看水沟，无论是黄姜还是玉米，那时候都仿佛是渴汉，父亲的倒罐（一种汲水的工具，放下绳子把水灌进去，再摇上来倒进水沟）很赶趟，我便前前后后地跑着堵水浇田。

母亲暗自说，坏了，看五子这干活的架势，就是命里带来的，是一辈子干庄稼活的料。

常常是天刚亮，我和父亲就去窑厂南边那块姜地。黄姜在乡村属于贵重的经济作物。父亲常常让母亲煮了黄豆当肥料，那块地本来就肥沃，父亲又在地边打了两口井，确保了这块田的水也足。其实打这两口井的时候，父亲偷偷地找了人来帮忙，母亲最害怕父亲打井，很危险，但是父亲为了浇田真的不要命，不知道他为何有那么神奇的力量，竟然从地下掏空，让这两口井连起来，这样就不用挪动笨重的倒罐架了。据说当时人家都不敢下井，父亲就身先士卒，结果刚下去就觉得眼前一黑，他迅速躲到洞中去，原来倒罐绳子断了掉了下来，如果不是父亲身体矫健反应迅速，那天就真的出事了。

也许录取通知书来这个偏僻的地方格外难。等到了八月份的时候，我自己都说服了自己，也许真的如母亲所说，我真的是干农活的命。

正午，我穿着一双凉拖鞋正在东窑地里跟着父亲浇玉米，父亲常常选最热的时候来地里干活，这时锄草的效果最明显，连最顽强的"死不了"都迅速打蔫，那天也真是热。大太阳炙烤着，我来回地在比我高半头的玉米地里穿梭，玉米叶子划在我的身上，两根胳膊上被划得一道一道的，生疼。我大汗淋漓，挽起的裤脚上全是泥。忽然听到母亲急切的喊声，原来给我送通知书的来了。

我真的考上大学了！虽然考的是师专，但这也是我们那所区高中最好的成绩了。因为是村子里第一个女大学生，母亲颇骄傲了一阵子。

也许对今天的很多孩子来说，考大学拿到录取通知书没有什么兴奋的，但是对当时的我们来说意义非凡。一次我们几个初中同学聚在一起，聊起了拿到通知书时发生的事。何勇说，他和父亲正在山上干活，那时候村子里有什么消息全靠大喇叭喊，通知书送到了大队里，村长在大喇叭里喊着何勇父亲的名字，说他的儿子考上大学了，让去取通知书。何勇和他父亲丢下镢头就往山下跑，跑到村子里才发现，自己掉了一只鞋，脚上扎进了蒺藜，拿到通知书看清楚之后才感觉到脚的疼痛。

在家的日子，我常常负责照看那只大鹅，有时候甚至突发奇想，我那些坐着公共汽车回来的日子，仿佛是坐在它巨大的翅膀上。

一只大鹅的故事

芸从白云湖回来,给我带来一箱双黄大鹅蛋,很久没有见过如此硕大的捧在手里沉甸甸的鹅蛋了。早起煮二十分钟,切开还热热的,突然想起童年时那个湿漉漉的早晨。

下了一夜的暴雨,山水咆哮,早晨也没停下。早起的母亲发现我们家的那只鹅不见了,母亲披上蓑衣找了半天也没找到,急得吃不下早饭。

鹅是巨大的家禽,大的像一只狗,如果生人来了它会伸长脖子不惜力气地追赶。鹅蛋很大,加一棵葱就可以炒一大碟子菜。鹅蛋也比鸡蛋值钱,一个常常可以卖到五毛钱,这是母亲柴米油盐酱醋茶的直接支出来源。丢掉的是一只灰白相间的大鹅。

见母亲难过,我们姊妹几个相约出去找鹅,下雨后的早晨也没有其他事情可做。我们顺着东边的大河南下,一直到了苹果园的东边,发现了已经落汤鸡一样的大鹅,一定是昨晚的大风把它刮出院落,随着狂风暴雨顺河而下了。它躲在一块石头底下,瑟缩着,见到我们,它一声高一声低地嘶鸣表达欢喜。我们几个抱起又湿又冷的它,轮流换手几次才回到家。

母亲把它抱在怀里,用干布擦拭它的羽毛,憨厚平实的它乖乖地依偎在母亲怀里,失而复得后的惊喜让母亲喋喋不休。

但是不一会儿,北街上的玉场嫂子来了,说他们家的鹅被我们捡回了家,因为昨天她家也丢了一只鹅。我们百般解释,她就是不听。

玉场嫂子是有名的骂街妇，人高马大，据说不止一次因为鸡零狗碎与邻里打架，生有五个儿子都已经成人，在北街是没人敢惹的主，她俯视着我们，势极雄豪。我们姊妹几个不敢说话，母亲向来是平心静气的人，玉场嫂子居高临下，不管我们告诉她多少遍我家的鹅有什么特点——母亲给它剪过翅子，四姐给它的左脚拴过红绳，她那架势就要把我们家的鹅抱走。

就在这个时候，父亲回来了，我当时年龄小，不记得父亲说了什么，但是鹅没被抱走，也没有出现打架骂人的场景。长大后的我多次问母亲当时父亲是怎样平息那场我认为只有通过争夺才能解决的"战争"的，母亲只是说，父亲回来就说他们家孩子多比我们困难，无论是不是他们家的，都让她抱走，玉场嫂子反而掉头就走了。

把大大的鹅蛋切开，四刀切成花瓣的样子，对了，应该更像一朵水仙花，白色的花瓣，黄色的花蕊。咸淡正合适，我用它就了一碗绿豆稀饭，对小土豆说："过几天回家给你姥爷做百日的时候，一定带上两颗咸鹅蛋。"

父亲已经在三年前离开我们，现在又是春水涨的时候，父亲坟上的草也该发芽了。

粮　票

激发我写下这篇文字的,是我们学的一篇文言文《核舟记》,孩子们都惊诧于小小一枚桃核却可以盛放下"大苏泛赤壁"的故事,纷纷啧啧称奇。我便布置了一个小小的作业,写一写自己家里珍藏的老物件,仔细观察并介绍给大家听。今天恰好是分层课,我便把大家写的作文拿到班上,也请他们把写的"真东西"带过来,我们要一起品鉴。

杰夫带着他从台湾故宫买回的翠玉白菜东坡肉,白菜似翡翠,东坡肉简直可食;瀚如带来的是春节时奶奶送她的桃木小吉象,憨态可掬,还有吉祥的寓意;小晴说,她给文章取名《石头记》,去南京雨花石带给了她灵感,路边的小丑石带给她欢喜……

孙恺带来的是粮票,差点让我泪奔。

那是贫困年代的记忆。我执意要去读高中,其实有些事情我并没有考虑周全。比如吃的,六十里外,又不能每个星期都回家,我背来的煎饼顶多吃一个多星期,夏天时食物的保质期限更短,更不用说,即使我们把煎饼包袱挂在高高的房梁上,仍然有技术高超的老鼠顺着电灯线爬上去偷食。我就多次看到同学把老鼠吃剩的半个煎饼吃下,那是闹鼠疫的时代,现在想起来还恶心得要吐,但贫穷时代的孩子什么苦没吃过呢;还有,腌制的萝卜咸菜炒熟盛在玻璃瓶子里,有的时候变质长出了长毛,还不舍得丢掉,那时候真的没有别的食物可吃,这罐子咸菜还可以应付好几天。

解决吃饭的问题成了一个孩子能不能继续读书的关键。

唯一办法就是弄到粮票。去食堂将粮票兑换成一斤或者四两、二两的饭票，拿饭票去买馒头。那还是不能随意吃到馒头的时代，每每在拥挤的排队等待中就已经垂涎三尺了，而帮我解决这个难题的，是我的大姐。

那时大姐刚好跟随姐夫去福建，姐夫当时是志愿兵，据说只要转成志愿兵就是国家正式干部。我至今也没有问过姐姐他们是怎么样节俭省下那么多粮票支撑我上完高中的，因为那个时候我的外甥小健也随军去了部队。

收信的时候是最难忘的，一封用厚厚的牛皮纸信封包裹着的厚厚的信抵达我的身边，封皮上是大姐苍劲有力的大字——我的名字和地址，大姐并没有上过学，她写的每一个字都是当赤脚医生时自己翻医学书自学的。用小刀划开信封边，粮票安静地睡在里面。粮票其实是不可以直接寄的，大姐用厚厚的牛皮纸信封掩护了它们。那是我在他乡泪落却心怀暖暖的时刻，大姐也许把自己的大学梦寄托在她的小妹身上，她写着热切的话语鼓励我再难也不要放弃，她用大海的烟波浩渺鼓励我忽略眼前的困苦难熬。

我熬过高中的漫长和苦寂，成为村里的第一个女大学生，最高兴的也是大姐，姐夫在部队立功的奖品——漂亮的棕色行李箱陪我上大学、参加工作，至今还在我的衣橱里。现在我常给大姐带她喜欢的茶叶，她觉得不好意思，我说那是粮票的利息。

泰山清澈甘洌的泉水冲泡，树叶舒展开阳光明媚时的模样，我希望那氤氲开来的雾气，能弥漫成我多年的感恩，芬芳大姐片刻的时光。

读大学,也读一座山,一些人

送我去上大学对我们家来说是个大事,在小村里也属于大事,父亲还摆了宴席,住在高家山上的平尚哥来了,三姨父也来喝酒。母亲不再让我进山捡蘑菇,地里的活也减轻了,因为离开学的日子不远了。

大姐送我一个精巧别致的行李箱,是姐夫在军队上立功的奖励;二姐送我崭新的毛巾被;四姐帮我买好看的新衣服;三姐那时候已经去了哈尔滨,给我寄了件红色的毛衣,是三姐自己织的,嫣红镂空的图案,很漂亮。

那天姐夫也回来了,他开车和弟弟送我到学校。先是去商场买了一双皮鞋,皮鞋不用水刷,脏了就用鞋油擦一擦,可以节省时间让我读书,还给我买了一套吃饭用的陶瓷餐具。姐夫还特意给我买了一件军绿色带有红色格子的西服,那是我第一件"高大上"的"服装"。

那间小小的闷热的宿舍,住着我们六个人。舍长是来自莱芜的具有成熟少妇气质的立新,常常扎一个小小的髻。她的男朋友就在附近的农大,和她一个村,大哥哥似的呵护着她,记得他周六一定会给舍长送橘子过来。我们六个都来自农村,没有几个家里能吃得起橘子。舍长吃完橘子,总把橘子皮收藏到书本里,也常常把橘皮用巧手撕成各种各样的形状摆在窗台上,于是每个周末,宿舍里总是弥漫着一种橘香,久久不散。

平日里,我们几个经常一起到图书馆看书,上了大学才知道,原来还可以这么奢侈地读书。这是农民家庭出身的我想象不到的,那时白天下地干活，即使是吃饭时间都要干活，晚上还有剥花生或者推磨的任务，现在我所有时间都可以用来读书。

我的床头一摞一摞都是借来的书，那时信了大先生，我首先读的是外国名著，比如《悲惨世界》《静静的顿河》《战争与和平》……一本一本那么厚，也都一页一页啃下来。一摞书读完了抓紧拿着小小的借书证再去搬回一大摞。

当时我最爱上的课是写作课，王黎老师看了我写的东西，在作业上留下了"找机会来我办公室谈谈写作"的话。那时竟然不知道去哪里找老师，羞涩的我也不去联系，其实根本就没有和老师面对面的勇气。但是，王黎老师是我的恩师，记得我写的一篇散文被他看好，他嘱咐写字最漂亮的同学手抄在餐厅外一面大大的墙上，每一次去食堂打饭的时候，就有同学说，看，这篇文章就是她写的。我为此很是骄傲了一阵子。

每一次回家的时候，我巨大的箱子里都装满了大大的白面馒头，那时我的家人还不能顿顿吃到白面馒头。我在校省吃俭用像一个穷苦的农民，如果约不到同学一起吃饭，我只买五毛钱的花生米和一个馒头。大学里的馒头不为挣钱，够大，味道纯正，现在母亲和二姐说起来还对我大学时候带回来的馒头记忆深刻。我的白面馒头情结一直延续到今天，地瓜有时不喜欢去餐厅吃饭，余出来的票我就留存好，年假前提前预约中心校区餐厅，带上好几个大袋子去买馒头，像个袋鼠一样将电动车前后都挂满了，回到家存满一冰柜，回老家时给母亲带一大袋子，母亲乐得合不拢嘴。

师专只读两年，转眼到了二年级，很多同学都开始谈恋爱、找工作，唯有我似乎还傻乎乎的。大姐住得不远，周六周日有时也去她那里。

那年冬天下了很厚很厚的雪，姐夫回家过年，初六就要上班，我也要回学校，因为要回师专参加学院组织的专升本复习，获得这个机会的学生非常少，据说专业课成绩前三名才可以。但那时我还是个不谙世事的小孩，并不懂得升了本会怎样，稀里糊涂地想赶紧工作不再拖累家人，就一心想着逃走，逃走。记得当时寒假提前返校的同学很少，食堂里冷冷清清，学得很疲惫，又对未来一无所知，于是，自己在心里打了很多架，最终又一次逃走，瞒着家人放弃了那次专升本的机会。当时自己并不知道放弃意味着什么，但内心那颗逃脱之心彻底占了上风。

毕业实习的时候，我们十几个人一组分到泰安南满庄的一个村子里，初为人师的我们个个像点燃的火把，记得我那时写的教案被大家传来传去，因为大家觉得我写的字漂亮潇洒。实习期间我们每人讲了一堂课。我竟然被推荐代表所有的实习生在毕业大会上发言，并且我的发言引起了很大的反响。

舍长男朋友来的时候，我们姐妹就纷纷出逃给他们腾地方。

课间，我们去麦地里拔荠菜包饺子。一到周六，我们就一起去看山。一般是我们宿舍的几个姐妹一起，但是大多数情况是我们铁三角：我，老啊，长丽。

"老啊"这名字其实是有些来历的。那时青春年少，遇到问题爱大惊小怪，特别是老啊，其实她有一个特女人的名字——芬，但因为她常常说话前先要感慨万千，出口即"啊"，然后发表一通她感时伤怀的演讲，时间长了，我们倒忘记了她的名字，就"老啊""老啊"地挂在嘴边。

长丽来自淄博矿务局，是定向培养的学生，也就是将来毕业要回到淄博矿务局当老师，说着一口标准的淄博话。

我们三人经常顺着泰山的西麓爬，是真正的爬山，从来都是拿脚一步一步丈量，有的时候四肢并用。我们经常一路狂奔，嬉笑怒骂，简直是三个疯子。

我读大学，很多时间是在读一座山，一座可以一爬再爬的文化名山，经石峪、黑龙潭、云步桥、紧十八、慢十八、天街、碧霞祠、玉皇顶、日观峰、回马岭、孔子登临处，去体味"登泰山而小天下"，去见识"会当凌绝顶，一览众山小"。正如刘鹗《老残游记》写《明湖居听书》，小玉说书"恍如由傲来峰西面攀登泰山的景象：初看傲来峰削壁千仞，以为上与天通；及至翻到傲来顶，才见扇子崖更在傲来峰上；及至翻到扇子崖，又见南天门更在扇子崖上：愈翻愈险，愈险愈奇"。不得不说，我有得天独厚的条件去触摸这险这奇，后来我的确到过很多山，真的都没有泰山巍峨。

毕业后的前几年我们还彼此通信，那时候没有智能手机。记得老啊和长丽都曾在大学期间来过我大山深处的家，我也曾在工作之后去过老啊的娄得老家，但后来我们久不通信就失联了。特别是长丽，曾给我寄过她的一张结婚照，但还是走散了。直到2013年，我当时在山东省远程研修做导师，有机会看到所有参加远程研修的老师名单，我便耐心地一个一个去查阅，还真让我找到了。那个暑假，我们全家自驾，老啊带着她上了大学的儿子，一起去淄博找长丽，长丽的儿子也要去南方读大学了。我们一起去了蒲松龄故居，一起去看淄川的老街。我们三个专门建了一个微信群——姐妹花，一会儿发语音，一会儿发图片，三十年的友情，足够牢靠。

常常想念泰山脚下那座小小的校园，据说现在已经转给了一所外国语高中，我的学校也已经改了名字。地瓜常说，你根本就没有读过大学，那规模也就是个高中。是呀，他在南京大学硕博连读六年，那是六朝古都，有着美丽大屋顶的校园，结婚后我的寒暑假常常在南京大学的博士公寓荟萃楼度过，巨大的校园，苍天的大树。后来来到山大老校，这也是个有着郁郁葱葱大树的百年校园，真的感受到什么叫大学。

泰安两年求学，我仍要感谢我的大姐，当然更要感谢我的姐夫。当时姐夫从部队转业到外贸，一开始不过是普通的司机，后来因为诚恳肯干提升为外贸公司的经理。弟弟一下学就跟着姐夫去了城里。我几乎每周都去大姐家，那是在学校待一周后的放松与解馋，姐夫总爱问我的学习与生活，从来不厌烦。后来毕业为了让我留在城里工作，大姐和姐夫更是买上东西去求本就不多的亲戚。我工作后，专升本的寒暑假课程都在泰安上，放学后就去他们家里又吃又住。其实那时他们条件也有限，住的是单位分的两居室，那种结构的房子几乎没有厅，所谓的厅就是一个小小的走廊。每次去，我的外甥健都要去当"厅长"，晚上打开沙发早晨再折起来，每次走，姐夫总要开车送到车站。票买好，还有一瓶饮料路上喝。

父亲卧床后大姐、姐夫跑得最多,把父母的疾苦放在心尖上。我们上班,大姐三天两头去陪伴,父亲生命的最后一年姐姐家添了孙子,但在孙子周末回姥姥家的间隙,姐夫便抓紧开车和大姐去老家。母亲的小村子没有卖菜的,姐夫把车开到菜市场。鸡鱼蛋奶米面果蔬,母亲的家里从来不缺。

冬天城市的家里有暖气,他们就觉得独自享用是罪过,那时父亲卧床,母亲不愿意搬动,大姐、姐夫就回家把炭炉子安装到父亲的小屋里,用塑料布把门窗都钉严实,那个寒冷冬夜我到家时听到炉火呼呼的声响,曾感动得流下泪来。他们是有执行力的人,很多时候我们只是想想,甚至压根想不到,而他们是马上做到。

姐夫当经理后,十里八村找不到工作的人都来求他帮忙,大哥一般都答应,解决了好些人的生计问题,特别是他自己村子里的弟兄,大哥更是有求必应。姐夫退休后,一如既往地喜欢爬山、散步,闲来练练书法。父亲去世后的这年冬天,他和大姐早早把母亲接到家里,给母亲买好吃的,带母亲去她没去过的地方。今年山楂熟的时候下雨了,他们怕母亲一个人去滑倒,天不亮就开车来给她摘完;北山上的栗子熟了,他们又来帮母亲打了两天,还开车去官地给母亲卖掉。母亲跟土地打了一辈子交道,一点活干不好,糟蹋了东西就难过,大姐、姐夫就抓紧帮她弄好,怕她急了自己去干。

记得早些年姐夫率领我们全家去河里挖取盖房子需要的石头和沙子,到遥远的地方拉铺装在屋顶的竹帘子,我们都把他看作家里的主心骨。

读大学,读书,也读一座山,读一些人,城乡折返,让我看见那些经过时间的淘洗还熠熠生辉的文字,不过是把人间万象写进苍白的纸张,一座亘古不变的小城和并不算很高的山,却给我稳健的力量,我看见善良,看见真切,不过就在自己的亲人身上。

第三编
爱教书爱生活，
如何行走就如何写作

你当了老师，你的课堂就是你的道场。

特别是你当了语文老师，天地万物，人情是非，窗外事件，心底秘密，你读过的书、见过的人、经历过的种种，都写在你的脸上，浸在你的步履，化为你的谈吐，然后，成为你课堂上与孩子对话的心灵气度。

是你课堂上说起自己的成长让他们也向往远方；是你课堂上讲起的某一本书让他们有了属于自己的书单，属于自己的书橱、自己的阅读趣味；是你写下的那些关于亲情、关于友情、关于童年、关于成长、关于读书、关于思考的文字，使他们懂得了表达的温润，也去编织属于自己的独家记忆，书写属于自己的独特传奇。因为你爱工作爱生活，如何行走就如何写作，成了他们前行路上的范本，成了影响他们一生的人。

哪怕是最偏远山区乡镇上的一群泥孩子，都是我生命中的"珍宝"，直至今天，我最挚爱的朋友里面，就有这些孩子，我会时常惊讶地发现，在传达室有我的快递，是小仙从台湾寄来的芒果，是梁峰从普陀山寄来的沉香，是小芬从泰山脚下寄来的写着我的名字的书签……小仙总说，她喜欢的也希望我能够拥有。她说她在大昭寺门口闲逛，看到那串星月菩提，想起她亲爱的高老师。她说，童年时代就没了母亲的她，曾在我的小屋里变成麻花辫美妮，我是她洒满阳光的家园，"每当我想起你，我的心中，花开满世界"——她从大理古城给我快递扎染，小小卡片上是她娟秀的小字。

没错，孩子是因为喜欢你才喜欢语文课，是因为喜欢语文课而更加喜欢这个参差多态的世界，这个温柔以待的人间。

每个教师节，他们都要约我吃饭，过年，从四面八方赶来，大把的鲜花也到了，我的新书发布，他们也来祝贺。他们还专门成立了一个群——高老师的下港学生群，时常提醒我天气变化，生活中的高兴事，也会第一时间告诉我。

梁峰说，二十多年前，高老师在大山深处教书，我们下港的六十几个孩子，第一次见到了传说中的大学生，知性博学，亲切如邻家大姐。他说庆幸在年少时能追随我，为漫长的人生打牢地基。

在洪家楼，我整整待了二十年，遇见城市的孩子，做了好多年的班主任，后来为了离教育更近一些，我试图不当班主任，看见更本真的孩子，我领他们六十里远足，世博园看花，老校校园里看梅，百花公园赏牡丹……

依然在城乡折返，我也在读亲情这部大书，也在不断地书写，由原来手写，到后来艰难地学会盲打电脑，再到后来使用智能手机，写作成了我的生活方式，在开会早到的半小时里，在万籁俱寂的雨晨雪夜，在上完课回来的茶歇时刻。

贾岛说："一日不作诗，心源如废井。"没错，写作如我的呼吸。

泰勒·本-沙哈尔在他的《幸福的方法》里也如是说："微小的成果，要比野心勃勃导致的失败好得多……不要着急，成功会像滚雪球一样越滚越大。"

我希望你也是一个爱滚雪球的人。

黑屋子，土台子，里面坐着泥孩子

毕业了，拉着行李箱，装上我几乎所有的家当，回老家工作。那时候包分配，我被分配到泰安第十六中学，去我的母校当语文老师。

那一年我们下港乡在师专读书的共有五个人，我、昌、慧三个人回了十六中，勇在泰安找到了工作，钰回到我们读高中的地方，现在他已经是那里的校长。

萍当时正在泰安水利学校念书，她要读三年，比我晚一年毕业。那天和萍告别，她幽幽地说："你真的就要回去了？真的就要在那里待一辈子？"

萍是我初中时候的同学，她是三班，我是一班，之所以熟识，是因为周六下午放学回家正好顺路。霞子不上了，萍就是我的最佳伙伴，一路上说说笑笑，有时候也探讨遇到的难题。我们两个的名字"平""萍"同音，又是那一级在年级里也数得着的好学生。更巧的是，我们两个考上了同一个城市的大学，学校离得也很近。萍成了我最好的朋友。

萍用奖学金做了两件短裙，我俩一人一件，蓝底白点，穿上像小天鹅。我拿在手中想：萍，也许你们城里人可以穿得这么俏丽，但我要回乡村了。

是的，当我拉着箱子从那条熟悉的街道走出来，我想，真的有可能永远待在那片山水间了。那天下午，我从泰安坐公共汽车，把装满了书的一个行李箱直接送到了十六中吴勤鸾老师的家中,吴老师是我初二时的班主任。

"黑屋子,土台子,里面坐着泥孩子",当时的状况就是这样。

我虽然很喜欢当老师,但在这个偏僻的小乡镇教一辈子书也并不是当时还有很多梦想的我所甘愿的,心底突然生出很多惆怅。

去报到那天,正好赶上一场小雨。慧和昌比我去得早,他们两个把我领到单身宿舍,右边是慧,左边是昌。不足八平方米的小屋子里也就能放下一张小床、一把椅子和一张小课桌。

一切东西都要去领,慧和昌帮忙,一会儿就凑齐了。所谓木床其实就是个用木头打制的框架,中间用木条钉成网状,很大。我的小屋本来就小,放上它就转不过身来。"后勤老丁那里有张小床,不过他可能是给他闺女留的,他闺女马上就来上初中了。"有个我并不熟悉的年轻老师在一旁说。我并不想占用他的,只是去后勤看看有没有小一点的,但老丁以为我是奔着那张小床去的,没有好气。关键是那天下着雨,所有的木床都露天淋得没法用,老丁只好气呼呼地把小铁床发给了我,那张小铁床一直陪了我八年,当我离开下港的时候连我的屋子一并归还了学校。

我把箱子从吴老师家取回来放在桌子底下,在门口安了一个火炉,日子就这样过起来。

但没有想到,一开学站在讲台上,看着下面那一双双眼睛,像一颗颗星星缀满教室的星空,我的心猛然一震:我知道,我喜欢孩子,也喜欢这个工作。

于是,就有了我在十六中的八年,我和孩子们摸爬滚打在一起的八年。

西河的冰解了,我领孩子们去采薄荷;山上的蚂蚱肥了,我领孩子们去追逐;松树下顶出小蘑菇了,我领他们去辨识;松树上结满了松球,我带孩子们去一个一个摘下;河里的螃蟹满地爬,我晚上领着孩子们去用手电筒照,那一筲沉甸甸的,盛着喜悦。

那些住在大山深处的孩子，会从家里给我带来几颗核桃，几枚栗子，烤熟的地瓜，枚红的樱桃，我小小的宿舍，成了很多孩子经常光顾的地方。我教的第一级学生便是晓红、开瑞他们，鹏、元阳后来也都当了老师。晓红说：高老师，您那时候才真正是素质教育呢！没错，"素质教育"这个词还没有这么火热的时候，我已经在下港那个小小的盆地里本能地从事着素质教育了。

学校西边有一排单身宿舍，住着十三个年轻的教师，我、慧、昌，三人是来自师专的大学生，东边是爱琴、韩波、献君、传勇，西边是应阶、连阶，于是，我们这些"单身汉"就组成了一支队伍，整天下班后不是打牌就是打羽毛球。冬天大雪封门，周六周天都回不了家，我和慧闲暇时就打毛衣，那时用的是棒针，很粗很粗的线，很粗很粗的针，有段时间特别流行那种特洒脱的棒针毛衣，我们曾创下一个冬天打五六件毛衣的纪录。我们两个就坐在被窝里，边天南地北地聊着边织毛衣。

简直是上了瘾，平日里一下班，夕阳余辉还没有完全褪尽，我们两个一人一把椅子就在门外的空地上织起了毛衣。后来我才知道，孩子们透过窗子看着我们这种安适居家的样子分外羡慕，连菊他们都说，当时拼命学习的动力来自考上学可以这样滋润。更难忘的是，我们一群人一起吃饭的情景，其实当时也没有什么好东西可吃，传勇常常去集上买"鸡架"，就是人家把鸡肉剔光了只剩下骨头的那种，炖上一大锅白菜，再买上一大袋子馒头，一人手里三两个，虽然鸡架并没有多少肉，但传勇用大料在热锅里爆出的香味却是十分馋人的。有的时候还会加上粉皮，再放好多红辣椒。有时还会炒豆腐皮菠菜，也十分好吃。

记得那时候我疯狂地爱上了打牌，应该说是我们，下了课没事我们就聚到一起，一打就是大半天，如果周末回不了家，那就一整天。教师节放半天假，我们就跑到李老师家去打牌。有人负责炖鸡，有人负责烧水泡茶，现在想来，真是神仙般的生活。在乡镇中学教书，并没有多大的升学压力，好像从老师到学生，从家长到学校，都觉得只有少数的孩子考上大学才是合理的。

真正让我从惯性中刹住车的是我的恩师桂新老师，在那个共赏明月的晚上，她突然问我，是不是应该交个申请书？我一下子愣住了，什么？"入党申请书，你做得很优秀。"那一刻我猛然惊醒过来。我突然质问自己：还记不记得为什么拼命读书？为什么要去读大学？庸碌一生，是不是我的选择？

于是，那个夜晚我对自己进行了一次清算，收起所有的毛线棒针，收起了还温热的扑克牌，把我仅有的一张小桌子擦干净，重新把书找出来，开始了每日读书的时光。白天，我会去小小的图书馆，图书馆里没有别人，那是一个人的图书馆。

后来，昌在泰安找了一份工作，当起了经理，把老师这活就放下了。慧的男朋友从济南毕业分到了泰安，每周五都过来。应阶找的漂亮媳妇从远方来了。传勇也成了漂亮姑娘的"心上人"。连阶的屋里也走出了被我们称作"二嫂"的俏媳妇。就连我们一直看作小孩的韩三皮（韩波，签名颇潇洒，把波字写散了，就被大家喊作"韩三皮"了），也领回了穿一身红裙子的城市女孩。板板正正的献君据说调到城里当了秘书。

众兄弟姐妹纷纷如鸟儿归巢般有了自己的归宿，好像宝玉的青春大观园，那群在一起疯玩的，突然要作鸟兽散。我来十六中的第三个年头，函授完了曲阜师范大学的本科，汉语言文学专业。

那年寒假，在南京读硕士的地瓜回到母校来找昌玩，不巧昌已经去了泰安。而我、连阶、慧都是他的同学，就聚在一起吃饭，他说他一直记得我在操场上无人能敌的风驰电掣，记得我是女孩中从来不骂人的。而我回想起初中生活，只记得他是历史课代表。他说，当我们刻苦学习的时候，他们男孩子都看完了金庸的武侠小说，他还订了杂志，编了一套适合自己的历史教材，很多同学都传看过。而我只记得初中的时候男生女生之间并不说话，地瓜是我们历史老师的得意门生，据说王老师生病的时候，还让当时上本科的地瓜来给他代过课。没承想那个沉默的男生现已是名校的研究生，并且竟然是他高中学校的第一个本科生。

就这样，地瓜回到南大开始给我写信，给我寄好看的明信片，我则喜欢上了信封上好看的邮票。他不断地跟我说古都南京的繁华，慢慢地，收到他的信成了我生活的一部分，盼他的信也成了我生活的一部分，就连收发室的老师也似乎成了我的亲人。

在十六中教书，其实是日复一日地和孩子们玩在一起，而孩子们因为喜欢我而喜欢我教的课，他们的学习成绩成了学校里最好的。我天南地北地讲，并不拘泥于课本，我领他们做手抄报，大大的一张纸，每人分一块领地，自由书写创造，他们还取了好听的名字：天生我才、一蓑烟雨、窗含秋雪、藕花深处、小园香径……而他们，从我身上看到大山之外有一个神奇的世界，盼望有一天也可以和我一样。

我到十六中工作的第二年的秋季一开学，我们学校收到了教师节演讲比赛的通知，因为我是中文系毕业的，教育组姚老师自然想到了我，但只是让准备，并没有说具体时间。谁知一天晚上，姚老师突然来电话说，第二天就要比赛，在泰安的一个小学。姚老师也许觉得我这么短的时间不会准备出什么，更不会有什么好的结果，并没多说其他的话。

虽然在泰安上学，但那个小学我真的不知道，只是觉得既然已经做了准备，就应该把这件事做好，于是就一个人早晨坐第一班公共汽车去泰安找。那个时候还没有百度地图，也没有出租车，当我倒了好几次公共汽车气喘吁吁找到那所小学的时候，比赛马上就要结束了。我问是否还能参加，负责的老师大概看我风尘仆仆，又来自偏远的农村中学，就爽快地答应了。我进入会场时，台上是一个四十多岁的女教师，像样板戏里的人物一样做着手势。

我最后一个上了场，开篇就吟诵了《师魂》里的那句"我不愿／不愿当老师"。

我讲的都是和山村孩子在一起的玩耍和快乐，讲的是山村孩子怎样自立自强的故事：春和为了买一本字典而上山捡松球；体育班长调皮仅仅是为了吸引我的目光；小青见到我就下定了决心去读大学……台下鸦雀无声。我讲述了自己从不愿当老师到迷上当老师的过程，没有动作，有的只是一种充盈心间的感动。没承想，我一讲完，台下掌声如潮。我并不知道前面的情况怎么样，静静地坐在下面等结果。没想到，我竟然是第一名。

回到学校，我接到泰安市教育局的通知，加入六人演讲小组在泰安市区巡回演讲。当时教师节临近，我们先后到了肥城、莱芜、新泰、宁阳等地，我讲起和孩子们相处的动人故事，下面总是掌声雷动。

每到一处，人家都会送一些纪念品和绢花。我记得把纪念品送给了大姐，这些年来无论上学还是函授，去大姐家蹭饭、住宿都是常事，几乎把大姐家当成了自己家。那时姐姐家还在外贸公司宿舍的二楼，很局促，现在他们已经在泰山脚下买了漂亮的大房子。

绢花是送得最多的，我把它们转送给了两个人。一个就是已经在泰安上班的萍，那天我捧了一大捧绢花去找她，不知为什么在路上腹痛得厉害，几乎寸步难行。当我坚持走到她宿舍的时候，她马上领我去了医院，原来是急性肠胃炎。她陪我在医院打了一晚上的吊瓶，而那把绢花，竟然丢得只剩下了一小半。

绝大部分绢花送给了我那爱花的母亲，好大的一捧。母亲竟然舍不得全拿出来，仅仅到过年的时候，才拿出一小部分插在花瓶里。一直到我出嫁，胸前戴的还是母亲一直留着的玫瑰花，弟弟娶媳妇时，才把最好的拿出来摆在厅堂里，到今天为止，家里还有我当时挣来的绢花，母亲逢人就炫耀。

其实还有一次有意思的经历，就是区里举行过一次新年知识竞赛，教育系统的，教育组的姚老师就直接把通知给了我，说那些知识我比较熟悉。没承想我居然也拿了第一名，当颁奖念到我名字的时候，我简直不敢相信。那次的奖品是一个有着红色丝绒底子，上面嵌有白色贝壳的大钟表，直到今天，它还挂在我家客厅的南墙上。每当我讲那些年的丰功伟绩而小土豆表示怀疑时，我都会指给她看。

在十六中工作三年后，我当选为区人大代表，在教育系统是独一个，并当选下港乡的人大秘书。我回十六中教书的时候，教室还是我当学生时的旧房子，我就给校长和乡长提议，看有没有可能在我们这山沟里建教学楼。那时正是"再苦不能苦孩子,再穷不能穷教育"的时代,我不知道是不是我的提议起了作用,总之我们的教学楼是真的建起来了,每个人都捐了款,我们的名字至今还刻在教学楼前的大石头上,我记得我捐了一个月的工资。

教学楼、实验楼和办公楼陆续建了起来,白色的楼房、金黄色的屋顶,在群山环抱的这个盆地里,分外壮观漂亮。

也许因为每年的教师节都受到表彰,我渐渐成为下港乡的名人。每年的教师节文艺会演,甚至六一节、新年联欢,在乡礼堂举办的很多活动,我都成了主持人。也许我轻松、诗意的语言风格与原来的主持有很大区别,每每总能得到大家的赞赏。

几年下来,我也锻炼成了老练的"名师"。

晓红那一级毕业之后,我被任命为新初一的尖子班班主任,当时教的就是后来到山大来读博士的小宁他们。第二年,我从初一被调到初三,临危受命做一个最乱的毕业班的班主任,阎校长说:"我发现他们听你的,你有鼓动性。"

其实我知道阎校长用词不当,所谓"有鼓动性",不过是孩子们喜欢听我说话,因为我的宗旨就是:你希望别人怎么和你说话,你就怎么和别人说话。

我知道一个孩子被分到"学渣"班是怎样的感受,隔壁就是被老师宠上天的A班,我也知道小小的他们不能在十几岁的时候就被判定未来的命运。

那天我走进教室的时候并没有说话,而是围着教室走了一圈,孩子们一开始还沸腾不已,但当我走向讲台,当我用眼睛静静地观望他们时,他们安静下来。我给他们讲我怎样从这所学校考上高中,怎样艰苦地坚持考上大学,说,一个乡村的孩子也可以有大学梦。

"为什么要把我们分为三六九等呢?"张伟每次说起,都会阴云浮上面颊,"但是我们碰到了高老师,是高老师把我们从泥潭里拉了出来!"没错,就在我讲述自己的成长之路的时候,坐在后排的个子高高的张伟拎起凳子走到我身边，强烈要求我把他调到最前排，他想坐在我眼皮底下，他要把自己逼到必须努力的绝境中。二十年过去了，张伟还对当时的分班政策愤愤不平。

难管的是那几个体育生，其中一个是体育高手，跳高、越野都是冠军，偏偏不爱学习，我就一直想法子纠正他们。最终，亮考上了师范，而峰名落孙山。暑假了，峰瞒着家人出去打工，连考上的普通高中也不上，这可急坏了全家人，找我想法子，我便陪着峰的姐姐到泰安南的工地上找，坐车、跋涉，不停地问，终于在一个临时扎的帐篷边找到了他。又黑又瘦的他见到我来当时就愣住了，经过一番劝说，我们终于把他从工地上拉回来继续到高中学习。峰后来去当了兵，还在部队立了二等功。

在备战中考的日子里，许多孩子经常光顾我的小屋，谈谈自己的想法，诉说自己的郁闷，其中英子还在我的宿舍里住过几个晚上。

要说乡下教书，真的很难。吃饭就是一个挑战。我们一周五天半都在学校，一般都是吃食堂，其实从艰苦环境中成长起来的我原本对吃一点也不挑剔，但是给我们食堂做饭的两位师傅实在是让我看不下去，一位一看就不太讲究卫生，另一位手上长着牛皮癣。原来我们只是在窗口打饭并不知道，后来知道后我就再也咽不下一口东西，食堂还只卖米饭，我们想吃馒头都实现不了。

后来，我和慧想办法开始自己做饭吃。

我们自己买了煤气灶和铁锅，到集市上买菜。那时候大家吃的油都是拿板油去炼，我们俩也学会了。吃得最多的是小油菜煮方便面，真的很美味。我们俩还买来小黄花鱼，因为每周都回家，也会从家里带些吃的。

每周六下午一下课，我们就回家。记得最常做的事情就是从学校小菜园里买刚刚割的韭菜，到下港街上买一块瘦肉，这是预备包饺子用的，再到小商店里买些糖、饼干之类的东西带回家，偶尔奢侈的时候，还会到集上拎两条大鱼回家。我自己挣工资了呀。

母亲最喜欢吃糖，被我们称作"糖大妈"，而有些精致的小糖果是专门买给四姐家的莉的。那时四姐一家在外地，小小的孩子被一个人留在小村里上学。她小小的手接过我买的糖果，总要再从小小的口袋里拿出一颗糖，因为怕她把牙吃坏，我们两个有约定，如果她不那么快把糖吃掉，我会在下一周再买些给她。有的时候，这个小小的身影会在村西的路口等我回来。

那时挣钱不多，但我还是攒了好几个月的工资买了辆崭新的"飞鸽"牌自行车。我觉得比我现在买了车还高兴呢，小巧玲珑的身形，不再是大轮子的笨重。那时的自行车主要有"飞鸽""永久"两种牌子，当我买了这辆自行车，同事们就说，坏了，高老师在这待不长了，"飞鸽"是要飞走的。

1993年地瓜硕士毕业了，打算回泰安找工作。那年春天的一天，我们俩从下港骑自行车去泰安他意向的单位，想去考察看看。我俩用了一整天，早晨出发，暮色沉沉才回来，对单位并不是很满意。又加上地瓜的父亲并不赞同他的小儿子马上工作，那年老人家六十岁，还一个人下地干活。

地瓜读硕士时就写了很多东西，导师张教授喜欢他，让地瓜报考了博士，并且顺利考中了。这样地瓜就要在南京再待三年，他动员我说，你也考个南大的研究生，这样就不用来回奔波了。我也无限向往南京大学那样真正的大学，就真的买资料利用课余时间复习考研。无奈我又要上课又要复习，精力有限，虽然专业课考得很好，但那一年南大英语要求到四十七分，而我只考了四十五分。地瓜多次说我最后的日子完全可以请个假在家里复习，因为竞争实在太激烈了，我这样一心二用肯定考不上，其实我又何尝不明白，但是让我把学生放下为自己的事情去经营，我做不到，就这样我与南大失之交臂。

寒假初春，我们结了婚，在小村创造了第一个白天的婚礼，那时候小村还时兴半夜来送亲。

二十年后，当时的班长继华组织了一次同学聚会。席间谈到迄今为止对他们影响最大的人，大家竟异口同声地说是高老师，他们当场给我打电话,让电话这头的我热泪盈眶。

　　披肩长发,方格子套裙,短靴黑皮鞋,雅致小方巾……今年他们相约来济南看我,女孩子说就是按照这个样子长大;男孩子则说纷纷离开大山到外面的大世界闯荡,就是因为"姐姐模样的班主任"让他们懂得"有梦想谁也了不起"。

栽了葫芦爬屋

结婚后，我在下港教书，地瓜继续在南大读书。但是寒暑假，我会去南大，或者他来我的小屋，一起读书，一起游山玩水。

在南京，我们去了夫子庙、雨花台、长江大桥、燕子矶、鼓楼……我们常常是上午看书，下午就出城，晚上则到小巷子里面找好吃的。第一次去南大，地瓜请我吃的是咸水鸭，还领我去南大北门喝鸭血粉丝汤，晚上学到凌晨的时候，会在宿舍里煮一碗加鸡蛋的方便面。但最难忘的，是地瓜请我吃荔枝。那时候荔枝在北方还很少见。"一骑红尘妃子笑，无人知是荔枝来"，荔枝历来就稀罕，"日啖荔枝三百颗，不辞长作岭南人"，我曾经十分迷恋过苏子的"鲜果"。地瓜领我去街头买最新鲜的，农夫挑着担子卖的那种，上面还带着青绿的叶子。剥开粗糙的褐色表皮，煮熟的蛋清一样透明洁白的果肉就糯糯地入了口，吐出褐色的光滑的一粒核。

我也曾到过侵华日军南京大屠杀遇难同胞纪念馆，现在每每给学生讲起，还告诉他们说，我其实去了两次，第一次是真的看不下去，痛彻心扉的感觉把我逼出来，第二次是逼着自己去看，去了解真相。在雨花台地瓜给我买了一块心形的雨花石，我戴在胸前很久。

他来我的小屋时，我们上午读书写东西，下午就去山上，那是我青少年时代跑越野的地方，那是我带领学生进行"体验活动"的地方。我们俩就今日南山，明日西山，大后天东山，挖野菜、掐薄荷、折山野花……我的小屋子里也可以炖一只大公鸡，那是早晨地瓜赶下港大集买来的，我们俩一惊一乍地学着杀鸡，用炉子炖一个下午也难熟。

怀孕后学校分给我一个小院子，就在我单身宿舍后面，那年春天，地瓜在小院子里一边等小土豆诞生，一边写他的博士毕业论文。我们天天去小河边走，甚至到了预产期还到西山去散步。

院子原来一个姓李的老师住过，里面有棵很大的樱桃树，那年秀英把很多肥料埋到树下，结了密密麻麻的一树樱桃，是大粒的琥珀色。

婆婆也来住过一段时间，但小土豆似乎挺喜欢待在肚子里，到了预产期还迟迟没有动静。等的时间久了家里也要忙春了，我们就让婆婆回了家。那天大姐坐车来我这里，她的好朋友玉群姐是下港乡医院的妇产科主任，大姐领我去做了检查。玉群姐说羊水不够了，孩子容易窒息，就抓紧时间提前生吧。后来小土豆在幼儿园碰到了一个同年同月同日生的伙伴阳阳，长得比小土豆还高大，却叫小土豆姐姐，因为小土豆是十二点生的，而她是下午生的，小土豆生气地说：哼，要不是你们，说不定我也是哪吒太子呢！

第二天，我和地瓜带着东西就直奔医院去了。八点钟我们被玉群姐安排好就开始打点滴催生，她说要到下午一两点钟，让我们耐心等待。那天有很多产妇，有的疼得厉害就大声哭起来。我自认为下港认识我的人不少，就一头钻进被子里。十一点多的时候，我也疼得受不了了，地瓜就去喊玉群姐。她看了一眼说，快快去产室，来不及了！我便被飞快地推到产室。乡村医院中午医生都下班了，玉群姐就一个人忙活起来，甚至让地瓜当帮手。十多分钟后，玉群姐说："生了个大闺女。"地瓜在一边说："长成个漂亮姑娘就行啊。"看到孩子我一下如释重负。刚出生的小土豆像极了她的姑姑，"栽了葫芦爬屋，生了侄女随姑"，真是一点不假。小土豆鼻子上有白色的小点点，后来二姐开玩笑说，到了时候还不抓紧出来，在肚子里熟过了。小土豆的眉毛像一条细线，地瓜说，长得挺好看呢。

先是喝了秀英给熬的小米粥。乡村医院没有什么特殊的规矩，又特别不方便,玉群姐说,马上找辆车把你们送回家吧。连阶家的二嫂也跑来看了,还在哺乳期的她给小土豆吃了第一口奶,那时她白白胖胖的儿子天然还没有一岁呢。

二嫂抱着小土豆,我们就这样回了家。

婆婆看见汽车,听说我们回来了,她老人家吓了一跳,一屁股坐在了地上。

抱起小土豆,爷爷奶奶乐开了花,他们已经有两个孙子,小土豆似乎来得太及时了。"我死了有人哭啦!"公公笑着说,因为在农村,只有女孩才是将来大哭他的人。

我被抬进我们的小屋。这是两年前我们结婚的那间小屋。老屋虽旧,但屋里被我收拾得特别漂亮,床单、墙围都很好看,墙上贴着画,门上挂着棉布帘子,上面绣着牡丹,在这穷乡僻壤有着别具一格的气息。

回到家就享受了不一般的待遇,婆婆把一切活计都揽了去。小土豆是吃了睡睡了吃,我则天天躺在小屋里,"坐月子"。

第三天,婆婆找来婶子大娘,说是给孩子开眼来了。三婶拿着一把剪刀,在小土豆的眼前铰了几下,就意味着开眼了。小土豆脖子上戴着小荷包,手腕上戴着小小的红辣椒。那时候奶奶还活着,小脚老太太,精瘦,见我每天闷在屋子里坐月子无聊,就经常来陪我说话,还拿来一个小扫帚帮我扫屋子,把自己的老棉布扯了来给小土豆当尿布。

小土豆是四月出生,农历初九,婆婆说女孩占九这个数有福气。天气越来越暖了,小土豆穿着奶奶亲手缝制的小棉袄,睡得仿佛只有黑天。三叔说,小孩子多睡觉好,可以长脑子。而我和地瓜怕她有问题,一个劲地晃她,几天后,脐带竟然弄破了,我吓得赶紧让婆婆去找医生,给她消炎处理才安然无事。

一周后,按照老家的习惯,要吃喜面。娘家拿着米、面、鸡蛋来了。那时候父亲还能骑自行车,载着母亲,哥哥、姐姐、弟弟他们也都来了,大家一起喝了喜酒,公公婆婆高兴得合不拢嘴。

喜面过后,地瓜就要回学校做博士论文的最后修订与答辩了。据说他返校后两个月不分黑白地修改，常常早晨听到晨练的起来了才准备睡觉，从那落下了一个背痛的毛病。小土豆长大后，地瓜常常喊她：来，给爸爸捶捶背。

我在老家整整待了一个月，婆婆每天给我做好吃的，小米粥里放进红糖、鸡蛋，酱色的柔柔糯糯的米昔让我着迷，致使体重猛增。满月那天，我的峰弟弟说，怎么能长成这个样子呢？是呀，天天躺着，看着外面的绿色核桃一天天长大，麦黄杏一天天水灵，听着门外树下的水在哗啦啦地流淌，伴着温柔的山风吹，那是段神仙不换的日子。

满月的时候，按照老家的习惯，弟弟把我搬回娘家"住满月"。弟弟骑着摩托车，我用斗篷把小土豆包好抱在怀里，沿着石门水库又窄又陡的山路回娘家。小土豆一声不吭，回到家母亲打开来一看，说：真丑。在我们老家一般不夸孩子好看，认为丑了好养活。母亲还特意把盖垫晒了晒，说这样才是"住姥娘家"。

在娘家住了近一个月，我让四姐从城里捎来了一款豪华的儿童车。母亲天天负责给我们做饭，我的活就是看孩子，真的很轻松，很快乐。当时小土豆天天躺在小推车里，两条小腿不停地踢啊踢的，母亲说，养了这么多孩子还没有一个是这样的呢！五月天雨水肥美，水果也多起来，母亲在玉米地里种了攀爬的豆角，豆粒很大的那种，父亲买了猪骨头来炖，那是想起来就想回去的日子。

天气渐渐热起来，小土豆的额头上长满了痱子，尽管弟弟买来了痱子粉，但因为在家里这么小的孩子是不能洗澡的，于是小土豆的额头上被厚厚地盖了一层。乡下的蚊子实在多，小小的孩子常常被咬得睡不着觉，晚上就哭起来，身上布满了蚊子叮的红疙瘩。我便央求弟弟把我送到十六中的家，因为那里毕竟有蚊帐，还可以给孩子洗澡。加上地里的农活又要忙起来了，我也帮不上忙，只能给他们添乱。于是熬到周六，弟弟用摩托车把我们送到了学校。当天晚上，秀英妹妹就帮我把五颜六色的帘子挂起来了，床上也挂了蚊帐。没有蚊子叮咬，大屋子也凉快，我就每天看书，还放音乐给小土豆听，没事就推着小推车在偌大的房子里走来走去。晚上睡得也很早，我的屋后是家属院里的人晚上消凉的地方，每每半夜我睡醒一觉了还听到有人在高谈阔论。

我每天都会在院子里晒上一大盆水，到中午最热的时候给小土豆洗澡，一只手拖住她的脖子，另一只手在她身上挠来挠去，惹得她咯咯地笑。过了不久，小土豆额头上的痱子退掉了，身上的疙瘩也没有了，肉长了不少。

有时候出去买菜，我就把她反锁在屋子里。隔壁的嫂子们会说，我给你看一会儿，不要把孩子独自放在屋里。我怕麻烦人家，最关键的是，那时候小小的她根本翻不了身，自然没什么危险。

天天盼着地瓜回来，七月他就要毕业了。那段时间他没有来信，突然有一天拖着个大大的箱子出现在我面前。他给小土豆买了个漂亮的天蓝色的小枕头，还买了橘色的有小灵通的小毛毯。一进门看见已经两个多月的小土豆，地瓜吓了一跳，惊讶地说，都长这么大了！我开玩笑说，给你换一个你也不知道啊。他说，不可能，出生时我就认准了这对细长好看的眉毛，错不了。

地瓜这次带了一只傻瓜相机来，我们三个的第一张合影就是在十六中小屋子里拍的，架起椅子做的自拍。我还给他们两个拍了一张坐在门口台阶上的，小土豆软软地贴在地瓜怀里，阳光很好，他们都幸福地笑着。

一棵大树挪走了

地瓜作为山大引进的人才，分了房子。他便打前战先到济南安顿我们的家。他回来就和我说买了什么家具，家里的东西怎样摆放。为了让我看得清楚，还特意画了草图给我，催促我们早些到济南去。

那是十一月一个飘着小雪的早晨，兴红哥、嫂子、翠玲，还有两个小侄女，把我的东西从下港往济南搬。大哥开的是一辆大货车，但我"一贫如洗"，除了拉了些我结婚时的棉被，再就是学校屋子里的几本被泡了的书。

说起我的书被泡，还有一个惊险的故事呢。那是我来下港教书的第四个年头，那个周六我们没有回家，因为下大雨了，"单身汉"们吃过晚饭道过晚安就各自回了屋子。我记得那晚我还在读书写东西。一夜的暴雨，正合适睡一个懒觉。第二天根本不知道是几点醒来的，往床下一看，吓了一跳：屋子里进水了！我唯一的家产就是床底下的那箱子书，拎出来一看，全都泡湿了！打开门向外一看，更是吓了一跳：院子里都是水，漫到门槛那么高了。我便大声呼喊，但一点动静也没有，整个院子空寂无人。我穿上拖鞋就往外跑，一个人也没遇见，恐惧占据了我的大脑。我跑出学校南门，往西河方向一望，咆哮的西河已经淹到我们学校边上了，原来是隔着好几块农田的。我奔过去，才发现我的伙伴们都在那里看山水奔涌呢。我嗔怪他们不喊我，他们说，不仅喊了，还敲了门，叫不醒，因为知道我晚上熬夜看书，就没再喊我。

那是我第一次亲见浩渺的似黄河咆哮而去的下港大河，从上游裹挟着锅碗瓢盆倾泻而下，还有很多其他日用品，从西山到我们学校完全变成了汪洋。后来我们才知道，我们乡的一个小村庄被泥石流完全卷走了。巨大的核桃树、栗子树被连根拔起，像巨大的船被洪水冲刷而下，我们呆呆地立在高处，大家都没有说话，即使说了也白说，大河咆哮的声音盖过了一切。

那是我第一次被大自然的狂野震住，惊骇得失语。

因为连续多天阴雨，我的那些被雨水泡了的书有些没有晒干都长毛了，一些公共课的书就只好扔掉了。

地瓜常常笑我说，八年，我两手空空离开了十六中。

也是，我把人生锦缎般的时光给了这片曾经养育我的山水，我不需要什么回报。那时候每个月挣的钱很少，父亲说，你拿来我给你存着，然后在我出嫁的时候返给了我。我吃上了国库粮，每个月学校会发一些大米，虽然跟我后来吃的大米完全不同，是秕米，但在农家是不容易弄到的，我全部带回家，母亲会筛过晾好，大家来时做大米饭吃。

到达济南已是下午了，大家饿得不行，翠玲就到楼下买了些点心垫垫。然后，将从家里带来的鸡炖了，就着馒头饱餐了一顿。

我和小土豆的户口及一切关系都已经到了济南。据说在当时办理落户需要花一笔叫作城市增容费的巨资，地瓜开玩笑说，我们俩就花了三块八毛钱。来到陌生环境的我，仿佛一只蜗牛在一点一点伸出触角，慢慢认识这个陌生的城市。首先是认识了一群和小土豆一样大的孩子，然后认识了他们的家长。有时候甚至会到宿舍门口的超市逛游，地瓜笑话我说：超市有什么好逛的？买了东西不就走吗？可我觉得新鲜，什么东西都要看好几遍，家里的东西也一样一样买齐了。

一天天过去，产假也要休完了，我的工作问题被提上日程。当时有两个选择，一个是去山大图书馆，有个朋友的夫人去了那里，负责给借书的同学递递借书证，盖个章，很清闲，还有一个就是去山大附中当老师。

当地瓜郑重其事地问我如何选择时，我脱口而出说愿意当老师，说完我自己也吓了一跳。好不容易有一个机会可以脱离这个被大多数人称作"孩子王"的苦差事，为什么又这样选择呢？

"好在是子弟中学，应该不会太累。"地瓜说。

那是过了春节后的三月份，一个高高瘦瘦的戴眼镜的老师敲开了我们家的门，他就是我们现在的陈校长——当时的教务主任，他说一个老师要休产假，真的不好找老师，让我去上课。原来他们从山大引进人才的家属名单上，惊喜地发现有一个教语文的老师，还是人大代表，觉得应该教得还不错。

我们给小土豆找了个小保姆，其实是个刚刚初中毕业的孩子，我便到附中报到了。当我走到学校附近，才发现附中就在老校西门附近，美丽的洪家楼大教堂的对面。我之前常带小土豆到山大老校去玩，那时候还只有南边的教学楼，北边的半个楼，西边还是平房。庄校长（当时也是教务主任）领我转了转，还特别说，咱们这个教学楼，是咱们自己掏钱盖的，没用山大一分钱。庄校长开口就是"咱们"，让我一下感觉到一家人的亲切，我仿佛在这陌生的城市找到了归宿。

我就这样中途接班，暑假过后还当了初三毕业班的班主任。当时自己真的很不适应，孩子们也很不适应。我觉得那是我在附中最难熬的日子，我常常说，树还小的时候好挪，大了真的难挪。大树也许不仅仅是根已经扎进深土，连枝干叶子都适应了老地方的水土。于我而言，当时一上班小土豆也极不适应，常常是晚上不睡，早晨两三点钟又会哭，我感到从未有过的困倦与忧郁。

我回家和地瓜说起自己的困难，还曾哭鼻子说要去图书馆，他总说，其实到什么地方都要适应，他相信我的适应力。没错，学着和完全不一样的一群孩子，与同事沟通，慢慢地，我变成这个校园中的一员，并且在这个教堂对面的小小校园待了整整二十年。

让我离教育再近一点

2013年,我终于暂时从班主任的位置上退下来,不是我不喜欢这个工作,而是我想离教育再近一点。

从毕业时还是个孩子们的大姐姐,到现在我的孩子已经上高中了,我一直从事着这个叫作"班主任"的工作。我似乎习惯了这样一种节奏,一直觉得,只有当班主任,才会直面孩子的心灵,进入孩子的内心,如果有一天我不当班主任,惯性也会把我折腾得跌跌撞撞。

在当班主任的时候,我有一个特别的发现:

我教两个班,当班主任的那个班,家长大多会说,孩子对我更多的是敬畏,说得更确切些,有些害怕;特别喜欢我的孩子和我特别喜欢的孩子竟然更多地出现在另外一个班,就连上课,在我自己的班总是不如在另一个班畅快,为什么呢?

在自己的班上课,一学期总有那么几节课直接变成了"班会课"或者叫"思品课",因为班主任眼睛里总是"揉不进沙子"。进教室时,也许发现值日生并没有做好值日,便要首先谈谈"细节决定命运",大讲"一屋不扫何以扫天下",不知不觉一节课就这样过去了。当然,班主任的课因为学生比较重视,成绩也不差,甚至更好。

到了另外一个班,那些鸡毛蒜皮的小事不再顾及,可以沉浸在文字的唯美里,甚至那些"调皮蛋"在自己的班里可能让你头痛得要命,但在另外一个班你可能觉得好可爱,连惹你生气都被认为是一种别开生面的创新，你不觉得奇怪吗？

没错，我认识到这些的时候，就想淡出班主任这个行列了，我希望我教的两个班的孩子都能真正沉浸到课堂中。

我曾听到有的班主任大声吼叫，一点也谈不上优雅与尊严，急不择言，偏激、讽刺、挖苦甚至歇斯底里，个别时候，甚至大打出手，拳脚相加。作为老师，我们是否该反思一下，面对正在形成人生观、价值观的孩子，我们"师者"的角色应该是什么？看着那个叛逆的孩子"不屑置辩"的眼神，我真的难过，我好想化身为孩子，伴在他们中间，成为一个完整的"老师"。

其实做副班我已经大大受益了，仿佛卸下了枷锁，和孩子们嘻嘻哈哈。那天逸飞的妈妈打电话给我说，我从来没有像其他老师那样大呼小叫地批他们，孩子们从心底里喜欢我，不，应该说是崇拜。

其实过去我也常常犯错误，课前的"暴风骤雨"之后，我还要还原到文字的清风细雨，和颜悦色，这种巨大的落差常常弄得自己万分尴尬。况且一堂课就仿佛一篇文章，要文气贯一，老师课前的"凶神恶煞"，似乎破坏了整堂课应有的舒缓基调，这堂课很难说得上是真正成功。

还原成一个普通的老师，你能看到"本真"的孩子。

学校安排办公室的时候，也会充分考虑工作的方便，班主任的办公室基本上都是和其管理的班对面。一出办公室，孩子们中的"望风者"便会发出信号，他们便会一瞬间端坐在位子上装作学习状，因此，孩子们在班主任面前其实是"假我"。有一次我从后门潜入教室，大多数孩子得到讯息而迅速变身，只有调皮蛋守廉没有反应过来，他大声说："你们怎么这么乖，简直像老高来了！"全班哗然，我也笑了："的确，是我来了！"我捏了一下他的小耳朵。

当我不是班主任，无论我什么时候到教室，孩子们仿佛没有看到一样，照样玩得不亦乐乎，三三两两转来转去，追来追去，斗来斗去，课本并没有按照"课前准备"的要求放在桌子上，更不用说笔记本了。他们高声讨论，大声喧哗，直到上课铃响起，仿佛才醒悟过来，把桌子撞得东倒西歪,像"土拨鼠"一样从书包里找出上课用品,还真有那么一两分钟的"慌乱无助"呢,但是,脸上的表情是真实的、生动的。

一开始我不适应,我甚至以"课前三分钟"为由让孩子们早早地进入教室,让他们安静下来,但坚持不了多久,你会发现,你已经入情入境地开始了,一个满脸是汗手抱浑圆篮球的男孩,冒冒失失地从后门冲进,或者一个羞答答的手牵一根双摇绳的女孩在前门喊报告。我曾想大声呵斥来晚的孩子,但是其中就有胆量大的,理直气壮地说:"老师,不是还没上课吗?"我哑然了。

我才悟出来,其实我没有这个权利,当然也想起了自己暂别班主任这个工作的初衷。

虽然作为一个特别有责任心的好老师,我特别想利用所有的时间,但是,我还是开始享受课间的这十分钟了。

小虎是我的御用捶背师,只要我到达教室门口,他就会从人群里跳出来:"高老师,我给您老捶背吧!"

小虎是个快乐男孩,只要遇到他,他就会笑着大声说:"高老师好!"边说边鞠躬、敬礼,但一不留神,就会被他吓一跳,因为他马上就会从身后拿出一个塑料瓶子,里面可能装有一只蜘蛛甚至一只蝎子。那天惊蛰,他拿着一个装薯片的小袋子,在校园门口见到我就急急地向我奔来,我以为他要跟我分享薯片。"我不吃!"我向他喊。"您肯定不能吃!"原来那里面盛了一只刚刚醒来的壁虎,吓得我马上跑开,而他却在我身后大声狂笑。还有一个早晨,他告诉我他有一只蝎子,下午放学的时候果然拿来了:"让您看看,但我怕被姚老师没收。"姚老师是他们的班主任。只是给我展示一下,就宝贝似的把玻璃瓶子揣在怀里,沿着墙根逃跑了。

我喜欢这种感觉,可以离教育更近一些……

煦是我喜欢也喜欢我的女孩,她画了大朵的玉兰花给我,绿色的、紫色的、红色的,贴在我办公桌的后面。那天煦专门跑来告诉我,说这是荷花玉兰……

原野花开
——我和我的语文组

1998年春三月,穿上浅色牛仔裤、乳白色大衣,梳着麻花辫,还是青春洋溢年龄的我,到洪家楼教堂对面的山大附中报到。那时还实行教研组办公,白底红字写着"语文组"的牌子钉在南二楼最东头的那一间,现在走过那里还倍感亲切呢。

那时语文组不足十个人,有两位长辈——安德芳老师和王菊玲老师。

安老师是工会主席,犹记得她常组织我们跳绳比赛、踢毽子比赛。学校管理一直比较人性化,从不强制点名,她却十分认真,每天下午第四节课后身着优雅裙装在旗杆的位置点名。还别说,那时我跳绳、踢毽子都不在话下,还曾参加山东大学的教职工运动会,艳辉姐跑最后一棒,我跑第一棒,我们曾以拉开别人半圈的优势获得女子接力赛第一名。更宏大壮阔的是大合唱,所有的人都化了妆统一着装高歌《山丹丹花开红艳艳》,当然还有《黄河大合唱》,出口即慷慨激壮,爱国好像花开河流般简单又肆意。退休后安老师上了老年大学,弹琴,读书,美衣,美食,保持着曼妙身材窈窕舞姿。现在连意气风发的艳辉姐姐都退休了。

王菊玲老师那时是备课组组长。我初来乍到,似一棵榆树被连根拔起,本就不适应,孩子不到一岁,学校还安排我担任初三毕业班的班主任,工作压力很大,我简直抑郁了。是她温和地指导我,记得那时我不会用投影仪,她便在放学后把我领去她的班,一项一项细致地让我实践,至今还难忘夜幕下她推自行车走出校门回家的背影。她毫不掩饰对我的喜爱，几年后她退休搬出办公室，非要我坐在她的位置，那是办公室最里面的座位。我不好意思，但又不好驳她的好意，红着脸搬过去。她之所以这么做，是顾及我的孩子放学后还要在学校等我很长时间，那地方恰好可以给孩子安一张小小书桌。后来每一次联欢见到她，她都紧紧地握住我的手嘘寒问暖，牵挂我的工作和孩子。

最难熬的当然是中途接班。那是一个别人已经带到初二的超级难管的班。我其实在乡村的时候也曾带过很难带的班，但没想到这个班超出了我的想象，无论我怎么努力备课，怎样变换方法，他们就一个字——乱！这是对我最大的挑战，我仿佛坠入了黑暗。

要强的我一直不明白其中的原因，直到有一年教师节。那时我正在办公室备课，一位漂亮女士手捧鲜花来敲门："请问高老师在吗？"我抬头看，并不认识，我想也许是家长吧，便起身打招呼。她把花放在我的办公桌上，在我身边坐定，问："高老师，您还认识我吗？"我愣住，的确不记得了。"我是鑫呀，那个爱给您捣乱的丫头！"我这才一下想起来。"我这次来，主要是看看您能不能教上我儿子。"原来鑫毕业后留在山大工作，这些日子她总是从公众号上见到我，今天去定陶校区讲读书，明天去青岛校区讲语文教育，后天又去千佛山校区讲写作……我和她调侃那时他们课堂上捣乱的事，她说："其实您不知道，我们什么课都乱，因为我们从初一换了四个班主任，不断换老师，学生和家长都不满意，不是冲着您去的。"

我这才释怀了这么多年的苦痛，我一直以为是我刚刚来到这里，一个农村丫头普通话又不好，让他们看不上。送走鑫的那天我竟然像得了宝贝似的开心。

我从来没有像那次一样盼着孩子们毕业，因为只要他们毕业了，我就可以拥有自己的亲学生。真的应该感谢庄校长，他每次见我都开导我，说不是我的错，只要好好做好自己，学生不听是他们的损失。没错，即使他们乱说话不听讲，我还是照常做好自己，还在心里发狠，把他们送走，我一定要带一级自己的学生，并且把他们带好。

那时初三上晚自习，虽然我的孩子很小，但也只能去老校西门吃碗拉面或喝碗馄饨，现在想想真的是度日如年。不过真的如我所愿，他们毕业后我接着教了初一，从一开始立规矩定班规，选拔班干部和课代表，到班级文化建设，我都提前准备，我的班在年级遥遥领先。但是初一下学期，我又被学校临时调整到初三，因为学校师资突然出了问题，我接手后带了那个班近半年，虽然那个班出了一个中考状元，三个济南市前十名，但我不认为那是我的功劳。那届学生毕业后我马上回到了自己原来的班。我离开的那段时间，有老师帮忙带班，孩子们竟然叫她"狼外婆"，盼望着我回来教他们。我第一次从初一带班就带出了济南市优秀班集体，我也被评为济南市优秀班主任，记得那次评选非常严格，我仍然是讲故事，讲我班那些孩子的故事。

即使如此，我仍然是不自信的，初来的时候，总觉得配不上这么好的一所学校。当时我们学校因为中考成绩突出被称为"中考状元的摇篮"，语文组的大咖也很多，这种自卑使我有了逃走的想法。

那时济南市组织青年教师素质大赛，要求以区县为单位组织考试，我想，坏了，那个倒数第一一定是我，我悄悄地潜伏到传达室，想着他们坐车一走我就逃回家。当时我住在老校二宿舍，走着也就五分钟。

真是机缘巧合，赵校长恰好经过传达室，他一眼就看到了我，说："你们不是要去区里考试吗？车来了，快上车！"没有躲避的可能了，我就跟着去参加了考试。

考完试回来真的很忐忑，有种被煮烫的焦灼，但是没过几天，历下区语文教研员王霄汉主任亲自打电话给我，说我考了历下区第一名，让我抓紧时间准备去参加济南市的比赛。说实话，听到这个电话的我仿佛被大赦一般惊喜，我知道历下区教育在济南市那是响当当的，名师那么多，我竟然考了第一名，说明我的实力并不差。这是我第一次找到自信。

从此，我便遵循学校的规律，从初一送到初三，再回来从初一带到初三。后来，也中途接过初三的班，但是一直在做班主任，那时候我们还没有副班主任这种配置，都是一个人带，最多的时候我曾经带过七十个人的班，慢慢找到了和城里的孩子交往的方式，也渐渐在语文教学方面摸索出了属于自己的独特方法。我开始被学校任命为备课组组长，那些年真的很拼，要强的性格不允许自己带的班是差的，心里想：付出不少于任何人的努力，其他的交给时间。

现在孩子们来看我还常常说，小土豆放学后总是和小伙伴们在校园里玩，而我要么在班里陪着我的学生学习，要么在开班会。

后来小土豆上了小学，就和我的学生一起坐在教室里写作业。那个时段叫作"以校为家"。

当然，我也把语文组当成"亲爱"的家。

大姐淑斌，很淑女，天天保持美丽的模样。那时候她是我们的教研组组长，领我们做课题，也一起聊好吃的菜，好看的书，尤其喜欢传统文化，后来还真的教过几年传统文化，现在也退休了……

二姐赵赵，十分博学，《红楼梦》《诗经》，花朵树木，无一不精。她的书《课堂，诗意还在》我曾读过好几遍，细致之味、罕见之物她都能一一讲述。她给孩子们讲《读书这么好的事》，她给家长说《慢慢地，会很快》，她在文学生活馆讲诗歌，粉丝无数。每次见到她，问她读什么书，她会给出不一样的答案，但所读之书封面都是一样的精致，手上银镯身上牡丹，女人当如是。她选择了提前退休，但又被瀚阳小学聘去教书。

三姐史伟比我还晚来半年，浅色小西装马尾辫，英气逼人，如刚刚下课的大学生。我俩一起带初三，那时还上晚自习，于是每周都有那么几个晚上，我俩相约去老校西门吃碗拉面或喝碗馄饨，我和三姐都豪放，敢放大勺的辣子，吃完到班上给孩子们放一曲长笛伴他们写成长故事……真想再和三姐约黄昏时分如从前样吃上一碗，遗憾的是老校西门早已被整治得整整齐齐，两车道通行，哪还有拉面铺子馄饨摊子的半点踪迹？

四姐爱侠说起来还是我的同学呢，我俩同一年考取山大文学院的硕士研究生，在学校上完课，急匆匆骑车去山大文史楼是我们共同的记忆。当老师又当学生，个中辛苦我俩最知晓，只是毕业后她不声不响地又读了博，我则被各种各样的杂事裹挟，四姐也曾鼓励我抽时间再读，但至今日也还未行动，可见一切都是借口。

我排第五，余下人都比我小。

波波是我们组的"葱花"。附中女老师居多，包括我在内的几个更是被人戏称"博士后"——都是因为先生作为人才引进而被安排到中学来的家属。他颇享宝玉在大观园的优待，男人竟也有长得那么好看的，姐姐妹妹们都与他说笑。但他后来在教科室独居一室，现在的他已是博学沉稳的集团教育教学研究院院长。他也时常到办公室人多的地方来证实自己还会说话，那一刻，幽默诙谐有趣搞笑的波波瞬间复活。同一个备课组的还能看见狼狈不堪的波波，因没有按时完成分工任务而受到备课组组长姜姜的训斥。他著有一本书叫《每一棵树都开花》。

姜姜快人快语，她与孩子们真正是无缝对接，她深谙少年心事，课堂上机智亲切友好大江大河，课下涓涓细流凤眼飞渡，亲见她步履匆匆心急似火，也亲见她气定神闲温情如水。

后来学校发展神速，大批的年轻人加入语文组大家庭。先说这一组：张萍、孔磊、李彦、夏悦红和刘霞。

萍萍写一手漂亮的小字，一手漂亮的文章，那年她从众多的招聘者中脱颖，大家都说那手漂亮的字功不可没。不错，字如其人，她总是浅浅地笑。那年她当班主任遇上个特殊孩子，一个空矿泉水瓶子从窗户里掷出来，连我都沉不住气了，她稳稳地安慰他，内心自有笃定。上次一起带初三去一中送考，老师们虽被安排到图书馆等候，但大都闲聊，唯有她安静地在角落坐下，拿出随身本读书写东西，那幅画面好美。

孔磊是我们组的外交部长，只要见过一面肯定有你的电话，不信你打打试试，有孔磊处必笑声不断。他总是能抓住细小绳线点燃全场，你若去观看他班的跑操，必惊叹于那简直就是移动的豆腐块。但这还不是最令人称奇者，我们总不明白孔主任（他是政教处主任）用何妙招制胜策略使他的学生俯首帖耳，据说他班学生只要从办公室门缝里窥得孔老师的包尚在，必全班静寂大气不敢出，简直了！

历下区的老师应都听过彦的课,《芦花荡》《我的母亲》《惠子相梁》一路凯歌高奏,或者至少看过她上的《草房子》《小王子》读书课。她指导的元旦联欢晚会上的表演,那真叫一个绝!当然她最厉害的是掌管《三月》文学社,那年曹文轩老师能来校她可是幕后英雄,场面盛大她指挥若定、有条不紊,洪家楼拥堵,整个校园水泄不通,她只站在角落看繁华落尽,转身进了教室,她还是一班的班主任。

小夏现在可是拥有两个小棉袄的一等公民,大女儿上高中了,小的还在幼儿园。你若见她风风火火路过,就真正懂得质朴与执着。记得那年全国上下都在热火朝天地学习某种模式,我们也被拉到学校听课,说实话,各种风潮来的时候我们基本都是姑且听之,我们自有自己的坚守。但在楼道碰上她,她竟然难过得哭了,我才知道她对教育的忧虑与痛楚已超越学校院墙。

霞的到来仿佛是上苍的安排。那年我去章丘听课,挑选省优质课种子,在众多的参赛者中识得她,下课便和她要课件算作观察,吃饭时忙了解她的情况,她教过音乐,但因为对语文的痴迷,曾多次自费去外地学习吟诵。回来填写听课报告时,我迫不及待地给当时的济南市教研员杨老师说起,杨老师马上组织几个老师去章丘,霞直接获得了省优质课评比入场券,最终获得一等奖。杨老师多次说我是伯乐,她说发现一个好的语文老师太难了,我知道她才是真正的伯乐。后来我向赵校长汇报并伸出橄榄枝,她来了,在名家人文教育高端论坛暨名师课堂研讨会上执教《她从诗中来》,与她的孩子们吟诵《诗经》,声震全场,获"奇女子"别称。

霞也一直感念我的"知遇之恩"。生日那天会收到霞快递的雏菊,一定用一个超漂亮的大玻璃瓶装着,捧在怀里的感触只有我知。我去年被派往青岛,霞又协同欣和玲玲给我置办居家所需,锅碗瓢盆都选最好看的,还细心拟具"北泊子村居家指南",她是贴心的小妹。

这几个凑一起绝对热闹,孔磊企图调侃彦,彦刚要飞脚,萍萍一旁斜着眼笑,霞长调一声"孔哥哥",若小夏出手,孔磊绝对落荒而逃,小夏可是不按常理出牌的……

　　说说子韬和金锋这幸福的一对。本来那年他们是来救场的，开学了招聘的老师竟没到位，刚刚结婚的小两口带着喜糖就来了，没承想两个都成了正班，还挑两个年级备课组组长重任。子韬谦谦君子，金锋扎扎实实，同在一个备课组时子韬给金锋续茶，我们也都跟着沾光，两个人演绎最好之相处模式。两个人不仅课讲得棒，也颇得大家信赖，不管什么艰巨任务，回复总是坚决完成，此路不通换条径，那路还不通绕着行，总之是前行，从不抱怨从不讲条件从不气馁，更不会轻言放弃。子韬还研究科技对语文教学的辅助，还喜欢摄影。当了一年初三年级主任，现在做了瀚阳校区初中部的负责人。

　　维丽、雅融、周昊这仨丫头属同龄人。

　　现在学校把招聘新教师这活下放到教研组了。大家都知道现在中文系的优秀生肯来做中学老师的不多，所以每年的招聘都进行得很早，但也常常白忙活。2009年那年的招聘至今印象深刻，到场的应聘者按名单顺序讲完后，我们看好了一个已经出过诗集的男生，但名单上还有个女孩没到，我电话打过去她忙说着对不起。一会儿，一个穿白裙子的女孩来了，我告诉她喘口气。她讲的是《亲爱的爸爸妈妈》，我喜欢她，但那年我们只有一个名额。有趣的是，那个男生后来另有高就，我便给她打电话，据说她已经与别的学校签约，只听我一声呼唤便来了。她就是维丽。北楼三年记得她哭过，为教学为生活，但也成就她。那年宗达组织青年教师讲课，还让他们自选篇目，简直是折磨。我给维丽推荐朱自清的《冬天》，因为我喜欢。她讲课我坐在后面同她一起紧张，不过她一课成名，获得了历下区第一名。后来和我们一起做课题研究，成了学校德育课程的负责人，还去辅仁一年。几年时间她读了研究生结了婚生了俏丫头，回来后又一头扎进教育教学，她聪明好学，做事总追求尽善尽美，从来不说苦从来不言累，虽常常加班到深夜。现在她可是青岛校区的教务主任，教学上精益求精，还又生了二娃淘淘。

　　后来不知道哪个好事者发明了年级办公，还发明了师徒结对制度，又加上我七八年未曾去初一，再来的年轻人似乎都没有在一个战壕里的感觉了。

我和雅融以前没在一个办公室待过，对她的了解多停留在刚来那会儿。她机灵又勤奋，见到她高大帅气的军哥哥，化学老师付蔚说：放心吧，你们家雅融人见人爱，不愧是军区大院里长大的孩子，懂事着呢。后来她生了暖男一枚，今年的三号楼终于坐在了对面，时常得到她温暖的照顾。

与周昊倒是坐了一年对桌，见她下课就和学生面谈，一有空就整理资料。彦感慨地说，昊昊家的衣橱必是整整齐齐的，看她整理的古诗词就知道。周昊现在是双胞胎女儿的妈妈。

我的弟子晓宇。每年招聘都说有男生尽量要男生，晓宇出现在我们的视线里，看上去十分精干，一看简历，竟然是90后，不由得惊叹，我工作的时候他还没出生呢！也许因为此，他们年轻人上课我很少说你应该怎么上不应该怎么上，我想起那句"夏虫不可以语冰"，许多历练都需要他们去亲受而不是告诉。我和他在一个办公室待了两年，看到了他的努力，他安静地读书，认真地批作业，倾听孩子们说话。他班有个女孩博学多识，常在课上为难他，我告诉他那一定是上天派来的，使他不轻易走上讲台。那年我俩带着学生去北京参赛，他买票组织从容沉静。也有老师可以参加的写作比赛，我鼓励他去，他竟拿到一等奖。他曾负责学子讲堂，那天给他出主意他竟激动得午休不成，现在成了成熟沉稳的初三年级主任。

三个小龙女，李欣、郭琳、付美。和欣今年也一个办公室了，见过她在走廊展出的摄影作品，是她领着学生选修课上完成的，实在美！今年我们初一一想把阅读和写作都做成小册书，没承想这丫头把它们做成了艺术品。阅读手册《微光》的名家名篇导读，每一个栏目的设置都匠心独具；写作手册《墨香》的雅致品味让学生爱不释手，点点滴滴都是她假日里的辛苦，更是一个才华横溢的老师轻轻的濡染。近来历下网传她多篇文章，令我们欣喜。在接班上这姑娘有神功，她曾给全集团的班主任讲述"小秋",那是她把一个乱班治理成好班的样板,还研发了班级文化产品,后来她还参加学校的假期课程,不论是"疯狂的鸡蛋",还是"小纸人""星际逆航",都有她的金点子。

郭琳当了备课组组长,每周一在升旗仪式后给孩子们推荐书目。我难忘她上的《社戏》《最后一片叶子》,总透着那么一股清新甜美的灵气。

付美是古代文学的痴迷者,招聘时我就印象深刻,到现在还保持早上晨诵古诗文的习惯,设计传统文化课程,特别是暑期完成了《论语100章》的选定,成为我们2016级孩子的晨诵材料,现在她已经去北京啦!

丽秋是后来来的,还是我向学校争取的一个名额,但她在千佛山校区,只是偶尔碰面。今年暑假培训她写的感想令我高兴,有灵气。

后来学校接管了辅仁,那边还有郭延云和王春红两个老师。今年我们也在一个备课组,他们都务实努力,因为辅仁那边的孩子不同,总考虑如何依据孩子具体情况施教。他们总是那么谦和,总是那么随和。

后来还引进年轻的专家学者型教师——学东,他在济南语文界早已人人皆知,年纪轻轻就获得了全国级的很多奖项,还做了一个学校的校长。对语文教育的痴迷使他放下一切来到我们这个团队,现在他是集团学生管理中心的主任。

这就是我们语文组原来初中部的二十五个人。后来集团不断接管学校,"四地十二校",只语文老师就超过了原来老师的总人数,教研活动时才发现洪家楼一楼会议室竟然坐不下了!正如我们的QQ群名——原野花开,不像花园中被精心修剪过的花朵,每个人都不同。虽有时我为了"掩护"他们而被领导当场揭穿有过尴尬,虽有时为了应对领导的命令,也只好无奈地向他们分配自己也不喜欢的任务,虽有时为了一项任务我们争得面红耳赤,但我们是一家人,彼此相扶,没有什么可以阻挡我们勇往直前。

原野花开,没错,我们语文组老师拥有一个属于自己的桃花源,有雍容牡丹也有带刺玫瑰,有春日连翘夏日荷,也有秋高菊英冬梅雪,自由又自在。任外面喧喧嚣尘自是高山湖海阻隔,心远地自偏。

想起饺子

今天突然想起饺子。

童年时饺子总是跟新年连在一起的。

十二月的天空在童年的记忆里也是湛蓝湛蓝的。那时的年特别长，因为一进腊月，年味就浓起来，大人们忙着置办年货。那时的年货似乎也格外"丰富"，因为所有东西都要自己动手做，不像现在一切都可以从商店里买。

首先是要摊下许许多多的煎饼，那时一般人家都吃不到纯玉米面的煎饼，大多要掺一些地瓜面进去。先要把地瓜晒成干，用小推车推回家，母亲为了干净，常常半夜里还在挑选那些好的，剩余有根的和皮多的用来喂猪。地瓜干是直接在地里旋成片晾晒，母亲还要用刷子一片一片把上面的土刷掉。下午放学回来，我们就在大姐的率领下去碾上把地瓜干弄得碎一些，只有这样，晚上我们才可以推磨，石磨把半碎的地瓜干碾得更碎。姊妹六个像一串蚂蚱一样围在石磨周围，说说笑笑叽叽喳喳，有时还闹起来没完。

父亲母亲各自忙着他们的事，有时父亲会叮叮当当地打铁，收拾他的那些铁锨和锄镰，他不像别人送到铁匠铺去请人打制，我知道一是为了省钱，二是他总觉得自己拾掇的用着顺手；母亲则正往饭屋里放柴草，还要把鏊子放好，甚至把擦鏊子的油毡子也放好。我们闹得整个院子不得安宁，他们仿佛没有听见似的。母亲会把玉米面掺上一些地瓜面和成糊状，第二天我们就可以吃到煎饼了。有时摊煎饼时还会加几个柿子，母亲在鏊子上先把煎饼摊好，然后把熟透的柿子揉碎了摊在煎饼上，这样本来就香甜可口的煎饼再加上红彤彤的柿子，简直就是一件艺术品。那时我们就蹲在鏊子旁，外面寒风料峭，而围在母亲身边争着抢着吃柿子煎饼的我们脸上还冒着热气呢。

要蒸下一大瓮的馍馍，其实说窝窝头更精确些，因为那根本就不是白面的。有地瓜面的，熟了就会黑黑的，干了简直都咬不动，有时干裂得不能吃了。有玉米面的，较地瓜面的高级些，我家因为父亲开了些小地，较早地吃上了真正麦子面做的馍馍。那时我放学后第一件事是上坡搂柴火。深冬的原野里，所有庄稼都已收完，地旁坡边的草，枯死后被北风吹断，我就用笣子把它们弄回家。那时母亲常夸我能干，我能比其他的孩子扛回更多的草，硕大的篮子被塞得像一座小山，我简直被它覆盖了；走在路上就像一座柴草垛在"行走"。

不知三姐从哪里听说只要吃了馍馍的尖顶就可以长高，有一次她竟争着烧火蒸馍，当大家回家吃饭时，才发现整个锅里的馍全成了"秃子"。这个故事我们说给三姐的女儿敏听，把敏笑得喘不上气来。

那一年父亲开了一块地，种了些小麦，收割后，父亲打算让我们吃一顿真正的白面馒头，但母亲舍不得，就掺进些玉米面，又掺进些地瓜面去，美其名曰"三合面"，即使如此，当暄腾腾的馒头出锅的时候，我们还是把锅围了个圈。

菜呢，我们就煮一种叫"杂菜"的东西。顾名思义，杂货菜，白菜帮、海带、萝卜、干豆角、胡萝卜、藕……具体有多少种我记不得了，总之是不断地煮。不管平时怎样贫困，父母总能在大年三十这一天让我们啃一顿骨头，那是在大锅里煮的，往往是从早晨就开始，到下午，那些大大的骨头甚至酥软到可以用牙咬了。这一顿管够，我们声势浩大地每人端了一盘骨头围着磨盘啃，啃完了还要用石头砸开吃里面的骨髓，我就是那时知道了什么叫作"敲骨吸髓"。一开始大家都忙着过嘴瘾，过一会儿就彼此嘲笑"啃姿"，一家人好不热闹。煮骨头的汤就放到杂菜里面。我觉得那才叫过年，那才是真正有"年味"的菜。杂菜有点像现在街上卖的"酥锅"，白菜、藕、海带都煮得烂烂的，因为有猪皮鸡爪，只要放一宿就冻成肉冻，整个正月，每天吃饭都到桌子底下的杂菜盆里舀上一碗，现在想起来还直流口水呢！

可真正盼望的还是饺子。

因为不过节，那时谁家舍得吃上一顿饺子？而年三十是真正让吃饱的，按照风俗，年年有余嘛，必须吃完了还要剩下一些才行，馅也要剩，后面再吃一顿。这才叫过年！

平时过节也会包一些饺子，但过生日是不包的，不知是谁说过生日吃饺子会一年吃气，也许是因为它的样子看起来气鼓鼓的吧。过生日时母亲会给我们擀一碗鸡蛋面，父亲最喜欢吃鸡蛋面，平时母亲也会擀一些，因为父亲要干重力气活，那是对他的奖赏，我们一般捞不着。但生日时那一碗是专属于我们的，那种享受真的不是现在的孩子可以想象的。

六月六、八月十五也吃饺子，但不是随便吃，那时家中加上奶奶是九口人，包好大一盖垫每人也才分得一小碗，母亲会拿出煎饼或窝窝头，让我们就着饺子吃，我就常把饺子卷在煎饼里吃，把它当菜。但姐姐一小碗就怎么也不够，于是姐姐就自告奋勇去烧火，可以多分两个饺子。

后来不知三姐从哪里听说榆树的皮磨成面可以和了地瓜面包饺子，让我们分外兴奋，因为地瓜面是不缺的，但只用它包不成饺子，地瓜面太散，扔到锅里就成了一锅面汤。榆树的皮刮开就是一条一条像绸缎样的白色内皮，在碾上碾碎，用罗把它过细，揉到地瓜面里，那面真的神奇地变黏了，那些日子我们乐此不疲，吃了好多次，尽管没有麦面的好吃，但总算过了吃饺子的瘾。

那时真不敢奢望可以经常吃到白面的饺子，但常常发誓，如果有一天有了好多好多白面，一定天天吃饺子。

后来结婚了，日子也一天天好起来。再后来，小土豆诞生了，休产假的那段时间，我真正体会到了什么叫"闲"，脑子几乎可以不动，就整天地想着如何包饺子吃。地瓜也喜欢吃饺子，并且包得一手好饺子。

先把面揉成长条,切成菱形面团,切得小小的,然后擀皮,我擀皮的技术可谓天下一流。他包的饺子小巧别致,每一个褶都匀称合缝,在盖垫上一圈一圈扩大开来。我常常和他开玩笑说,如果将来有一天失业了,我们就到街头卖饺子,照样可以养活一家人,并且还可以整天吃到饺子。

　　包好了,我去下饺子,常常要点两三次水——水开了就再放些凉水进去,如此两三次。若饺子鼓着肚子,好像生气的样子,那是还没熟呢。点水两三次后,再掀开锅盖煮一会儿(韭菜的除外,开锅就可以盛出来,否则用婆婆的话说,把韭菜煮成菠菜啦),一盘一盘白白嫩嫩的饺子就上了桌。地瓜负责捣蒜,细细的蒜泥,加一点麻油和醋,如果可能再加一点芥末,那种冲上云霄的感觉很是刺激。如果是夏天可以喝一点啤酒,冬天则可以喝一点白酒,就碧绿的腊八蒜,按照老家的说法,"吃饺子不喝酒等于喂了狗"。

　　我们还想尽方法变换馅,最喜欢的是羊肉香菜。当然也不是一般的羊肉,回老家时就会从山上杀羊的人家买上好大的一块(据说这种羊是真正的绿色食品,喝的是山泉水,吃的是中草药,连喘气都在森林氧吧里呢),放在冰箱里,冬天可以一次剁一大盆。我常常在阳台上挥刀整整一小时,为此地瓜还特意买了绞肉机。一块一块绞好了用保鲜膜包好,一次拿出一包,再买来新鲜的香菜切碎了放进去,浇上一层花生油,加味精、酱油,多放一点盐(咸一点更鲜香);也可以加胡萝卜,秋冬时节的胡萝卜简直就是"小人参",又好吃又大补;还可以加洋葱或青萝卜。对了,鲅鱼馅的饺子也好吃得很,鲅鱼肉多,把脊骨剔掉剁碎加上香菜,简直是人间美味!

　　上班后就不能常常吃到饺子了,有时星期天包一点,又要和面又要搬桌就显得特别麻烦,也不知为什么渐渐地大家都忙得没有了那份闲情逸致,饺子也就远离了我们。有一次我突发奇想,趁地瓜不在家偷偷包了给他一个惊喜,吃饭时他狼吞虎咽地说:"真好吃啊,干脆全职了吧?"我怎么可能真的有闲暇呢!山大路上有一家店专做鲅鱼饺子,有时间我们一周要去好几次,也不贵,有时还故意多买一些,回来用电饼铛煎着吃。

也许是小时候不能随意吃饺子,也许是她们都知道我爱吃饺子,也许是乡村最古老的隆重待客礼数,每每回到老家,母亲和婆婆总爱给我包饺子吃。在母亲的概念里,直到今天,饺子仍是最高的礼仪。她们直接从地里割回韭菜,在井水中洗得翠绿,再加上黑木耳,把鸡蛋炸得金黄,拌一把虾皮,下出的饺子透亮的绿,我常常吃上满满一大盘。婆婆有时从地头摘一个嫩北瓜回来,为了好吃,甚至摘下北瓜纽,不用挤出嫩嫩的绿绿的汁液,加一些稍微肥的鲜肉,再放一点花椒面进去,面要和得软一些。我擀皮,婆婆包,聊着五叔家的妹妹生了孩子,三叔家的弟弟领回家的新媳妇,包出的饺子鹅黄鹅黄的,我吃撑了,婆婆就领我去地里摘老豆角。晚饭她就不再叫我吃饺子了,会让我吃煎饼卷炒豆角,但我还是吃得特多,常常被一家人笑没出息,而婆婆总护着我:"一顿半顿的还能吃胖了人?"以后谁再笑我,我就频频引婆婆的名言,乐得她老人家笑弯了腰。

婆婆喜欢清晨早早地起来包饺子给我们吃,特别是回家过年的时候,她心疼我们平时上班睡不了懒觉吃不好早饭,就总嘱咐我们冬天没事不要早起,每每我们起来,她早就包好了饺子等我们。有时下了厚厚的雪,她甚至把热气腾腾的饺子端到我们的床边,她永远拿我们当没长大的小孩。

冬天农村没什么事,我买了大房子,有暖气了,便给婆婆打电话,希望她能来。接电话的是二哥,说婆婆近来身体不好,前两天跌倒了,正在挂吊瓶,听着听着我竟说不出话来了。

我爱笑的婆婆已经离开我好几年了,再也吃不到她笑盈盈送到我身边的饺子,好在老妈还腿脚利索,回老家最大的享受,就是和她一起,坐在木桌前,聊东聊西地包一顿饺子。

记得往事一箩筐

一箩筐旧事就这样随意地涌出来。

记得小学我用的铅笔大都是铅笔头,有自己用到手拿不住了的还在用,也有干值日的时候捡到的别人扔掉在我看来还可以用上一阵子的,写作业的时候就很卖力地倾身到这些小小的铅笔头上,母亲见到总是夸我会过日子。那时铅笔三分钱一支,素面木棍裹一支铅笔铅在里面,用的纸也是极简易的,有时母亲下挂面的时候也会把裹挂面的纸攒起来给我订成本子用。

记得我们家曾养过一只巨大的狗,那是弟弟的坐骑,常常是吃饭了弟弟还在狗身上不肯下来,奶奶就对东子说"骑狗烂裤裆",东子才不管这些呢。打狗队来村子里打狗的那天,它神秘地消失了——如早就知道消息似的逃进了西山。后来姥爷听人说在西山见过它,就跑了两天找遍了西山把它找了回来,它竟也难逃厄运,在胡同口南边的杀狗架上被处死,我们还分得了香香的狗肉。但我很长时间都难忘它被吊在那里头朝天龇牙呼啸的样子,记得弟弟因此而大哭一场。

记得那年运动会,开幕式花样纷繁,各个班都想破了脑袋想创新,刘硕他们几个竟然想到了租鸽子的妙招,瞒着不让我知道。走过主席台时雪白的鸽子冲天的一瞬,惹得整个操场沸腾,让人至今难忘。

记得那年去香港中文大学,地瓜正在那里做访问学者,我穿着厚厚的羽绒服战战兢兢地和小土豆一起坐飞机,那是人生头一遭。武汉停歇的那一站我始终惊恐万分，生怕飞机起飞了我们被落在一个角落。今天说起来还忍俊不禁。到达时地瓜穿着短袖衫来接我们。那个时候没有电话，熙熙攘攘车水马龙，要是找不到怎么办？今天想来都觉得神奇，走过罗湖口岸第一眼就看见了他。到香港第一次用八达通坐地上小火车，一犹豫我被落在了外面，据说小土豆哭喊着说不如丢了爸爸，因为爸爸地形熟还可以找回去。我战战兢兢坐了下一趟，找到了在车站等我的父女二人，小土豆的泪痕还挂在小脸上。

坐落在山上的这座美丽的校园给我们留下了深刻的印象。我领着小土豆在阔大的运动场上背唐诗，吃帝王蕉，思考"止于至善"……晚上，在山顶俯视万家灯火一片璀璨，小土豆捡到一串玻璃珠，宝贝似的一路捧着。去大屿山坐索道，去香港海洋公园感触大航母般的鱼在头顶滑翔。

竹林、绿树、幽静、繁华……那些快乐得要融化的日子。

记得很久前一个晚上，和好朋友克与颂吃了一顿便餐，那天地瓜喝了太多的酒，一路呕吐不止，很久不曾见他这样，我突然泪奔。那时我们过年的时候总是放纵地喝着高度数的白酒御寒，记得那年我喝多了站都站不住，错过出去放鞭炮烟花……但是今年大家喝得很谨慎，大哥二哥似乎血压都高，地瓜也没有了往日的不顾忌，我们只是浅浅地喝一点点。

我的学生瑞送我《今生所有相遇，都是久别重逢》。那天我就在教堂对面的那个小小的办公室里，一个人一直读到九点半，一页一页读完。那天下了好大的一场雪，我沿着自己一路看樱花的小桥前行，突然在那棵大树上看到那张脸的印记，我打开手机去照，手机提示我存储已满，那是困扰我很久的一个问题，我让很多人帮忙，可是一直未果。就在这个下午，我静静地用羽绒服上的帽子把头盖上，静静地谛听雪簌簌地落在我的头上身上，我把很多没用的黑色照片删掉，我的手机屏幕再次恢复成我喜欢的花朵模样。我想，我为什么来这里，眼前就是来了十年却一次也没有走进的小小的教堂院子，那个印记也许是指引，那个天籁之音也许是昭示。

记得那时冬夜真的凛冽，我们用什么抵御寒冷？每人一大瓷碗小米面糊糊。炭炉子上永远坐着一壶已经开了的水，黑黑的水壶代表着它的年代久远，母亲总是先用热水把每一个人的大瓷碗烫热，加一点小米面，搅匀，然后烧得滚烫的水便飞流直下，冲得小米面翻腾奔涌。同时，母亲的右手也不停歇地搅啊搅，一大碗小米面糊糊便糯糯地漾开来，有时还会加一点白糖，我们一人一碗，吸溜吸溜地沿着碗沿喝，连碗底的都不剩。

记得有一次讲到陶渊明，讲到如陶渊明般回家"种豆南山下"倒是不错的选择。我对孩子们说：若干年后，如果来学校找不见我，也许，高老师已经归隐南山了。现在不再是笑话，因为今年，我在婆婆曾经住过的地方，重修了我们的小屋，推开门扉，眼前就是南山，在我的南山，我真的种了大片的菊花。

就在莘毕业那天的夜晚，这个热爱《红楼梦》的女孩，这个其实充满野性的小女生，这个喜欢《狼图腾》的女孩，给我留下一封信和一打明信片。她说，高老师，也许很多年后，当您真的归隐南山，有一封来自沙漠深处的信，邀您去参加我的"狼文化"节，记得一定来哦！

记得搬家后换了台巨大的漂亮冰箱，虽然地下室有一台也算很大的崭新冰柜，但那是专门盛放从老家摘回的春芽的。那台旧的冰箱已经用了超过十年了。去买的那天欢天喜地，出门与地瓜开车前往。我其实在三联连看几天，有几款中意的，结果地瓜一看就说我审美层次不够，只认得花里胡哨，而他挑中的这一台在我来看剧贵但的确是好。回到家急于把这个好消息告诉小土豆，她早就想在冰箱里做冰激凌冰水果，但是不知道为什么，我把手砸痛了也没有听到她的半点声响。因为她在家，我们两个都没带钥匙。

地瓜吓得打了110，我则泪先奔涌出来，我担心煤气担心电线担心菜刀，为了让警察能早些到达，我奔到楼下去开单元门，就在地下室的入口，我遇到了小土豆，她说去地下室找地理课本。"我不是告诉你我们没有拿钥匙让你开门的吗?""可是我给你们写了条子放在茶几上啦!"可我们没有钥匙开不了门怎么能够看到茶几上的条子呢,我的傻妞?

与她相遇的那一刻,失而复得般喜极而泣。

原来人可以不去体味一种别离,也一样刻骨铭心。

那些轻飘丝滑的日子

枕头上那绿色底子有红色小枝的枕套丝丝缕缕地洞开坏掉了,那天地瓜忍无可忍喊了一声:"为什么不换呢,都坏成这样了!"

是呢,都坏成这样了,是什么时候坏成这样的呢?

那是五年前搬新家的春天,我去专卖店购买四件套,在红红火火的各类床上用品中它独具一格——如深谷幽兰般,青青的不知是蓝天还是大地,但长长斜出的一枝春兰令人分外喜欢。一个被罩,一张床单,两个枕套,把原本平平常常的一张床打扮得一派清新雅致,两个枕套则整齐地挤出温馨。

每隔一段时间,我就要把这四件套手洗一遍,皂香揉进碧澈的波里,绿得清灵,红得分外可人,抖晒在阳光充足的露台上,微风里,那一枝红色的花苞仿佛吹出恬淡的芬芳,然后,熨过,平平展展干干净净又套进雪白的装有荞麦的枕芯里,新的一样。

是什么时候开始,觉得它不再有必要用手洗了呢?放在洗衣机里,蓝月亮的丰富泡沫包裹旋转,飘在露台艳艳的阳光下,真的感觉颜色淡了一点,又淡了一些,浅到看不见。

因为喜欢,被套也是四季陪伴,冬天拿它套厚厚的棉被,春秋天拿它套薄薄的毛毯,夏天则变成薄薄的它自己。刺啦,去年冬天换上它的时候,我突然听到了刺耳的声响,沿着边,出现了一道长长的口子,还有几条长长的丝线。我的心揪了一下,找一根针,用绿色的棉线,在斜阳下的露台上，把那个长长的口子缝合在一起。

我没有发现枕套也成了这个样子，丝丝缕缕地散开。

我刚毕业的时候，在老家下港乡镇中学做教师，一个月才挣五十几块钱，那时最大的愿望就是可以一个月挣到五百块钱，仿佛就可以富翁一样什么都能轻易买下。现在，早已是五百块的十倍，但我并没有感到自己变得富有了。

毕业后的第三年，我攒了好几个月的钱买了辆"飞鸽"牌自行车，在当时那几乎是最漂亮的。期末考试去别的学校监考，程老师说，他知道我早到了，因为他看到沙石路上我的自行车留下的清晰的印痕。刚买的自行车从心底不愿意借给别人，记得一次有个朋友借了骑着去喝酒，醉酒回来的路上把后尾灯摔坏了，心疼得我吃不下饭去。

离开下港到济南来的时候，我特意把这辆自行车塞进了大车，它又陪伴了我七八年。搬家后，离学校远了，我下决心买了一辆电动车，那是当时最流行的"鲁轻"，紫罗兰色的外壳，锃亮锃亮的车轮。第一次把它骑回家时是个春天，暖风习习，带着洋洋自得的小土豆。那时小土豆上小学三年级，一路欢畅得像只小小鸟。

记得那时去小甜瓜家玩，小甜瓜的爸爸是地瓜的大学室友，两家好到可以在一个锅里吃饭，两个孩子好到可以一个暑假黏在一起。当时小甜瓜家在距离我们遥远的祝甸，我还担心将来孩子上了学怎么办？但短短两年后，我们就买房搬到了他们家小区的对面。这片美丽的建筑实在让我痴迷——大片的绿地，宽宽的楼间距，黛瓦青砖。

其实刚刚搬新家的时候，小区周围还是大片大片的麦田，当时搬进来的人也少，驰目远眺，稀稀拉拉的没有几辆车，还以为真的住上了乡间别墅。

真的不知道人是从什么地方冒出来的，小区前面出现了新的小区，卖菜的卖饭的卖水果的卖花草的仿佛一夜间春笋般熙熙攘攘了，小区的车位一下就成了紧俏品，此时再想寻一个车位已经很难了，而那个一直认为既不可能买车更不可能开车的我竟然也拿到了驾照。

后来我买了辆汽车，冰雪银，轻巧的身形，自动挡，在公路上飞驰，在山路上蜿蜒。母亲说，你好厉害，开个小点的还行，这么大你是怎么开动的呢？

买了电动车后，我把那辆"飞鸽"送给我的小师妹，最终不知她毕业的时候"飞鸽花落谁家"。买了汽车后我把电动车放在了地下室，前些日子收拾地下室才发现，电池已坏，当时最漂亮的翘起的挡泥板已经不知什么时候被撞掉了一半，车身上当时美丽清晰的字迹早已模糊难辨。紫罗兰是我一直喜欢的颜色，现在也灰突突的，没了生机，颜色浅到看不见。我打了电话打算卖掉它，买车的师傅说，它只不过是废品，师傅毫不爱惜地把它扔上破烂不堪的电动三轮。看着电动三轮突突地冒着黑烟离去，我的眼泪竟然掉了下来。

暑假里搬办公室收拾杂物，玲发现了一张毕业照，当时我是2002级5班的班主任，坐在第一排正中间，穿的是那件短袖的银色花的上衣，长长的直发，瘦瘦的。身边是刚刚拿到的2016级的毕业照，头发烫成了卷，早先对染发不屑一顾的我，因为有了白发而不再抗拒。黑得发亮的青春光彩和略显疲惫的当今放在一起，才发现"时光容易把人抛"，流光易逝，照片中站在我身后的那个短发的小女孩，前些日子传来喜讯，变成了一个小小王子的妈妈。

打开衣柜，寻觅一套崭新的枕套替换，才发现，那个一直痴迷花红柳绿的自己也已经不见了，近几年买的，不过是老粗布、棉麻绒线，捏在手里厚实沉重。

我知道，那些轻飘丝滑的日子已离我远去。

吃饭时候，母亲扫院子

小时候最不能理解的事情，是每每吃饭的时候，一大家子，呼啦一下把桌子围满，尤其我们几个小孩，大呼小叫，东推西搡，有些时候甚至因为抢小凳子或者筷子哭的哭喊的喊，父亲严厉批评教育后，我们才安静下来准备吃饭，但这时候一定少一个人——母亲。

吃饭的时候，母亲扫院子，几乎成了惯例。

"娘，吃饭啦！"大姐一声。

"娘，吃饭啦！"二姐一声。

"娘，吃饭啦！"三姐一声。

后面是我们齐声高喊"娘！吃饭啦！"声音里有埋怨，最后一个字是拐着弯的。

"你们先吃吧，我先扫院子！"母亲回应，紧接着就传来唰啦唰啦扫院子的声音。"从来都是吃饭的时候扫院子。"似责怪，又好像得了吃饭令，这一声之后我们便风卷残云般，一会儿工夫桌子上几乎什么都不剩。

母亲这个习惯到现在都没有改。有一次我实在想不明白，就狠狠地说了她一次，大家都准备要吃饭了，你抓紧时间去坐下就好了，为什么非要去扫院子，院子不是什么时候扫都可以吗？

母亲没说什么，放下扫帚洗干净手坐在我们中间，她似乎有点不习惯。现在生活好了，我们姊妹几个你拿几个熟菜，我买几样青菜，你背馒头来，我买火烧来，不一会儿桌子上就"琳琅满目"，新鲜猪肉和韭菜馅的饺子一盘又一盘端上桌子。大人孩子十五六口子，桌子周围坐不开，孩子们端着碗碟去院子里面吃，我们几个端着盘子去大桌上吃。路途遥远的我们都是狼吞虎咽，不一会儿盘子就光了。我这才发现母亲的盘子几乎还是满的，她东看看孙子西看看外甥，左看看女婿右看看闺女，大家都吃饱了，剩下的足够多，她才慢慢地把自己的那盘饺子吃完。

然后，我也未见她再急着去扫院子。

吃饭时候扫院子，只是个借口罢了！

记忆中很少有母亲和我们一起吃饭的情景，风卷残云之后是她收拾残局。那时疯玩的我们填饱肚皮就到处乱窜，至少我不记得母亲完整地吃过一顿饭，倒是记得她一整早晨都在灶屋里摊煎饼，完整好看的叠整齐，留给下地干活的父亲和姐姐们吃；一半的叠整齐，给上学的我们吃；那些半生不熟的锅巴头碎屑末她自己裹着吃。

直到我离开村庄离开家，直到父亲去世，她都没有具体给我们讲过她十三岁就被送到奶奶家童养的事情，没讲她要过饭、月子里饿昏的事情。我上初中的时候，母亲贫血严重，气力不足，体弱到包一家人吃的两盖垫饺子就要歇两三回，有的时候实在支撑不住就先到炕上去躺一会儿再下床继续包。

即使现在母亲八十多了，我们姊妹们一起来时还是她下厨房侍候我们吃喝。父亲去世后，女婿们孝顺，让她老人家上座歇着，但她老是觉得不自在，喝两口酒就又趁我们喝得热闹而去了灶屋，不是去馏馒头就是去加炒青菜。我们意识过来就又开始喊她：

"娘，吃饭啦！"大姐一声。

"娘，吃饭啦！"二姐一声。

没有传来三姐的那一声，三姐远嫁牡丹江，很久不回来一趟。

"娘，吃饭啦！"这集体喊的一声里没有我。我放下筷子去了灶屋。母亲用的仍是劈柴，炉灶也是用泥巴糊的，和我们小时候没有区别。其实十年前弟弟就给她买了煤气灶，就在小西屋里，母亲只有雨天点不着炉子的时候才舍得用。她总说，我把这些柴火都烧完了就用煤气，但似乎总也烧不完，只要她还坚持种地，玉米秸子、地瓜秧子都是柴草。

灶台和院子才是母亲的道场。

我们村子划入景区后，很多人都说，以后不允许燃柴草，不允许喂养家畜，不允许房前屋后栽种树木。门前的小路已经硬化成水泥路，光滑平坦，母亲栽种的三棵核桃树也已经被伐掉，以前盼着暑假在树下喝茶，顺手揪下一个绿核桃，就地一摔就脱壳，我最爱吃鲜核桃了。上次回家，我帮母亲把大树枝子拖进了家，这三棵核桃树的残枝也够她烧半年的。

感谢老妈，让我们还有"炊烟袅袅"的老家。

现在回到家，我最喜欢做的事情就是扫院子。大杏树下花影扶疏，石榴树下叶光斑驳，月季花下又冒出新芽，唰啦唰啦。

眼　神

那是一个略带阴郁的夏日午后，我们一行人经过平遥古城的高高城墙，极目远眺，许多东西都已斑驳成往昔的缥缈。走了很长一段路，换骑电瓶车在那些旧城墙民巷里折转，速度很快，一个一个需要细看的院落就这样转瞬而过。

一个不经意的回眸，我看到一位老妇人，满脸沧桑。也许她一辈子都不曾走出这个小小的平遥，也许她每日都在看来自世界各地的游客，她不动，动的只是那些变换的面孔。闲看花开花落，遥望云卷云舒，我突然很想驻足，我不知道能不能和她对话，也许我会在她饱经沧桑的满脸褶皱前失语。愣神间，另一堵墙已经闪过我的眼睛，那个眼神久久地定格，淡远、娴静、波澜不惊。

五台山挤挤挨挨的人群里，突然现出一位身穿黄色袈裟的老者，他步履和缓，目光平视。周围的善男信女匆匆过客，都不曾入他的法眼，他自顾自地前行。耳边传来导游满含深情地解说康熙寻父的故事。顺治帝为什么舍却繁华来到这样一个所在？自己的儿子出现在眼前却只能视作陌路的悲切又如何说？不知为什么，我突然觉得我就是那个走过千山万水磨破皮靴的康熙，眼前这个踽踽前行的老者就是当年脚蹬布鞋的顺治。我突然想张嘴呼喊，没承想变成哽咽，泪水塞满了眼眶……眼前是绿水青山，蓝天行云，高山草甸像一望无际的毯子，我只想在它的怀抱中打个滚，有牛有马，悠闲散落。越过五台，竟然是秃山秃岭，两个世界。我突然觉得五台山真的是灵秀之山，心灵可以融化在它的氛围里，只是，那个眼神，经久难忘。

内蒙古草原用一腔的寒冷迎接来自酷暑的访客，身着短袖的汉子只好租了军大衣，猝不及防，寒冷像一匹饿狼用利牙撕裂你的幻想。但马儿似乎不冷，它们优雅地行走、奔跑、跳跃，第一次来到大草原的我们简直不知如何与它们亲近，刚刚把行李扔进蒙古包就急急地拥进马棚，舒展的鬃毛，润滑的脊梁，健硕的双腿，大人孩子都纷纷跨上它们，一步一步稳稳地走到草原深处去，据说那里有月亮湾，有牧民纯纯的酥油茶。

风瑟瑟地吹着，虽然没有冬日的凛冽，但因为我们早已经丢掉了对它的防御，因而显得格外肆虐。但马儿似乎一点也没有觉察，它们甩着长长的尾，抖着俊俏的鬃，在草原上散步，也许它们并不知道，今天，有属于它们的一场搏斗。

但真正震撼我的，却是一匹儿马。牧民会给外来的游览者展示，如何去驯服一匹儿马。首先是追马，因为只有让它们精疲力竭了才容易把它们套住，十几匹马在圈定的领地上奔跑，有四五个矫健的身影在它们身后追随，这是我见过的最漂亮的马，野性十足，浑身上下都和这草这地融合在一起，东奔西突、西奔东突，它们总能巧妙地躲过牧民的追捕。几个回合过后，那几个汉子似乎觉得徒费工夫，就牵过一只拴在桩子上的枣红色儿马，它长得实在漂亮，眉宇间是一道白色的"闪电"。它首先被"小胡子"轻轻地抚摸，像亲人一般，但几乎同时，"小胡子"突然试图给它套上嚼子，它一次次奋力地腾跃，那条据说是熟牛皮的绳子，后来竟套住了它的前腿，它倔强地高昂着头颅，那根绳子把它的腿勒出一道血痕，很快，鲜血沿着它瘦削坚硬的前腿流了下来，它被套上一个大大的嚼子——那是真正控制它的东西，据说一拉就会钻心地疼痛，那些顺从地俯身为人们所奴役的马，就是这样被一步一步驯服的。它多次把"小胡子"掀在地上，其中一次差一点踏到他的头，但那个嚼子死死地套住了它的头，就在那一刻，我看到它的眼神，里面的内容是多么复杂啊！是怀疑、倔强，还是悲愤？我突然觉得我们在它的面前万分卑弱，在它身上我看到了大自然养育的高贵，那是一种自然之子才有的不肯低头的傲然，它的嘴里也在流血，它咀嚼着悲愤，也许它想起和他的主人曾经自由奔放地在草原上撒欢，也许它想起它幼小的生命曾经经历的一次次观望，那比它年长的马被驯服的一个个瞬间，此刻，轮到它了！也许它万万没想到这一刻来得这样早，它要死命地挣脱！挣脱！

最终它也没能挣脱，只好颤抖着立在草原料峭的春风里，我体味到前所未有的寒冷，我甚至很想高喊一声：我们不想看了，您放了它吧。因为我被它的眼神击倒了。

两个月没有回老家，母亲听到我要回去的消息高兴得没说完话就放下了电话，我知道，她一定又奔向村头自留地里，那里有她为我们专门种的几行韭菜，那是为了让我们回家能吃上她包的饺子特意种的。

但是，因为学校有事，我们必须早一点返回，这话我本想告诉母亲，但她放下电话实在是太快了，我不知道如何告诉她。地瓜说，再打一个电话吧，省得她忙活，咱们又不能在家吃饭。打过去，没人接，我知道她已经跑出了家门。

果然，到家的时候，她已经包了半个盖垫，我边洗手边告诉她我们要早些回去，母亲抬起了头。这些年来，虽然孩子多，但能够在晚上住下跟她说说悄悄话，听她诉说苦楚的，也只有我了。"过些日子我再回来。"我马上补充道，"怎么这么长时间也不回家呢，什么时候才能回来啊？"我听出她嗓子里有涩涩的感觉，像小女孩的请求没有得到满足似的。我突然想起三十年前我哀求她要跟着她去大姑家走亲戚，因路途遥远她不肯带我去。那时候只能靠步行，行走如飞的三姐跟着去了，弟弟也跟着去了，我歇斯底里地哭号，故意让自己哑了嗓子，但他们的背影已经消失在村庄的不远处。我记不得那天我是怎样熬过来的。夕阳西下的时候，弟弟背回了一个长长的北瓜。后来在梦境中我常常回到那一刻，委屈得难以言表。

我突然涌出万千的不忍。本不打算在家吃饭的，但母亲的眼神让我无法拒绝。母亲没再说话，把饺子煮好了，盛到盘子里，还有一盘鲜蒜，那是我爱吃的。

别样的风景

自从父亲生病后,如果放假在三天以上,我基本都会回一趟老家。到了他这个年龄,又加上不能到远处活动,他变得像个孩子,他会盼我们回去,一盼就是好几天,我们走了,他就回忆,向别人诉说,一说又是好几天。我总觉得我们的到来使他黯淡的日子一下光亮了许多。哪怕再苦再累,我愿意在父亲有限的岁月里,成为他的念想,他的光亮。

母亲特别喜欢花,她的院子里一年四季都有花。

其实也不是什么名贵的花,菊花、兰草、一串红、指甲桃、月季、牡丹、玫瑰……有的甚至连名字都没有,还有的根本不开花,比如冬青。我不知道是她喜欢还是实在没什么可养,有的种类会重复种一大片,比如懒老婆花,小孩子叫它地雷花,就因为它的种子像地雷,后来读汪曾祺,知道这种花还有一个更形象的名字——晚饭花,顾名思义,做晚饭的时候,它就绚烂铺张地开起来。有紫色的,水红的,鹅黄的,我甚至还见过金黄底子花红边的,伴着夕阳,你可以想象那一大片有多么美,其实岂止做晚饭,每一个饭点它都开,也许我们纷纷长大远飞,有它盛开陪伴,母亲做每一顿饭时都不寂寞吧!

人家都说,喜欢花的女人生女儿,母亲一连生下了我们姊妹五个,她侍弄我们像侍弄她的那些花。那时农村力气活还得靠男孩子,父母也一直希望生一个男孩,人家就劝母亲说,不要老侍弄花呀草的。可母亲就是不听,不大的一个院子还种上了杏、枣、石榴,并且都不是一棵,只杏树就种了三棵,还有榆树和李子树。

每每放假别人去外地旅游的时候,我喜欢回到母亲的小院,我觉得那是别样的风景。

那年元旦放假三天,正赶上有些事要处理,小土豆的作业也一年比一年多了,当我们可以启程时,仅仅剩下一天时间,我们就有些踌躇,如果真的回家,回来也许无法歇息就要上班了。但狠了狠心还是决定回家,为了能跟他们多待会儿,我们打车回去(那时还没有买车),为了给他们一个惊喜,我们事先没有打电话。

回到家时已近十点钟,阳光洒满了小院。冬天的杏树、石榴、枣、指甲桃稍显冷清,只有母亲从人家地边上挪回的一株冬青还油亮油亮地陪伴着爱花的母亲。

不过一进屋子,就发现母亲养的一株山红豆正火红。这株山红豆好像一直陪伴着我们。它其实是一株最平常不过的植物,每年春天发芽,夏天舒枝,秋天就结出一个个绿色的豆豆,这并不算什么,真正惊艳的是冬天,当这些缀满枝头的绿色豆豆变成通红通红的果果时,简直会让人觉得"鬼斧神工"!并且最为神奇的是,这种小豆豆正赶上农历年时变红,母亲就认为它是"福果",给老祖宗上供时,母亲常常把它也搬过去。

在农村,冬天顶多生个炉子,有的家里穷得叮当响的,只在过年那几天生炉子,平常就穿一个大棉袄,蹲墙根晒太阳。或者没有事干脆到山上去刨荆柴疙瘩,这东西都是多年生,扔在炉子中一个可以烧半天,但火苗很小,屋里还是冷得很。有的则把栗蓬(板栗的外壳,长满扎人的刺)塞一些在土炉里,这东西烟很大,并不怎样散热。可我的父母不同,他们可以一个冬天屋里响着煤燃烧的呼呼风声,我们姊妹轮流给父母供应足够的煤。每年天还没冷,我们就会找人给他们早早地把煤运到灶屋里。我工作后就常常惦记他们冬天的煤,一开始他们不同意,觉得我赚不了多少钱,而且他们两个人用的煤几乎赶上整个小村庄的人用的了,太奢侈了,因而即使我给他们准备了,他们也仅在下大雪或奇冷无比的日子才舍得点上炉火。后来我们姊妹几个就多多地给他们运,他们知道煤如果今年用不完,第二年就不好用了,于是就天天把屋里烧得热热的,我们家几乎成了村里的娱乐中心。那些没有煤烧的人家里太冷,就也到我家来,整个屋里热热闹闹的。我喜欢这样,整个冬天父母亲都不寂寞。

他们在一起总说起往昔的岁月,说起合作社,说起学大寨,说起"夜战",说起"包产"……这时的父亲又还原到挥汗如雨的壮汉,虽然得病后他的嘴巴不太利索,但说这些的时候似乎格外伶俐,常惹得我们大家笑起来。

父亲看见我们,眼里一下闪出惊喜的光芒,他想告诉母亲,但一下不知道该怎样表达,只是"嘿""嗨"了两声,母亲正面朝里给他缝棉袄袖子,被他说得莫名其妙,就问他怎么回事,父亲急得只好用手指,而他左手脑血栓后就不灵便了,右手正被母亲按住。我们被他这种表现逗乐了,我们的笑声暴露了我们,母亲才转身看到我们,她一边埋怨我们不给她打电话,一边忙着去给小土豆拿好吃的。我们则坐在父亲身边,夸奖他表现好,虽然天气很冷但一点不懒。脑血栓病人其实冬天不好过,天冷,如果再不活动就更容易出问题,而父亲是一个特别注意锻炼的人,母亲说早上他从不睡懒觉,只要醒了就嚷着起床。我知道,这些年来有好几个比父亲得病晚的已相继离开了人世,父亲是真的眷恋我们啊!

急匆匆包了水饺,是我很喜欢吃的白菜馅。白菜是母亲自己种的,在这样一个四面环山清溪包裹的小村子里,白菜干净得都不用洗,把外面的几层深绿色的外衣去掉后,嫩嫩的翠黄色的白菜心就直接掺进新鲜的猪肉里。母亲说如果不包水饺让我们空肚子走了,她会好几天心里像有什么事没有做好似的。我们就主动成全她,剁肉切菜捣蒜泥,全家动手,连小土豆也参加进来。我们都叫她"司炉",回到家她最喜欢的是在灶屋里烧火。在城市里她总也见不到火熊熊燃烧的样子,一回到家就让姥姥给她点着火,她会从炉子中拿出一根正在燃烧的干柴,离开灶膛的柴火就像离开家的孩子似的大哭起来,滚滚的浓烟可以制造一种奇异的幻境，这让小土豆感觉魔幻无穷，乐此不疲。同时她会在我们包完水饺的时候烧好一大锅水，滚滚的热水可以让水饺降落升腾，真的是两全其美！

第二天要上班，下午两点钟我们该走了，父母的那些左邻右舍哥嫂侄孙也来"上班"了，父亲像个孩子似的把我们买回去的东西与他们分享，我们不仅要和父母告别，还要和这七大姑八大姨一一说再见，从堂屋出来到大门口，简直是好长的一段路呢。

越过一道道山路，崎岖蜿蜒地终于踏上了回济南的柏油路，小土豆已经带着满足的微笑睡着了。其实我也睡了一会儿，如果没有这一日的回乡，我不会那么舒心。哪怕仅仅一个小时，只要看一看他们，回来之后工作也会十分安心。

透过车窗，才发现远处的山峦浓雾缭绕，松柏像一群捉迷藏的孩子，不知哪位仙人在玩吐云的游戏，飘荡变幻的白色梦境般结成雾凇。我似乎一下子卸掉了周身的劳累，虽然外面北风仍然凛冽，我还是悄悄地开了一点点窗，待在家中怎么可能有这样的享受呢，我要领略这别样的风景。

幸福就是去还没有去过的地方

直到与女儿搭乘从北京到迪拜的飞机,还有一种恍如梦境的感觉。感谢中国教育报,因为在"全国教育工作者众筹一本书"征文活动中获得唯一特等奖,我获得了欧美双人十日游的暑期放飞。虽然每年寒暑假我都若脱笼之鹄般挣脱所有的桎梏远飞,但这次不同,因为这是奖励,更是带着无限的憧憬与欣喜。

在我看来,幸福就是去还没有去过的地方。

我选择的是七月底八月初的西欧五国。

"条条大道通罗马",我向往的罗马是我们此行的第一站。大河奔流,总可以浩大滋润一座古老的城市文明——台伯河在亮眼的阳光下狂野,也许是对漫长路途的奖赏,站在罗马城中之国梵蒂冈圣彼得大教堂前我几乎被骇住,传说中的罗马柱恒久笃定地站立,天湛蓝云轻轻。

除了仰望,我几乎不敢有其他活动。

当进入金碧辉煌的教堂,当看到形态各异的各种雕塑,当看到蒋勋老师讲到的《圣殇》,我只能说:无与伦比!是什么神秘的力量让他们在石头上作画却如此栩栩如生?

第二站是圣吉米尼亚诺,据说是意大利托斯卡纳大区中部的一个千年小城,到处都是石头,到处都是古塔,阳光烈烈,白云棉花垛一般缀在洗过的天空,我隐约听见铁锤敲击在石头上的铿锵。中心小广场有一座古井,海拔那么高,会有水吗?人类总是这么智慧!我们排了长长的队伍，去买传说中的冰激凌冠军，品读绚丽的味道。或坐下来慢慢吃，或悠闲地路边站立，郑导游说，意大利人的口头禅就是：慢慢来。

第三站是佛罗伦萨，直译为"百花之城"，市花以及标志是一朵紫色的鸢尾花。我更喜欢它的另一个名字——翡冷翠，那是徐志摩首译，我觉得这更符合这座古城的气质。比起《翡冷翠的一夜》，我更喜欢《翡冷翠山居闲话》：

在这里出门散步去，上山或是下山，在一个晴好的五月的向晚，正像是去赴一个美的宴会，比如去一果子园，那边每株树上都是满挂着诗情最秀逸的果实，假如你单是站着看还不满意时，只要你一伸手就可以采取，可以恣尝鲜味，足够你性灵的迷醉。阳光正好暖和，决不过暖；风息是温驯的，而且往往因为他是从繁花的山林里吹度过来。他带来一股幽远的淡香，连着一息滋润的水气，摩挲着你的颜面，轻绕着你的肩腰，就这单纯的呼吸已是无穷的愉快；空气总是明净的，近谷内不生烟，远山上不起霭，那美秀风景的全部正像画片似的展露在你的眼前，供你闲暇的鉴赏。

佛罗伦萨市政广场因为周围的精美建筑而被认为是意大利最美的广场之一。里面陈列着一组重要的雕塑作品。其中我最想遇见的当然是米开朗琪罗的"大卫"，阳光下他淡然站定，裸露的全身展现着健康与美好，上苍赐予的身体没有什么值得掩藏。据说当时米开朗琪罗推开那些粗手笨脚独自承受寂寞，也许这些石头曾完成了他和艺术最契合的对话。

掠过广阔的原野，熟悉的麦子、玉米、花生、大豆，不太常见的成片成片的向日葵，一排一排整整齐齐的葡萄园，连绵起伏的刚开始开放的薰衣草——我们的第四站是威尼斯。威尼斯千陌万阡，我们乘贡多拉小船，蜿蜒在小巷子里，仿佛梦游在桨声灯影里的秦淮河，抑或是走街串巷于古城周庄乌镇。圣马可广场宏伟壮阔，每一处都精雕细琢，顶部壁画都是金子和水晶镶贴，让人叹为观止。水晶的制作过程也令我痴迷，这是人类久远的手艺。简单到一根钢管一把铁镊，靠嘴吹手捏于千变万化。返程乘坐八人一艘的黄金运河专线，船只来往如麻，各色皮肤语言差异都没有阻挡彼此微笑，隔河的遥相呼答。

第五站是德国的国王湖。祈求我的眼睛不懈怠，两不厌，与妩媚青山对视，一路晴空澄澈，群山碧透，绿草如茵。但接近国王湖时，冷雨涔涔——瑞士归来不看湖，除了国王湖。国王湖是希特勒大宅及其高级将领官邸所在地，果然湖光山色美不胜收。三国交界群山环抱，三湖两山无人侵扰，世外桃源般藏匿，感觉像是哪位巨人在这山间横劈一斧，乘船行于其间，犹如仙境一般。山顶有希特勒的鹰巢，山间是别致精巧的各种小别墅，湖中有小鸭戏水，沿湖一周戏剧般骤雨突至，我在日记中写道："我跋山涉水而来，你用浸凉，你用疾雨。"

第六站是圣母玛利亚广场。从熙熙攘攘的人群走入内院，仿佛时光静止，随处可见美丽的花店。然后去宝马体验馆，真的可以坐到宝马跑车里面体验驾驶的快乐。

世界上没有哪个国家像德国那样拥有如此众多的城堡，最著名的是位于慕尼黑以南富森的阿尔卑斯山麓的新天鹅城堡——这是我们此行的第七站。白色城堡耸立在高高的山上，它的建立者是巴伐利亚的国王路德维希二世，充满艺术气质的他亲自参与设计这座城堡。他梦想将城堡建成一个童话般的世界。整个城堡中所有的水龙头以及家具和房间配饰都是形态各异、栩栩如生的天鹅造型。城堡内装饰极其奢华，从天花板、灯饰、墙壁到日常用具，无一不是工匠鬼斧神工之作。

他一生孤寂，终生未娶；他治国无术，1886年6月12日，这个充满幻想的年轻国王在返回慕尼黑的途中消失在夜幕里，第二天清晨有人在湖中发现了国王和古登医生的尸体。

小土豆说她想起中国的李煜，而我却陷入深深的感伤。新天鹅城堡的对面就是国王童年生活的夏宫——旧天鹅岩城堡，他就在这座浅黄色的旧天鹅岩王宫内孕育了对面梦幻的新殿。我想起昨天看到的希特勒的鹰巢，无论是在历史的巨澜中掀起狂潮的希特勒，还是被认为有精神病的路德维希二世，都已如草芥一般湮灭，石头还在，肉体早已消亡，瞬间与永恒，深深地灼伤了我。

今天要去的是第八站——阿尔卑斯山。一山有四季，平视是嫩绿的山坡，雪水汇集成大河奔涌，仰视便是绿树青山，极目处白雪皑皑，大雾弥漫，登顶之后见到真正的白雪狂风。只是我来自酷暑时节的中国，一身裙装，虽然也带了羽绒服，但在夏日体验冰雪的酸爽感觉，真的是无比快活。双目所及尽是诱人的美景，远处高低起伏的山丘总有几朵低垂的白云相伴，翡翠绿的湖水轻轻地倒挂着山的背影，宁静祥和。索道慢慢升高，感觉穿的衣服太少了，寒冷刺骨，好在有吃东西的地方。据说阿尔卑斯山顶建了惊悚玻璃观景台，让游客体验"踏入虚空"的感觉。

第九站——因特拉肯小镇。因特拉肯位于图恩湖与布里恩茨湖之间，是瑞士一个因"欧洲脊梁"少女峰而闻名于全球的玲珑珍宝，拉丁文的原意是"两湖之间"。小镇以何维克街为主轴向外延伸，街上有一处广大的绿色草地，可以远眺美丽的少女峰。盛夏，身着短衫的男男女女或卧或站地在绿地上拍照，背景就是白雪峰顶，感觉有点不真实。

阳光炽烈，云似轻纱一无纤尘，闲闲散散的人们穿行于画中。

那晚我们住在图恩湖边的一座小别墅里。那是间很新奇的小屋，向阳的一面墙都是玻璃，遥控就可以升起来，我和小土豆晚上还专门调制了咖啡，一派浪漫无边的样子。第一天被美丽的湖边美景摄住，早晨在小土豆还没醒的时候独自到湖边散步，连自己都不知道被美景诱惑着走出去多远，往回走的时候竟然找不到路了。那一刻我慌了神，看哪里似乎都是一样，面对着浩渺大湖，我蒙了，脑袋中全是自己迷失在异国他乡变成乞丐的样子，因为这次出来，半步不离地牵着小土豆后襟，自己语言不通，手里的电话又没有国际漫游，关键是，自己住的那个小屋我也说不上来名字。

好在随手拍的习惯救了我，我顺着自己一路拍过来的美景找了回来，小土豆正在洗漱，我一脸狂喜地冲进洗手间，向她问早晨好。

第十站是凡尔赛宫。门口即是策马扬鞭的爱美国王路易十四，据说是他发明了假发和高跟鞋。走在如此宏伟壮观的建筑群间，看看每一件装潢精美的陈设，真是叹为观止。五百多间大殿小厅处处金碧辉煌，豪华非凡。内部装饰，以雕刻、巨幅油画及挂毯为主，配有十七、十八世纪造型超绝、工艺精湛的家具。宫内还陈放着来自世界各地的珍贵艺术品，其中还有远涉重洋的中国古代瓷器。

然后去和谐广场，见到摩天轮。接着是乘坐塞纳河游船，法国人依河水的流向，将塞纳河北岸称作右岸，南岸称为左岸；右岸是巴黎的主要商业区与政治中心，左岸有著名的咖啡店及拉丁区，充满文艺气息……劲风吹过盛夏带来了凉爽，傍晚时分云蒸霞蔚，我们仿佛穿行在历史的长廊中。然后去巴黎圣母院。高耸挺拔，辉煌壮丽，雨果在《巴黎圣母院》中把它比作"石头的交响乐"。我多么庆幸在大火焚烧之前曾一睹它的芳容。

黄昏慢慢降临，我们还有一处要去，就是蒙帕纳斯大厦，据说这是巴黎唯一的现代建筑，被评为最丑的建筑。但是当你站在高高的大厦顶端，你却看到了最美的巴黎。只需三十八秒钟就可以将您带到距地面一百九十六米的高空，将全巴黎的绚丽美景尽收眼底。

去卢浮宫参观据说四季皆宜，但八月最佳。我们就是在最佳的八月来到巴黎。清晨，冷冷的天，换上我最喜欢的裙子去亲近位居世界四大历史博物馆之首的卢浮宫。首先见到了仰慕已久的建筑大师贝聿铭先生设计的玻璃金字塔，然后一一亲近被誉为世界三宝的维纳斯雕像、蒙娜丽莎油画和胜利女神石雕，说是亲近实则难以近身，人头攒动中我只远远一望已分外满足。

晚上十点钟埃菲尔铁塔准时闪灯五分钟，我们当然不能错过，从高层到低处，一步一景，但导游给定的时间有限，我和小土豆禁不住跑了起来，为了能够到达它的近处，只顾取景的我没有看到一级台阶而摔倒在地。这些天导游一直提醒我们小心那些卖东西的黑人朋友，但是，那晚，真的是一位黑人女士把我扶起，关切地询问我需不需要帮助。

瞻仰完巴黎歌剧院，最后一站是老佛爷百货和春天百货。到购物天堂巴黎当然有购物计划，两家店紧邻并都曾因豪华如宫殿的装修轰动一时。在拜占庭式的巨型镂金雕花圆顶下，来往的人影绰约，像赴一场中世纪的聚会，购物真正成了一种享受。咖啡厅、图书馆和美容沙龙，提供给客人们最舒适无压力的购物环境。登上屋顶的大露台，可远眺巴黎，通畅无阻的视野可远至埃菲尔铁塔。

十二天转瞬即逝，此行吃到了正宗的意大利面，品尝到了红酒，还有披萨，以及薯条和烤鸡腿，每晚入住都有惊喜，房间干净到像是专门为你私人订制，特别是图恩湖畔的小别墅，小花园童话般错落，小径伸往璀璨的湖泊，每一个花园都是一个家，每家都花团锦簇。小屋的清晨，有钟声唤醒——几乎所住的任何一处都近教堂，似乎从久远的上苍传来冥冥之中的那声呼唤，至今我还不愿醒来。

枣花、梭子和麦子

"簌簌衣巾落枣花",我请孩子们说说写了什么。晗说:"漂亮的枣花在村子上空盘旋。"然后,班里并没有响起我期待的惯有的笑声——但凡没有笑声,就是认为这是正确的答案,否则他们不会如此轻易地放过,默许就是承认。

"未若柳絮因风起",柳絮在风起的时候是有可能在村子上空盘旋的,但是枣花不会,它落在苏子的衣巾上簌簌地发出声响,可见它是有重量的,飞不起来……

"大家见过枣花吗?""没有!"吃过枣子,却没见过枣花。枣子有紫红色的也有翠绿色的,特别是近几年山东出现了沾化冬枣,个儿大脆甜,可是没有见过它生长在怎样的枝条上,更不用说见它开出怎样的花朵,结出如是的果实了。

老家老院子里有三棵枣树,大大的树冠盖过了灶屋的屋脊,每年枣子成熟的那几个月我几乎一半的时间在树上,从枣子只是一圈红,到一圈一圈围满绛紫。枣树枝干都很硬,即使不粗的枝丫都分外倔强,只有小胳膊粗细的枣木杆子就可以稳稳地支撑一个八九岁的孩子,我们在枣树上可以俯视整个院子,在枣树上说着可笑的事情,也会顺手摘下成串的枣子嘎嘣一下吃到嘴里,从来不需要洗,没有打过农药的枣子亮亮地招惹着你。

枣子有脆有艮,脆枣一口咬下去在嘴里炸出轻响,很痛快,很干脆;

艮枣只是一声闷咔，面面的。脆枣圆，艮枣长，枣子长到能吃的时候，脆枣更受欢迎，但艮枣能够做成醉枣。把全身红透的艮枣浸在白酒里，经过漫长冬季的沉醉，到过年的时候，打开玻璃罐的盖子，一股沁人心脾的醉枣香味就猛袭而来，艮枣褪去暗红色夺目透亮，禁不住垂涎三尺啦……

"村南村北响缫车"，我想起小时候没起床就听到奶奶在隔壁的外间纺棉花的声音，懒懒的惺忪睡眼，看到的却是"惊世骇俗"的一个大大的白色线锤。那天问小土豆："你知道日月如梭的'梭'吗？"女儿用鄙夷的眼神看了我一眼："那次去乡村游不是见过吗？难道您又忘记啦？"可我指的并不是乡村游那些用来展览的"织布机"，而是奶奶纺好线，冬天会专门请一个远方的陌生人到家里来织布。我亲眼见过梭子在织布机上来回迅速地往返，时间就随着这咣当咣当声逝去，我们的古人多么有智慧，否则怎么想象时间的表达跟一个木字旁的"梭"有关系呢？现在的孩子，渐渐不再知道了。

那天讲到白居易的《观刈麦》，我问孩子们：是否见过麦子？麦子什么时候播种什么时候收割？麦子可以做成什么美味？从落种到端上餐桌需要经过哪些程序？几乎所有的孩子都不知道。

我曾带领初一的孩子去参加社会实践活动，早餐时有很多孩子把大大的鸡蛋扔进垃圾桶。在我小时候，鸡蛋是只有生日才会有的，那时候为了把鸡蛋剥得完整我曾屏住呼吸。午餐晚餐都有孩子把整个大大的雪白馒头扔掉，我给我班的孩子说，我是农民的孩子，你扔掉的那一刻，我的心都会疼一下。

几乎每年的八月十五，都是我们家种麦子的时候。晚上吃团圆饭之前，父亲掌舵，我们姐妹几个拉犁，我经常被父亲表扬为那个爱出力气的乖孩子，而那时年幼的弟弟则被父亲打趣："绳子弯了，绳子弯了！"

然后是冬天漫长的等待，浇水施肥，浇水施肥，再浇水再施肥，直到下了大雪，"冬天麦盖三层被，来年枕着馒头睡"，被大雪覆盖的麦田很漂亮，真的像是展开的厚厚棉被。

春天麦田里最容易长荠菜、面条菜、羊蹄甲，我们这群孩子放了学就挎个篮子去挖野菜，大人就在地里用锄头把杂草除掉。

麦子渐渐长高灌浆，"一夜南风起，小麦覆陇黄"，到了全家老少抢收的时候。麦子熟过了炸在地里就等于颗粒无收，不熟收回来就严重减产，挑选合适的时间动镰就格外重要，父亲常常在麦收的时候一天去麦田好几趟，麦子粒在田里要待到饱满硬实才可以收割。

割麦子是狂热的日子，麦芒会生生扯破你的皮肉，割完一捆一捆扎起来几乎让人遍体鳞伤。乡村的南冈几乎没有平坦的地方，小推车推到村头的打麦场，用石轱辘碾出麦粒，用簸箕扬掉麦皮，用筛子筛掉石子、沙子……街东的仉家大娘在翻麦场的时候倒地猝死了，我听到满头大汗的五姐一声撕心裂肺的"俺的亲娘呀"，懂得了其实简单的劳动也可能会让人搭上性命。

晒干拣干净小石子后的麦粒推到磨坊去磨成面粉，有的人家用碾或者石磨碾碎麦粒，一遍一遍用罗筛成面粉……这是原始的、农耕时代的方式。

现在还有多少孩子真正体验过麦子一步一步变成我们吃的食物的过程呢，白白的馒头、可口的饺子、大馅的蒸包、炸酱的面条、酥皮的烧饼……甚至现在的孩子根本不懂饥饿，他们会轻易地扔掉半个馒头。今天我还看到一个家长在空间留言说："早晨早早起来给孩子煮了燕麦粥，但孩子起来第一句话是我不喜欢。"忧伤的妈妈看到的是挑食的孩子，我则想起姥姥那句永不变更的话："细米细豆，糟蹋了会遭天谴呢。"姥姥年纪轻轻就双目失明了，但每顿饭她的碗里都不剩半粒米……

真的有孩子一次也没有见过麦子。卓然举起手来，在小学的时候就独自坐飞机去过丽江的大胆男孩，竟然不知道每天吃的这些美味真真切切来自哪里。

"老师，您老家在哪里？明年我能不能跟着您回家看看割麦子？"

"好啊！"我爽快地答应，但我知道，明年的麦收季节正是孩子们迎接中考的时候，即使他们真的有时间，在我老家也很少有人种麦子了。

麦子种起来历时较长，收获却比不上其他农作物，即使现在国家有补偿，青壮的男人都已经外出打工，割麦打场这样的活女人干不了，又能有多少人坚守种麦子？

枣花、梭子和麦子……

我站在讲台上，给孩子们讲述，全场静悄悄的。

今天下午琳来看我，琳是我的亲学生，现在硕士毕业到了一所不错的中学当语文老师。我问她：见过枣花吗？见过梭子吗？见过割麦吗？她说，都没有。

我知道她一定会讲到这些，我不知道，当她的学生说起"枣花在村子上空盘旋"的时候，她该怎么办呢？

过 年

腊月二十三小年一过，年味就一天天地浓了，赶集、劈柴、摊煎饼、杀鸡、宰猪、煮下货、写对联……

我在门外的杏树杈上吊了个秋千，把鹏子、飞、小土豆放在上面荡来荡去。空气中氤氲着羊肉饺子的味道，炒花生、煮栗子、炖猪骨、切海带、撕白菜……

婆婆买了一大簸箕瓜子，还有爆米花，瓜子的脆香迷得我嘴上长了水泡，午后的时光就是泡上一大壶茶。茶叶是婆婆爱喝的老干烘，几块钱就一大包，泡出的茶叶像我热衷的红茶。

花生是自己地里种的，只要过了小年，每天都有炒花生的小贩来村里吆喝。婆婆早就准备好了一大袋子让我去炒，只要花上几块钱就可以炒得香脆可口，过去都用自己家的大锅炒，如果翻不匀，就会造成有的煳了，有的还不熟。

真正的年是大年三十和初一，这两天最忙人！

年三十早晨就先吃一顿饺子，全肉丸的，切几棵大葱拌匀，一咬一兜油。

婆婆头天晚上就和好面调好馅，面要醒一个晚上才柔韧劲道。馅剁起来很费工夫，常常要半个下午，羊肉放在木桌上，一碗清水放在旁边，随剁随放一些清水，还要随剁随放酱油和花椒水，直到羊肉完全碎成黏在一起的肉酱，淋一层花生油，黄姜大葱切碎拌匀，这叫"煨"上，全部入味。只等着早上撒盐就可以下手包了。在盖垫上放饺子也颇有讲究，母亲一直叮嘱我们先从盖垫中间放一个小圆圈，两个饺子千万不要对着脸，那样不和气，要圈成一个圈，像手拉手过日子，一圈一圈扩展开来，那是日子越过越开阔。

柴火炉子一直呼呼地响着，香葱与羊肉的味道在锅里憋不住了就溢满锅台，先用勺子盛出几个来敬天，然后就一大盘一大盘地端上桌来。

有醋，有麻油，有腊八节腌的蓝绿色的蒜。

柔柔软软的饺子像一个一个元宝，一口就咬出满嘴的酱色的汤，整个嘴里就弥漫开汤的醇香。

吃过饺子就动手干活，虽然小年已经洒扫庭除，但年三十的中午还要再扫一遍天井，把原来不太注意的角落都要扫干净。那些躲在墙角过冬的枯叶被笤帚哗啦哗啦地清出来，枯草断茎也被一一送到门外的小河边，明年开春它们也许就随波漂到遥远的地方。

如果赶上下雪，除了堆个雪人，就让其他的雪待在那里，被大雪覆盖的冬天才有过年的味道。

中午趁着有太阳，有一件事是一定要做的，那就是"打纸"。以前都是拿一块钱的硬币，用一个小锤头，在火纸上用力地砸，金黄色的纸上会有钱的印，现在一般是拿一百元的纸币在纸上晃晃。这活一般要男孩子做，小时候不明白就嫌父母重男轻女，现在知道那还是个力气活。

我就领了"花纸"的活，就是把整齐的一沓纸拿在手上，左右手前后交替用力，纸就在抖动中变成一朵盛开的牡丹。后来当了老师，每每给孩子们发讲义的时候，我就用这个法子，孩子们常常看得目瞪口呆，到现在还有很多孩子说将来要交学费向我学习呢。我的徒弟尝试过，但还没有人能顺利操作。

下午贴春联，要把去年贴的倚在风中抖动的残联取下来，用扫帚一点一点扫干净，有的甚至要用铲子铲干净。前些年公公总是拿上一盒烟去请当小学教师的三叔写春联，一边聊着怎样背三叔过河去上学，漂亮的春联就写好了，笔力苍劲，仿佛预示着来年的勃勃生机。后来三叔太忙了，公公就赶集去买，想来很有意思，大字不识一个的公公竟然也能谈论哪种字好看，也能够挑到潇洒飘逸、预示着富贵喜庆的春联。婆婆早就用面粉和好了糨糊，用一个刷帚刷一层，再把崭新的春联小心翼翼地贴上去。那时我常常率领着几个孩子大呼小叫地贴春联，鹏子识字了，就负责辨识上联下联，飞还小，就刷糨糊，小土豆则喊着"歪了歪了"。

年三十的下午要挑好多的水，一桶一桶地把瓮装满，因为年初一有讲究是不干活的，年初一串门拜年用水量很大，所以常常是一趟一趟不停，甚至连大盆碗罐都盛满水。

接近太阳落山的时候，就要"请家堂"了。子子孙孙好几口人，手里提了早就盘好的鸡、煎好的鱼、炸好的藕合、黄黄的鸡蛋或豆腐块，上面盖上青青的芫荽叶，也有水果和点心，还有一壶烫好的酒，一壶热热的茶。有抱着火纸的，有拿着铁锨的，带一炉香，揣着火柴。很多坟墓都在山上，爷爷奶奶的在他们劳作了一辈子的大栗树下，在大山顶上，每一次去上坟来回都要走一个小时，公公婆婆的则在香椿树地里，二叔的在核桃树下。把今年长在坟头的野草铲掉，再培上一层土，一一给他们烧纸、夹菜、点香、敬茶、倒酒、磕头，然后就转身径直回家，仿佛那些先人就跟着自己回来一样。

在家里，也照样供奉着鸡、鱼、点心、水果，他们的牌位在上，上面写着对他们的尊称，两边分别有一把椅子，从大年三十请进家堂到初一谁也不能坐，因为那是他们的爷爷奶奶甚至是曾祖父曾祖母的位置。

年三十的晚上，我们大都集中在二哥家，那时二哥在乡镇集市上卖服装，每年都是我们负责给他贴春联，到家他就下手做菜。他做得一手好菜，乡下人很难吃到的一些菜他都能做出来。我真正喜欢的菜是本地鸡炖的蘑菇，在山上奔跑一个冬天的大公鸡，一点肥肉都没有，炖上挂在门前的山地蘑，再放几颗栗子（鸡刨栗黄最好吃）。我喜欢吃鸡爪，二哥每次都把炖烂脱骨的鸡爪放进我的小碗。煮好的大虾、炸好的小鱼、炖好的肥肠……满满一大桌子，整整十二口人，热气腾腾，欢声笑语。地瓜打开一瓶好酒，浓烈的粮食的香味扑鼻而来，连一个冬天都不出门的大嫂也要喝上一大盅。

我一向不喝白酒，但过年的夜晚，抵不住来自各方的热劝，也会放肆地喝一盅，有一次竟然不胜酒力而无法去烤火。其实喝得并不多，但来自周围的熏染把我灌醉了。

被好吃的早早填饱肚皮的孩子们按捺不住，他们一会儿关门一会儿开门，就是为了辨识不同的鞭炮怒放。外面陆陆续续传来放鞭炮的声音，我们也冲出来，把早就拴在杏树上的一挂拖地的大地红点响，巨大的声浪震得我们抱着耳朵四散，冲天的烟花被电线阻隔弹回，竟然点着了积雪下仍脆干的菠萝叶，于是大家又把白天打好倒在瓮里的水舀出来灭火，全村嚷成一片。有一次五叔家的柴火垛着了，一个秋天运回家的地瓜秧、花生秧、玉米秸烧了个冲天高，但大家都觉得火旺人更旺，所以五叔干脆不救了，通红的脸上带着酒色。

下一个节目是烤火。把玉米秸、谷秆子竖在大门口，从底下点着，火便烈烈地向上蹿，火堆向哪一个方向倒就表明哪一个方向的庄稼收成好。大哥盼望西山的樱桃、南山的栗子丰收，但火却常常倒向东边，那里他只有一棵山楂树。他大喊着，还想用手去干涉，但常常无济于事，我想那是呼啸的西风在炫耀它的气力吧。

"烤烤腚，八年不生病"，大家都将背向着火焰，整个后背就会有暖暖的感觉，柴烧尽了，火星子还很热，大家就会在火堆上跳来跳去，期盼着来年的龙腾虎跃。

等火彻底灭了，我们就用灰在大门口画一个圈，正好围住自己的家门。早已经把自家的祖先请回来了，就不要让那些饿死鬼和无家可归的流浪鬼来搅扰了，赶紧在门口挡上一根木棍。

这家烤完了，那家又烤起来，整个村庄此起彼伏地火光冲天鞭炮齐鸣，然后就三五成群地聚到一起，但必须是一大家人，这天晚上不允许不同姓的人家乱串门子。嗑瓜子、吃花生、削苹果、喝大茶，晚上一点之前不睡觉。冬天的寒冷在每个人嘴上结成白气，但满脸的笑容却牡丹花般绽放开来，昏黄的灯光，黛色的青山，偶尔还在爆炸的鞭炮使小小的村子充满欢欣的甜蜜。

这个时间，是家庭主妇比较忙的时候，零点的时候要赶时辰，又要备好五样小菜，特别是要包好年五更的饺子。这顿要吃素的，一般是选白菜（财）、韭菜（财）、豆腐（福）、粉条（银条）、鸡蛋丝（金条），总之要吃素，但样样预示着来年的富贵安康。

伴着春晚倒计时的最后一声，鞭炮齐鸣，婆婆把五样小菜摆在天井的小方桌上。有金黄色的炸豆腐、方块的酱色猪肉、刚刚盘好的鸡、点心、水果，一一放好，还有一大炉的香、一壶酒、五个酒盅，五把椅子整齐地放在后面。菜冒着热气，酒飘着粮食的香味，香烟袅袅，刚刚出锅的饺子端上来，婆婆端出了下午打好的纸，还有冬天就备好的元宝。

婆婆穿着厚厚的棉袄棉裤，虔诚地双膝跪地，给诸神发"喜钱"。过年了，这个是给泰山奶奶的，求她老人家保佑一家老小平平安安；这是给风婆婆的，保佑天下风调雨顺；这是给路神的，孩子们走南闯北，保佑他们顺风顺水……婆婆在念叨的时候，我都会拿一根木棒帮她把纸烧匀，火纸打一个旋，在我们面前一转又往空中飞，婆婆就很高兴，她说，你看，连钱也很欢喜。她老人家说了一大套，还怕落下，就问我还有什么没说到，我便笑着说，那是您老人家的亲戚，我怎么认得？她就自顾自地说："我年纪大了不中用，说不到的各路神仙不要怪罪。"这时候她就会把一大叠纸放进火里，仿佛她看到众神仙都来了要多给些。我从她手里接过一团团火，然后飞奔送往灶台、门口、门外的路口。然后到各个门口再上一炉香，那里有婆婆白天就制作并糊好的三角形小香炉。

火尽了，把一样样东西分别夹一些倒进火灰里，倒点酒、茶，夹些菜。那些欢喜地飞到天空的纸火还在盘旋，一家老小就跪下来虔诚地磕头，嘴里是许下的愿望和祈求的福气。

一切完毕就再一样样地把东西收进屋里，然后才轮到这顿五更夜的饺子。大家抓紧去吃，因为饺子里面有"喜钱"——把五枚一角钱硬币洗干净，放到饺子馅里，如果谁吃着了，就预示着一年的好运气，特别是第一口吃着的，那是再吉利不过了。真的有那样巧的事情，第一口就咬到了一枚喜钱！但更多的是吃了一大碗仍然不见钱的影子，心里就怅怅的，有的甚至不顾撑破肚皮把手伸向另一碗。记得弟弟小时候任性，怕他吃不着会不高兴，母亲总是在饺子皮上下番功夫，从众多的饺子中挑出来先放进他碗里。

公公吃着了喜钱，咧着嘴笑起来，婆婆就说："每天起得这么晚，我把炉子弄好了，把饭菜酒茶端上桌了你才慢腾腾地洗脸，能不有福吗？"不一会儿，婆婆也吃着一个，她就不好意思地笑笑说："孙子孙女一大群，能不有福吗？"孩子们吃着了最高兴，高喊着，仿佛要让全村人都知道似的。

眼看所有的钱都有主了，我们也都吃饱了。桌上还有冒着热气的好几碗，但其实怎样也吃不完，因为要年年有余，熟的生的都要剩，连面和馅也要剩一部分，盆盆罐罐都盛满东西才好。

孩子们要跪下来给爷爷奶奶磕头，过年就是这个礼数，爷爷奶奶早就准备好了压岁钱，每个孩子还有一大包鞭炮，有摔炮，也有滴滴金。孩子们得了宝贝不肯睡觉，大人催促着。

第二天不必起得太早，因为昨晚的饺子已经算作早饭了。只需穿戴整齐，孩子一般要"穿新衣戴新帽"，起床要相互道贺，绝不可以吵架，否则就一年不顺溜，虽没有迅哥家长妈妈的福橘，但谁都不忘第一句是道喜。也不能起得太晚，晚了人家拜年的就来了。老老小小男男女女，常常是一个老爷爷的一群子孙算一拨，多的有二三十口人呢！老的拖着小的，同龄的手牵手，兄弟妯娌肩并肩。明年就出嫁的女孩下次就是人家的人了，大家就都打趣她；小伙子明年就有新媳妇啦，嫂子们就拿他开玩笑。山路崎岖，道也窄，有的人家住在陡坡上，就你拉我扯地上去。

家家供着祖先的牌位，进门第一项就是磕头，同姓同族的跪下就是一份孝心。脚下是一张备好的席子，行完礼就坐在炕沿上，喝茶、吃瓜子，抓一把炒花生，看看今年又新增了什么新家具，贴了什么年画。大家指指点点，没等坐定，下一拨就嘻嘻哈哈地来了，前呼后拥，人太多了，前一拨就要起身离开。只有过年，远远近近的才都凑齐了，大家互相说着今年的情形，握手、拍肩、相拥，自家人的感觉就是这样，有时甚至不说一句话。

大叔独自住在一间小屋里，大婶子去年得病走了，他喂着一只狗、三只羊。

侄子军娶了新媳妇，大红喜字还发着耀眼的光亮。

三弟弟生了儿子，抱在怀里见生人就哭。

拜年回来就把炉火吹旺，在咕咕咕咕煮沸的炉火旁，拉开架势打牌，一般是五个人玩的斗地主，地主是明的，但那个帮他的狗腿子却是隐藏的，往往是到最后了才知道是谁，一番番的哄笑与吵嚷，那是谁又趁人不注意偷走了大王，这时候叔叔大爷儿子侄子和媳妇们都互不相让，热热闹闹。

午饭时间到了，吃的是昨晚剩下的饺子，剩饺子不够咸，这一顿不再吃素，往往把年三十煮好的下货盛上一些，猪耳、舌根都已经冻成冻，就着饺子还可以喝一盅。也有再包饺子的，反正面和馅都是现成的，永续不断的意思。

午饭过后，大家守着炉火，那些早晨守在牌位旁出不来拜年的老一辈人，趁这个时间也串串门。茶水续了一壶又一壶，瓜子皮花生壳早已厚厚的一层踩在脚下，初一这一天不能随便泼水和扫地，泼水是怕泼到请回来的祖先身上，扫地是怕把满屋的财富扫掉了。

满屋的烟雾升腾，叙叙往日的情怀，说说年轻时的豪壮，夸夸孙子的奖状，冬日的寒风拍打着门窗，一股股暖流撞击着心房。

这时候婆婆总是一趟又一趟地送着来人，当时他们就算年纪大的了，已经没有可看望的老人了，小辈来了要敬三分。

太阳西斜了，到了"送家堂"的时候，把那些摆了一天的牌位拿好，带好火纸和火柴，走出家门，在路口烧起纸来，纸灰飞旋，还轻轻告诉他们回去的路。

夜幕一丝丝厚起来，初一的晚上也有一顿大餐，我们是到大哥家去吃，只隔一夜，感觉却大不同。昨夜狂放不羁酩酊大醉，似乎是对去年的肆意挥别，好好坏坏都填了时间的隧洞，今夜似乎有那么一点小心翼翼，属于新一年的开端，样样事情都要提前挂在心头，沉重了些。

一连几天忙累，今夜就睡得格外早，回到我们自己的小屋里，地瓜把小炉子烧得火红，煤炭在灶火中猛牛般狂叫，似北山的烈风，小土豆因为疯玩一天说着话就睡着了。我常想，如果上苍允许，我愿时间永远停在那一刻……

第二天早早地起来，因为年初二是走亲戚的日子。媳妇回娘家去，闺女回娘家来。大条的猪肉是年前就冻在白菜垛上的，还有透着油星的点心，烟酒糖茶样样齐备，大包小包地挂满了车把，山村人走亲戚真的就是"走"。

小土豆姥姥家就在南山外，这些年来我们几乎都是走着，在路上会遇到好些认识的人，大家你呼我唤地打着招呼，有时下了雪，我们就顺着山势溜冰回去。

母亲总把父亲打扮得很整齐，父亲红光满面地坐在椅子上，母亲把早就准备好的糖果、点心、瓜子都拿出来，还有我们爱吃的"八亩地"（就是杂色果子，产地就是我们村西的八亩地村，又酥又脆又甜）。大家喝茶看电视吃点心。一大盖垫饺子已经整整齐齐地排好，是本村的二姐早到来帮忙包的。

哥几个姐几个开始打牌聊天，天南海北的这次相聚不容易，聊着谁又买了新车谁又购了新房，股票跌了菜价长了，好不热闹。

孩子们则在外面实现着他们的鞭炮梦想，各色的鞭炮炸响着在城市里闷了一个冬天的心思，笑声也格外狂野。

下午早早地有一顿大餐，因为喝完酒还要各自回家去。大约三点就开始了，置办了一个月的年货，今天贵客（农村把女婿当作最尊贵的客人）来了要全部派上用场。上了供的大公鸡被炖得烂烂的飘着醉人的香气，冬天埋在沙子里的芫荽绿得翡翠般，用肉末炒得玉色，油炸的藕合金黄金黄，自家煮的猪舌鸡腿，更是冒着地道的年味。

微醺的男人们一轮一轮地敬酒，女人们则早早地收了盘盏嗑瓜子，眼睛却看着那一桌男席，都怕自己的男人喝多了丢人。在娘家人面前要保持矜持，丢了丑是不容易抹平的，会成为一年的说头，可是醉了，哪还有那么多讲究？

母亲的小屋不算小，但呼啦啦挤满了人，又呼啦啦说走就走，母亲扫着满地的瓜子皮、鸡腿骨，好像做了一个梦。常常是除了我住下了，其他人都一溜烟没了踪影，屋子里再次剩下炉火的疯响。

初三、初四还有些零零星星的亲戚走一走，一般是去姑姑舅舅家，不再像初二那样集中那样亲近，说的都是些远古的闲话。

到了初五、初六，远处回来过年的开始陆陆续续离开了，吃一顿饺子，放一挂鞭炮，姐姐给叠了一大包袱煎饼，哥哥从地窖里拿出带着新鲜泥土的地瓜，婆婆把冻在菜垛上的豆腐装进袋子，还有母亲给的玉米面、猪下货，嫂子家的粉皮，弟弟送的香肠，姑姑给杀好的柴鸡冻在雪窝里，收了一大兜子，那个年的梦，醒了。

刚结婚的那年去拜年，转了一圈也没有磕头，觉得读了大学还这样迷信会遭人耻笑，大嫂二嫂也跟着我不再磕头，近几年似乎突然明白，特别是公公婆婆去世之后，双膝跪地，泪如泉涌。今年我们不用贴春联，他们都走了不足三年。

　　　　　　月季花不再月月开
　　　　　　恍惚了弯腰奔忙的面影
　　　　　　深夜煮沸等我们的铁壶
　　　　　　锈迹斑斑地凄哀
　　　　　　荠菜花被冰雪覆盖

自从老家被列进风景区，过年不允许放鞭炮，不允许烧纸钱，那些忧伤的想念不知道该怎样表达，梦里的牵挂也似风筝没有着落，除夕的夜晚安静寂寥，想回家过年的孩子少了。

给母亲打电话

找不到合适的时间给母亲打电话，并不是因为我有多忙。

每每给母亲打电话，要等的时间长一些，因为母亲的耳朵背了。本来我觉得人年龄大了都会这样，但母亲还是寄希望于通过吃药听清楚，我便去给她买药，虽然明明知道也许根本不管用。大姐还给母亲买了助听器，但母亲不习惯，说声音太大了。

给母亲打电话特别讲究时间。

前几年早晨五点多她就被父亲吆喝得不能安睡。那时候父亲每天下午两点多就要睡觉，否则就会难受得站不住，有时要一直睡到第二天的五点钟。也许是躺得太累了。想想看，他脑血栓后全身不灵便，恐怕翻身都不太容易，母亲是个爱面子的人，她怕父亲的吆喝声被左邻右舍听见搅了人家的"回笼觉"，所以哪怕再累再困也抓紧起来给父亲穿衣服。父亲那时候不能弯腰，连个纽扣也系不了，鞋子、袜子都是母亲一样一样给他整理好他才下床。

当父亲像模像样在堂屋坐定，母亲就要到灶屋烧水，因为不到二十分钟，父亲准又喊着饿了，早晨至少要有两个冲鸡蛋泡了点心下肚。母亲常嘲笑父亲是一台老旧的机器，格外费油。

吃过早饭，母亲就要洒扫庭除，洗衣晒被。母亲讨厌屋子里有陈腐的味道，她总说姥姥姥爷年龄大了没人愿进他们的屋子，就是因为年轻人都不愿意闻那种陈腐难闻的味道——那似乎是老年人特有的一种味道。母亲总是把父亲收拾得干干净净，即使是冬天，也常常更换衣服。父亲一辈子和泥土打交道，年轻的时候几乎天天身挂泥巴，有时甚至赤脚，母亲总在后面唠叨他。现在年纪大了，有时大小便都不正常，一辈子讲究干净的母亲想了很多种办法来对付，让父亲又是吃香蕉又是喝蜂蜜。

午饭后不能打电话。打发父亲吃过午饭，又到了父亲准备睡觉的时候。安顿好父亲，母亲就自己跑到自留地里干活。以前看到七十多岁的母亲下地干活就很不是滋味，便劝她不要干了。

没想到母亲从地里收获的快乐实在是很多。她种了十棵白菜，白菜心实诚得像铁蛋，在青山绿水间成长的白菜都不用洗，我们回家的时候母亲便拿它炖排骨；她种的花生在八月十五的餐桌上被炸得酥黄；她种的玉米磨成黄色的面，在锅里贴成金灿灿的饼；她种的萝卜是青皮红瓤的"心里美"，巧手的姐姐把它刻成花倒垂在屋里一直挂到春天……她愿意让她的孩子吃她亲手种的东西，仿佛透过她的手，那些东西都有了魔力，传递着爱与健康。

她用水桶提水浇她埋下的种子；她用背着的喷雾器给她的玉米地除虫，她一个叶子一个叶子地仔细查看青灵灵的蔬菜，常常是天黑了还没有回到家……

晚上就更不能打了，因为不知道她什么时候从地里赶回来，她要么扛一把锄头，要么推着她的独轮车，或左手拿一把菜，右手攥着几粒花椒。一旦回到家，她又要忙着给父亲准备晚饭。父亲正睡着，母亲只好喊醒他，常常是一口一口地给父亲喂饭，然后才洗漱睡下。我曾经喜欢在这个时间给母亲打电话，结果长长的一串铃声后，才听到母亲的声音。我知道她已经睡了，怎么舍得在这个时候再去惊扰她呢？

算来算去，已经好久不曾拨通母亲的电话了……

第四编
这个夏是寂寂长夜

莫言说：没有生活体验，写作这条路是根本走不通的。

但是，你的体验如果只是甜和暖，也许你永远不懂得凛冽和寒凉。

我的公公婆婆离开我的时候，我的父亲离开我的时候，我才深切地体会到好日子都是他们给的。

我一直很神往鲁迅小时候去平桥村的生活，工作后放了寒暑假，第一件事也是收拾东西回家。公公婆婆很宠我们，婆婆高兴地为我们包饺子，做各种好吃的，我们什么也不用做。

早晨起来去荡山，暑假里会遇见灵芝，寒假里会看见"套兔子"的大哥背回来一个还带着体温的大兔子，经常去小村水库钓鱼，虽然只是一拃来长的小鱼，我们却高兴得如获至宝。

翻过小山就是我的娘家，母亲的小院更是四季繁华。

不知道为什么，只有回到"胞衣之地"，我的心才算真正安宁。我见过最美的风景，是拿一个马扎，一把扑流萤的扇子，坐在家门口看"月出东山之上"；我听过最美的声音，是"撒盐空中"的粗雪粒子，簌簌落在婆婆堆放在庭院里的柴草上，只有万物肃静之后，你的耳朵才变得如此"灵透"，可以捕捉到独属于你的"热泪盈眶"。

我经历过奶奶的去世，说实话，那时候并不懂得生死。对于隔辈老人的去世，即使亲身参加了送丧，疼痛也不是彻骨的，好像隔着一层纱，而到父亲去世的时候，这层纱被无情地撕扯掉，我猝不及防，好像突然被远光灯投射到眼睛，迷茫、恐惧，甚至绝望。

小村的酷夏本就蒸烤，正午我走在送葬的队伍里，大汗淋漓，头发被透汗打成缕，丧服沾着泥巴，皱皱巴巴，鞋子是白色的帆布鞋，早已经在这几天的踩踏中变得灰头土脸，歪歪斜斜……

我从小村离开的时候就是这个样子，这是真实的我，那个穿着裙子踩着高跟鞋在全国大会上讲课的也是我，此刻在酷暑中嘶号泪如雨下的也是我。

这个时候，我的写作还原成"本真"，如父亲笨拙地在这大地上书写神奇，我也笨拙地原原本本地记录，虽然，父亲去世三年后，我才敢动笔去写那些细节。

曾国藩的祖父对曾国藩说过这么一句话："凡菜茹手植手撷者，其味弥甘；凡物亲历艰苦而得者，食之弥安也。"自己采撷自己手植的菜蔬，有味道有回甘；自己艰辛得到的东西，才会用着心安，甘之如饴。

写作何尝不是如此呢？自我生命的本真书写，也成为我指导学生写作的"秘诀"，我不喜欢停留在技法的写作，我喜欢给自己的生命挖一口深井，汩汩冒出清澈与甘甜。

清明，让我默默地哭你

一袭素白的丧服，在寒冬凄冷的风里，让我默默地哭你！

2009年的腊月，公公已老得不能继续陪我们走路，他先走了。其实他才七十三岁，按理说，他还年轻着哩，哭得死去活来的姐姐老说一句：爷爷奶奶活了九十多岁，你怎么就走得这样早？

那时我父亲先得了脑血栓住院，公公还徒步十里山路到家里探望。可今天，他却先走了。

我还记得第一次去地瓜家见他的情形，这位憨厚质朴的老人，脸是关公一样的红，爱喝一点酒，总是憨憨地笑着。也许没有人相信地瓜的父亲是大字不识一个的农民。地瓜在博士论文出版的时候还深情地写道："生活在偏僻乡村的双亲，以花甲之年支撑着我艰苦地完成了学业。"地瓜曾不止一次在许多场合说，他今生所受的最好的教育来自偏僻乡村的父母。

记忆最深刻的是婆婆在那间小泥土房门前种了一大片月季，在春天的小雨夏日的和风里，润润地含苞。

婆婆种了一小片韭菜，"夜雨剪春韭"，天一亮，我们还没有起床，就听见婆婆在剁肉馅。泥土的芬芳逼得人不能睡懒觉，我们也早早地起来，本要帮婆婆包饺子，她却执意要地瓜陪我去大山上看看，大山就在村后，五分钟就可以上山。荠菜、白蒿、羊蹄甲、馍馍柳……我们沿着崎岖的山路一直前行，地瓜时不时地停下来给我介绍。我也出生在乡村，但我们那里没有这么近的山，也没有这么多让人好奇的东西。地瓜还找到一处他小时候常玩的一个山洞，覆盖着厚厚的树叶，走在上面沙沙响，四周还有回音。

婆婆并不来找我们，她总觉得我们是小孩子，玩够了就会回家。当我们拿着大把大把的野菜进门，饺子早就出锅了。婆婆说刚下出来太热，怕我们玩了一大早上回家饿得不行，就早早地下出来晾一下，再一个一个地摆在竹篦上温在锅里，回来就可以用手抓着吃。

看我们狼吞虎咽地狂吃，公公就说："秋后回家来吧，到处都是核桃、栗子，我种了一坡山豆角，让你娘给你们摊一大摞煎饼。你娘摊的煎饼可是满庄都夸哩！"刚刚摊好的煎饼卷上新炸出的春芽，我们欢快地嚼得脆响，那也许是全家最幸福的时刻。

我们走时，公公早早地出门，他去山上摘了一大筐春芽。这里的人家是要等到春芽长到一尺多长才肯摘下来卖的，是地瓜无意说过我喜欢吃嫩嫩的春芽尖，汁液饱满，不管是炸还是炒鸡蛋都分外香，还可以腌起来就着吃面条。

此后的每年春天，我们总能够吃到只有手指长的春芽，别人嘲笑公公，他也只是憨憨地笑，据说后来他还嫌不够，又把后山的一片小地也改种了春芽……

女儿出生时，地瓜选择让我回老家，不仅因为当时是他博士论文答辩的关键时期，最关键的是，他希望女儿生下来呼吸的就是来自山野的清新空气。女儿出生在春天，在我的屋子里就可以看见一天天黄起来的山杏，一天天饱满起来的核桃，一天天绽放开来的一地野花……公公每逢集市都要翻山越岭去买菜，我最喜欢吃的是婆婆给我做的小米鸡蛋粥，加了红糖的米昔开锅的时候打进鸡蛋，鸡蛋似乎才刚刚熟到五分，吃起来甜甜糯糯的，真的好美味。

公公离开了，就在我们回来的那天。他已经昏迷好几天了，只不过哥哥嫂子们怕我们忙没有告诉我们。村子里的人都说，老人要走也要等到所有的亲人到齐，更何况我们对他那么好。是对他好，为了让他们冬天舒适些,我们给家里安了土暖气。据说整个村子的人一冬也买不了一车炭取暖,他们冬天靠到山上砍胡木枝烧。但未曾想到直到他去世炭也没有烧完。婆婆说他就烧栗蓬,舍不得。他对我更好,怕我回到家没法看书,赶集给我买了小桌;他给我们亲手打了案板,为的是让我们自己可以切菜……

我们在城里买了大的房子,当时考虑的就是老人年纪大了可以来住住,特别是冬天。但他们只来住了两天,还是因为我们那里有这样的风俗,孩子盖了新房子要先把老人接来住几天,据说这样可以给孩子们带来世世相传的福气。那天晚上北风刮了一夜,我想他们一定没睡好,更何况婆婆还晕了一路的车,但第二天公公就急急地要回家,牵挂着地里的农活,非走不可。

据说您回到家就下了地,据说您只要有一丝力气就下地干活,您真的是在地里滚了一辈子,直到生命的最后时刻仍匍匐在您滴了一辈子汗的土地上。那是一个深秋,您的一片栗树成熟了,本来孩子们可以帮您收回家的,可您知道他们都忙,执意要自己去看看,但您自己也清楚,您已经老得恐怕走都走不到那里了。但那天后屋的兴良喊给您说,您地里栗子滚了一地,天上掉栗核呢!您就沉不住气了,深秋深谷里吹着凉风,您跌倒在深深的荒草里面,整整半个下午挣扎不起来,您怎么也用不上劲,以前您是挑着两大筐栗核也能"飞"的,人家都说您有使不完的力气。可今天您竟像一个熟透的栗核,滚在土里,饱满得只能滚,立不起来了。您揪住了身边的草,企图凭借它们站起来,去年的时候,您曾向我们炫耀说也跌倒过一次,但您扯着一缕蒿草就站了起来。可当时秋风已经扯断了草茎,光秆的荒草,像极了您年迈后稀疏的头发,耐不住劲了。等到有个放羊人把您扶起来,您把您周围的草都拽光了,您曾怎样地绝望啊,放羊人说,您喊的是"救命——"

您从来没有向您的儿女们喊过救命,您七十多岁直至去世也没有向我们要过一分钱,村里像您这样的老人早就对儿女把话说明白,每个儿子必须每年交多少老粮,每月给多少油盐酱醋,过冬的柴火度夏的茶,可您什么都不要。那次二嫂故意说您舍命不舍财，您仍是憨憨地笑。您去世的那天婆婆哭得最伤心，她说她怎么舍得花你用汗摔出来的五千块钱……您一直以您的小儿子为骄傲，但您一直也没有让他留下来陪您，您知道他忙，我们这次回来已安排好了工作下定决心要多住几天，可您一定是怕耽误他太多，您走了。

最后一次见您那天是您的生日，我们本想早早地把好吃的给您放到床前，行走不便就不再让您坐席，可您哭得像个孩子。我第一次看您哭，还哭得那样不害羞。大哥把您背在肩上，二哥提着您的腿，地瓜给您拿着那双沾满泥土的鞋。背到桌前坐下来，您还要了一盅酒，这是您得病以来第一次喝酒，大家嚷嚷着，我看到您的眼里充满润湿的光亮，您难道知道再也不能和我们一起这样欢快地嚷嚷了吗？

我想您一定知道，要不，我们回来的时候，您已经好几天不吃东西了，地瓜却看到了您的一滴泪滑落……

当婆婆把您老落的两颗牙齿放进了棺材，当您被重新打扮得像新郎官一样长袍马褂毡帽，您的嘴里含着平泉叔叔放入的一枚铜钱，您的手里有平顺叔叔亲手做的马鞭，身上是婆婆亲手缝制的厚厚的棉袄棉裤，脚上是姐姐亲手为您做的千层鞋，还有姑姑亲手给您做的白面馍馍，嫂子给您包的百岁饺子，拿来的谷穗、芝麻，还有我们给您买的米山、面山、金山、银山、公鸡、橱柜，我们知道您是真的走了，当棺材起灵的那一瞬，不知哪里来的大雪，棉花团般坠下……

本以为，病重的公公离世，婆婆可以好好地享受一下生活了，可谁想到，就在公公去世后的第八个月，婆婆又摔倒了，和一年前的公公一样。

离八月十五还有三天，院子里下了一阵小雨，地面湿滑。二哥刚刚把花生刨回家，在院子里晾着，婆婆怕被雨淋了，急急地出去收。当二哥出去收拾东西时，院子里一片死寂，婆婆俯身卧在那片花生上，死了一般。

被吓坏的二哥扯着拖着把她抱进了屋里。婆婆醒来先是哭了，似乎觉得，老头子给她留下的五千块钱真的要扔给医院了，她曾因为这些钱来得不易一分也舍不得多花。

乡村的医生给她挂上吊瓶，可她的头却垂下了。二哥就急急地把她送往县城的医院，医生看看拍出的片子，摇摇头问：你们还治吗？已经不行了，但也不是没有希望，医药费会特别昂贵，你们有钱吗？

这是一家专收偏僻山村患者的医院，许多人一听医药费转身就走了，有的马上就要做手术了还是选择了放弃。那些地方穷，医生似乎都能理解。而且，这种病即使治过来也撑不了多久。

"不惜一切代价！"我们正在高速公路上往回赶，二哥打电话来问怎么办，地瓜的声音里夹杂着涩涩的苦楚。不到一年，两个老人的身体先后都出了问题，他有些承受不了。地瓜打电话给院系领导，申请今年的课题暂时放下，我知道这些日子以来为了课题他付出了多少，熬夜到深夜，是这三个月来的常事。

我带着我的工资卡，里面有我们积蓄的一点钱，是为单位即将要分的房子准备的。记得公公生病的时候地瓜还专门存了一部分钱来应对老人生病，但他万万没想到婆婆会这么快也倒下来。

开颅手术马上就要开始了，婆婆保护了一辈子的"秀发"撒了一地，她身上插上了管子，人已昏迷过去，人事不省。

剃掉头发的婆婆完全变了个样子，她一辈子看不惯不男不女的样子，孙子头发长了她会逼着去剪，我给女儿剪了短发她会不高兴地说："扎两个小辫子才是小丫头，野小子似的可不行。"梳了一辈子疙瘩鬏子的她，据说还是为了迎接她的儿媳才在三婶的反复劝说下剪掉的。此刻，她光着头，导血管里全是糊状的东西。她的一群孩子轮流照顾着，其实所谓照顾，只是抓住她的手，怕她把管子抓掉。她已经昏迷了一周，靠注食牛奶、米粥维持。她神志不清，又大又长的右手一直在空中抓拿着什么，似乎抓不到依靠似的。记得去年当一群人把公公打扮好准备去火化时，她抓住她给公公做的厚厚的棉裤，声嘶力竭地叫喊着，与她一辈子的低眉隐忍完全不同，当时，天上突然飘起鹅毛大雪。那一瞬间我见过她这样的表情，惶恐无助。

在医院待了两个月，地瓜始终陪在她身旁，那些他在外读书的日子似乎一下涌到他的面前。每次回来，婆婆总是给喜欢吃饺子的地瓜包饺子，没有什么好馅，是房前屋后的北瓜、豆角。其实地瓜很少告诉归期，因为父母都不识字，但她每次都说知道，地瓜知道，母亲无时无刻不在思念与牵挂。

从上了中学，地瓜就不再这么长时间地与母亲相处在一起了。为了从导血管里取出更多的存血，他用力地捏压管子，胳膊上都贴满了止痛膏，他专门让护士教给他如何通过管子"打奶"，如何翻身。医生说最怕长褥疮，他就每天用热毛巾给母亲擦身，每晚给她洗脚……

她病得那样厉害，一定分不清天上人间了吧，却总是忘不掉她的孙子孙女，在医院躺到第七天，突然轻轻地说话了，"递给我那个大点的筐，我去砸栗子"，声音沙哑，"我早就买好菜了，给我穿上鞋，我得包饺子"。还有三天就是中秋节了。您可知道，我们多想把您救回来！您可知道，您是我们永远的老家！

已是深夜，到处一片漆黑。"俺不去，俺要看着孙子孙女上大学哩！"她终于清晰地说出话来，急急地，吓得大家毛骨悚然。原来她梦见我们早已过世的奶奶来叫她，她牵挂着孙子孙女，急得喊出了声。"孩子，把手给我！"正赶上十月一放假，她的孙子孙女都赶到医院，她抓住三双手不肯放松，"你们都是奶奶一辈子的宝……"

她一直在回忆以前的事情，回忆年轻时候，回忆快过年了，上大学的儿子还没有回来，她就一个人站在黑夜里等。说着说着，她的泪就涌满了脸……

"给我筐子，南墙根的栗子我一直给小土豆留着，她可喜欢吃哩！"

"我知道你们要回家哩，买了好多的青菜，有菜花，再凉拌黄瓜吧。"

地瓜给她用了最好的药，每天还给她炖海参，可她总说，我吃的是萝卜干……她已经吃不出东西的滋味。医生说，回家吧，慢慢恢复……

回到家后，地瓜给她买了沙发，买了烘干机、洗衣机、暖风扇，因为冬天就要来了，但她身上开始溃烂，翻不了身，每一次翻身都难受得要命。地瓜轻轻地安慰她,看着母亲遭受这样的折磨,他的内心何尝不痛苦呢!地瓜把电脑带回家,大雪封山的日子,他点起暖暖的炉火陪着,炖粥熬汤,翻身打针……

这样的折磨持续了整整半年,她本来就瘦弱的身体几乎变成一堆干柴,她再也不愿麻烦她的儿女,终究还是去了。

打开您黑色的柜子,那是您所有的家当。我看到了那件藏蓝色的毛衣,用深蓝色的塑料袋装着,几乎一次没穿,那是婚前我亲手织了送给您的新年礼物,想来已经十五年了吧?还有那件紫色的大衣,那是您来城里看孙女要返回家过年时我去专卖店买的,您总说太鲜艳了,自己年龄大了,不好意思穿,其实我知道,您那是舍不得啊!此刻,它也整整齐齐地叠成四方块放在柜子的最底层。还有那件羽绒背心,那是去年,公公已经不能站起来,您七十多岁的人了每天默默地照料一切,我见您笨重的棉袄在给公公洗脏衣服时总要弄湿半截,就去给您买了这件紫色的羽绒坎肩。今天,我要给您放在胸前,冷了要记得穿啊!我们还发现了两件三表新的棉袄棉裤,您曾不止一次骄傲地对很多人说,冬天乡下冷了,您好穿着到城里小儿子那儿去,他们已经回来搬你好几回了。

是啊,去年的清明、五一、暑假,我都专门回来搬过您。

您却不肯跟我走。您说,星期六飞回来见不到您他会难受的。飞是二哥二嫂的儿子,在乡镇中学上初三。去年他们在城里买了房子。公公去世后,二嫂也辞掉乡村幼儿园老师的工作,到城市打工挣钱去了。

孩子在学校疯一周,回来才待一天,有半天还要写作业,可您就是想给孙子洗一洗穿了一周的脏衣服,那让您很满足。孙子在家就吃两顿饭,可您要忙活好几天,小山村没有卖菜的,您就找人从集市上捎菜,孙子说喜欢吃饺子,您天不亮就起来忙活。站在大门口,孙子的车子已飞得不见了踪影,您还站在风里。

公公去世后,姐姐曾搬婆婆去住过一段时间,但婆婆说,当她回到家的时候,看到破破烂烂的庭院,就失声痛哭了,她忍受不了家变成那个样子。

去年公公去世时，离过年正好还有十天，当家家红红火火过年的时候，我们家却沉浸在悲伤中。年三十的下午，按照风俗应该把亡者的魂灵请回家过年，哥哥嫂子怕婆婆看到牌位会受不了，就说现在都不兴了，到坟头烧点纸就行。那天他们去了坟头，我陪婆婆在家里，我看到满头白发的她坐在院子里，无声地哭泣。我想把她拽回屋里，可她就是不肯。凛冽的北风刮得呼呼作响，她凌乱的白发揪得我的心生疼，当我缓缓地说服她，把她搀到屋里时，发现在小屋的小桌上，她给公公的供品端端正正地摆着。

除了到城里看您的孙女，您不曾离开过大山，远离这条瘦长的泥沙路。您从小就没有了娘，八岁时开始顶门做饭过日子，还拉扯着仅有两岁的妹妹。既没有兄长也没有弟弟，所受的委屈谁能尽数？您是怎样学会了做鲜嫩可口的鸡蛋卷？怎样学着扛着大锄在山谷间劳作？年幼的您曾哭过吗？那天您实在痛得不能支持，高高地喊了一声"娘！"也许今生喊得实在太少，您似乎被什么给烙疼了，在卧病的半年里，再也未曾听您喊过。

我跪在这条瘦长的泥沙路上，想象着您在一个深冬的早上，被人灯笼火把地嫁到这个村子，别却了仅有的两位亲人，然后整整半个世纪依偎在这个小小的村子里，您为自己的父亲送终，为这边的爷爷奶奶送终，您还在这里声嘶力竭地送走了自己最亲的人……我不能想象您所受的钻心的疼痛，便心里酸楚涌动，泪夺眶而出……

清明节到了，我们全家又来到村西的小庙看你们。长长的队伍里有您的孙子孙女。

去年来送公公的时候，我跪在庙前的雪地里，牵挂路上他一个人又冷又孤独；今年我跪在庙前，发现地上的荠菜已经冒了芽，我突然觉得这里面对着青山绿水，一定有一个温暖的别样世界，你们会在那里逢着爷爷奶奶，一定会过得富足安康。劳作一生，终于可以好好地歇歇了……

昨夜我又梦见您。

您笑得很甜，像平常那样，不出声。

这个夏是寂寂长夜

父亲丧礼过去了二十天，我第三次回家，到家的时候，天色已经暗下来了。

一进门，母亲便忙着给我拿吃的，没错，几乎每次都是这样，我想一定是饺子。在母亲的字典里，饺子是最好的东西，只要给孩子们吃上一顿饺子，一切好像就都安妥了。

我问母亲吃不吃，她说吃过了，接着她就流下泪来，她说今天看到和父亲的一张合影就自己哭了起来。那是一张二十年前的照片，人家娶媳妇时他俩去帮忙，在人家的影背墙那里照了张合影，母亲在右边，父亲在左边，那时母亲刚刚剪了短发，很精神，父亲很瘦，腰板很直，两人向着一个方向笑，"那时过的是什么日子呀，红红火火的，现在呢，我怎么就过上了无依无靠的日子，什么都没意思了……"母亲的眼还是红的，眼袋很明显，连连打着哈欠。我想她昨夜肯定没睡好，今天中午也一定没睡午觉。

我的泪夺眶而出，其实他们俩的合影还真是很少。父亲卧床两年，有时失禁，母亲用刷子给他刷干净，父亲那时身子还沉，母亲年龄也大了，弄不动的时候，母亲也曾说过，怎么阎王爷就忘了你呢？有一次父亲竟然说，我要走了，你怎么办？母亲只当是拌嘴，说，你不用管我。母亲唠叨起这些，后悔地哭起来。

见母亲疲乏，我们便去西屋睡觉，在城里从来没有睡得这样早，我有点不适应，但还是在西屋潮湿的大床上和母亲并肩躺下。母亲一会儿说，自己怎么就不知道一直陪着他，早知道是这样就应该一会儿也不离开地陪着他，"他就死在我的眼皮底下我竟然不知道？"她一直谴责自己，说着说着就哽咽了。说起父亲年轻时，那真是能干，那时家里人口多孩子多，还是一群女孩子，就全靠父亲顶着。

我们从小最讨厌两件事情。一件是一吃饭母亲就去扫院子，经常在我们吃完的时候才回来。那时没有多少吃的，菜更是谈不上，有时从集上买来烤鱼子（一种干巴鱼），在锅里加一点油煎一下，我们几个孩子吃完了，他们两个就拿煎饼在锅子里擦一下当作一顿饭。第二件就是母亲总喜欢把东西藏坏了再吃。母亲说，有好东西谁舍得吃，藏来藏去就坏了，很后悔没早让我们吃。

半夜几次被母亲的叹息声惊醒，母亲的叹息声在深夜里格外大，也许她早已忘记我的存在，这声叹息由心而发，简直震耳欲聋，我在被窝里吞了一阵子眼泪，不想让母亲听到。天不亮，母亲起身。父亲在时，每天天不亮她就起来为父亲冲鸡蛋，现在她不能看见鸡蛋、饼干、牛奶，那时早晨就是这些东西。父亲最后半年不太能吃东西，常年卧床，吞咽功能严重受损，有的时候呛着了，就大口大口地吐出些东西。父亲临终都很清醒，我不知道一直要强的他当时在想什么，母亲有时着急了会数落他，可是现在呢，母亲竟然一点也想不起他那些不好了。

父亲的丧事结束后，我们姐妹几个轮流照看母亲，世界上除了这个人，有谁可以真正地贴心贴肺呢？

昨天和陶然一家吃饭，她丈夫温文尔雅幽默风趣，儿子淡定从容低调沉静。说起她儿子明年要外出读大学，她竟然孩子一样不知所措。她说起去年冬天，下班后突然想起儿子和丈夫回了老家，心一定，就开车回了老家。一家人整天黏在一起的时候才是最真最放松的，不论一天多忙多累，能够看着自己做的一碗粥一勺汤，孩子、丈夫舒舒服服地喝下去，这个漂漂亮亮的女人就分外开心。

昨天去医院看望我的学生春，他的媳妇已经怀孕六个月，在做心脏彩超时查出胎儿心脏畸形。见到我春的泪就流了下来,我知道他们在这六个月里曾经对这个小小的生命所寄予的厚爱与希冀,没想到就这样在这寂寂长夜里结束。我让春劝媳妇好好休息吃饭,春却说其实是自己太软弱,听到这个消息无法控制地哭出声来。

耄耋之年殒身的老父亲,春未成形的孩童,让我在这个夏天沉入寂寂长夜。

那次貌似优雅的散步

父亲生病的近二十年里,印象中我只陪他散过一回步。在城市生活十几年的我早已养成晚饭后散步的习惯,而对父亲来说也许是仅有的一次。

我目睹父亲怎样一天一天变老,那个自作主张、从来不听别人劝告的大山一样的他,轰然倒地颓然地躺在床上,起初我觉得根本不真实。

但那次并没有打垮他,他恢复过来后竟然还能够骑自行车。但有个夜晚,从二姐家吃过晚饭,我们走在夜色苍茫的路上,父亲一个趔趄差点就摔倒。我的泪夺眶而出,虽然星子闪烁言语遮蔽,父亲并不知道,但在我内心,那个轰轰烈烈属于父亲的时代已经过去了。

那是八九年前的事了,那时他还能走。我曾从济南给他买过一个很漂亮的红榆木龙头拐棍,上面刻有字,但父亲本就不是儒雅的文明人,他开始坚持不用拐棍,后来不得不用的时候,他从自家修树砍下的槐树枝子或者山楂树杈中挑选出一些,放在火里面稍微烧一下,树皮一剥,弯成父亲想要的弧度,枝枝杈杈地他竟然做出很多个,倚在门后的椅子旁,大门的两边,碰见哪个就用哪个。

那时到暑假就会回到老家消夏,有天晚饭后想当父亲的拐棍陪他出去走走。父亲病重后就很不愿意出门,风风火火如夏风般敏捷健壮的他现在已经跌跌撞撞。平日里母亲让他出去他都不答应,但那天他破天荒地起身了。

小村的十字街很容易就走到了，我问他朝哪儿走，他竟然孩子似的没有表态，似乎我往哪儿走他就往哪儿走。

向西走通往小学，那是我上小学的地方。父亲年轻的时候为了让我们过上好日子"不择手段"，连小学厕所的积肥他都去挖，我生怕同学嘲笑我，而他从来都觉得靠力气种庄稼"粪是一枝花"。我想朝那里走，那里有他年轻时挥汗如雨的记忆，但我很快就改变主意了，因为小学后面就是坟场，那是村子的公共墓地。和父亲差不多年纪的人都已经到了那里，包括比他年轻很多常常为了集体的事情而吵得不可开交的"村干部"。想起这些我便拉着父亲朝东走。

村东头多好呀，春有青青的麦苗，夏有个儿大的玉米，秋有缀满枝头的山楂，冬有野兔子的爪印爬满长长的河岸。

夏日的夜晚，乡村并不宁静，去村东头乘凉的人特别多，他们大都吃过晚饭，天南地北地聊，东一句西一句的，高一声低一声的。父亲年轻时就没有在外乘凉聊天的习惯，那时我们姊妹和母亲也不敢在外面瞎聊，深谙"一日不劳作便一日不吃饭"的法则，时时处处想着地里的活家里的事，父亲喜欢干活踏实卖力的人，看不上图省劲的懒惰和闲散。自然，这次我们两个貌似优雅的散步并不符合父亲原有的节奏，他走在那条熟悉的土路上竟然不顺畅，那些平日里从没见过父亲散步的人高声地和他开着玩笑。"往回走吧。"父亲突然觉得很尴尬，我们并没有走到东边的小河，甚至没有到达那口他带头挖的井。

父亲急急地，朝家的方向，一瘸一拐的，甚至比我走得还快。

我和母亲的漫长下午

父亲去世后的一个月,给母亲打电话更加小心翼翼,我们尽量轮流回来陪她,但是暑假过后陆续开学上班,这个偌大的院子只剩下她一个人了,我知道她的胆小孤独,我知道她渴望有儿女陪在她身边,但我更知道,即使在父亲病重的苦痛日子里,她也不曾向我们求援,为了她的孩子们能够安心。现在不到黑天她就锁好门独自躲到西边小北屋,漫长寂寥的初冬夜里,她说,什么事情想不明白呢!

电话铃声响完了,无人接听。母亲耳背,我又拨了一遍,母亲有点气喘吁吁,说刚刚从东岭把花生推回家。我说那些东西都不要了,她说,家里还有什么呢?你们回来还能带点什么东西回去呢?

母亲说话的时候嗓子里的哽咽透过长长的电话线刺痛了我,眼泪夺眶而出,我不敢再说话,怕母亲听出来。挂掉电话猛然想起,今天是周四,周五的上午我也没有课,不如回家。

做这个决定很快很坚决,不需要收拾任何东西,拿几盒茶叶,戴上帽子,提起背包,蹬上运动鞋,一阵风似的下了楼。

小区门口就是市场,买紫嘟嘟的葡萄——母亲喜欢吃的水果;买挂在枝头的红苹果——母亲可以留几天再吃;想买黄桥的烧饼,但是没有买到,也许因为还没有到吃饭的时间;拐过街口去买发糕,金黄色,还有几颗绛紫色的蜜枣点缀,自从母亲查出血糖高,面包我都不敢给她买了;买了紫燕熏鸡爪,还买了一只大大的酱猪蹄,我和母亲都喜欢,母亲的牙也是去年刚刚整的。本来还想去买一块鲜肉或者鲜鱼，但是天气热，怕路上就坏掉了。东西已经把背包塞得满满的。

先是坐80路公交车，转K52，一路狂奔，到六里山南路，赶到售票处，说还有十分钟就开车了。我赶快买票上了车，人不多，几乎每个人都有一小排座位。车在市内开得很慢，修路还要绕一下，当车出了城驰骋在田野上，我的心情也跟着舒畅起来，仿佛一切都畅快得如这秋野的风。

下车的时候是下午两点多钟，太阳朗朗地直射，穿过茂密的乡间小路，山花也烂漫。正好走过父亲的新坟，连我们给他买的花圈都还很亮丽，扭转视线的一刻，泪水又缓缓滴落。我快步离开，走到中心街，跟见到我的人打招呼，但心已经飞进那个小院了。

走到大门前，听到母亲在用笸子翻晒花生的哗啦哗啦声，一声"娘"便哽在了喉咙。母亲很惊喜，说刚刚打了电话怎么就来了呢，我说正好我下午没事。母亲撂下笸子，抓紧给我拿好吃的，我说我吃过饭了，我还给你买了好吃的呢。金黄金黄的发糕刚刚放在母亲的手里，母亲便泣不成声，说以前回来带点好吃的先往东边小屋里跑，那里有父亲，现在一个人怎么能够咽得下去呢？软软的发糕在母亲的手里捏成了饼，我刚刚打开的熏鸡爪也一口不吃。

"我昨天下午去北岭想看看栗子熟了没有，经过你大大的坟，放下车子放声哭了一场。前些天你大哥开车让我看了一眼，我看把你大大埋在了路边上，我好几宿睡不好觉。我一直嘱咐东子给你大大找个好地方。公墓林很挤，可我发现了个好地方，我领东子去看过，怎么还是选了这么个地方，挨着水沟。"母亲的泪止不住了，我其实也早已泪流满面，但还是劝母亲："那个地方朝阳，紧挨着马路咱们上坟也方便，关键是背靠大山，身边有流水，这是好风水呀。"母亲平复了一下心情，说峰子的娘死了，选的也是靠边的，都说靠边风水好，这些天才算睡着觉了。

再让母亲也不吃，我便洗了葡萄给她。还有半块西瓜，我不知道是谁来的时候买的，母亲还给我们留着，我没有吃，母亲怕再留就坏了，就切成小块吃掉了。

"昨天兴城家的大媳妇见我在坟头哭,就过来劝我,说她爷(她父亲)去世后她娘活不下去,半年后也走了,她每次经过那个小村庄都要放声痛哭。'奶奶呀,你得好好活着,不能让我们这些姑姑回到家找不到娘呀。'这些年你大大生病我一天好日子也没过过,晚上他喊得睡不着,早晨天不亮就要起来给他做吃的,我掀不动他,有的时候也急得哭了,向他发脾气,可走了还是受不了。人没了才知道什么是没了。"

我告诉母亲,我们姊妹六个呢,怎么也不会没人管她,今年小土豆要高考,我没有时间陪她,等明年小土豆上大学了,我事情也不多,就让她跟着我。母亲答应了。

我问母亲有没有活可以帮她干。东岭的花生全部运回来了,北岭的栗子还没有熟好,我也不敢陪母亲去那里,因为要经过父亲的新坟,其实我也担心无法控制自己。

我下了一壶茶,给母亲倒一碗,母亲说,怕是睡不着觉。现在母亲晚上六点多就睡觉,半夜就醒了,实在躺不住了就起来,常常天还是黑的。

"我给你挑上一袋花生。"母亲知道我工作忙,明天一早肯定要走。母亲起身去外面给我拿,我其实很矛盾,地瓜从不愿意让我从家里带东西,觉得老人家实在不容易,离集市又远,但母亲总觉得不给我带点东西心里就不舒服。我有的时候是故意成全她,就带上她准备的一袋花生、一包"杂色果子"、一捧栗子、几个核桃抑或自己磨的玉米面。

母亲用一个大大的方便袋,给我一粒一粒挑着大颗的花生。刚刚从地里刨了来,还有泥土的芬芳,我喜欢生吃这样的花生。母亲边挑一些小粒的花生边说:"要是今年过年还行,我给你们炒花生。"炒花生是我们家三十年的惯例了,年三十的晚上一定会吃到母亲亲手炒的自家种的带皮花生。今年因为弟弟说要去他那里过年,这个惯例也许不见得能够实现了。外面的核桃也熟了,张着嘴露着棕色的果实,我们也去打下一些来。用石头敲开硬硬的外壳,嫩黄的外衣也剥掉,露出白色的核桃仁,很是好吃。我也喜欢这样吃核桃。母亲还把昨天去北岭捡的栗子也给我拿上，母亲说只要在煮之前用刀在栗子上砍一下，一煮就开口了，然后把水滤掉，用炒锅干炒一下，栗子就很容易剥开。

"烧开水，我给你杀一只鸡。"母亲说。以前母亲不敢杀鸡，近些年也渐渐学会了，总找别人太麻烦。每次回家，我几乎都能从母亲这里带回一只鸡，乡村的鸡干净有营养，母亲春天会养一群，一只一只地一直延续到第二年春天下一窝春鸡诞生。但是父亲去世后，母亲的身体极度虚弱，我看她不见得能够杀死一只鸡。

但母亲还是烧了一壶水，把大门关住，想捉住那只老母鸡。"这些鸡也要一只一只地处理掉，我出门去这些鸡可怎么办呢？"母亲喃喃道。母亲从来没打算离开这里，春天的一群小黑鸡才刚刚会打鸣，看着蹦蹦跳跳的它们，母亲有些不舍，还有些已经养了两三年的老母鸡也有营养，"你大大百日我也要杀一只鸡。"母亲说着就去追赶那只可怜的鸡，追来追去总也逮不住，最后还是在鸡窝那里捉住它。水开了，像往常一样，我负责抓鸡的后腿和翅膀，母亲总是说那句永不变更的话："鸡啊鸡啊你别怪，你是大家一口菜。"好像是故意配合母亲的虚弱，鸡没有挣扎，我和母亲用热水烫了一下，很容易就把所有的毛弄干净，以前这个过程充满着惊险，我们大呼小叫，还要挑最漂亮的羽毛扎毽子，但今天一切都是默默地。

水缸里的水剩得不多了，我便想给母亲刷刷瓮，母亲说把这些用完再说。小时候从庄东头挑水喝，舍不得用，后来我们姊妹常常给母亲些钱，攒下来打了一眼井，买了水泵，家里就方便多了。但是母亲从来舍不得浪费一滴水，即使是水缸底下不干净的水，母亲都要拿它浇花浇树。母亲在门前给我移栽了一棵牡丹，母亲说明年我的屋盖好了就给我移栽到门前去。

母亲把鸡用热水凉水洗了好几遍，把内脏掏干净，用一段麻绳绑住挂在杏树上控干净水。"千万别忘了呀，我会很着急的。"我告诉母亲我会替她想着，其实我的冰箱里还存着过年的时候带回去的两只鸡，我之所以带着这只鸡回去，纯属是要母亲高兴。她的小院还是这样有吸引力，可以给儿女提供这么多儿女们喜欢的东西。那次大哥说:"还是亲娘种的东西好吃呀。"母亲就高兴了好多天,亲娘种的东西有亲娘的手温,能不好吃吗?

杏树上还挂着一些今年的玉米,很小很小的一挂,母亲种的,要是父亲年轻的时候,现在家里应该是仓满粮囤满筐,我注意到母亲挂在墙上的花生。母亲说今年没有把花生的秧子带回家,只是把花生摘下来推回家,但是母亲把一部分她认为好看的花生原样带回家(花生一般养在沙土地,下过雨后直接用手拔就可以了,绿色的秧子,白花花的花生,挂在白墙上,像一幅画)。我似乎看到了母亲年轻时的样子,我知道,虽然母亲很伤心,但是母亲没有绝望,她养了一群这么好的儿女,她不能让我们回来找不到亲娘。

暮色降临,我和母亲商量晚上吃什么,我说要不我们炖土豆,用我带回的酱猪蹄。母亲同意了,她去西屋拿出大姐给她带的土豆,削皮切块,我拔了一棵葱,用花椒大料爆炒,然后把酱猪蹄和土豆倒进去,放了一些酱油,搁一点水,文火慢炖,不一会儿,香香的味道就飘出来了。母亲把早晨煮的玉米和花生拿来,用小锅蒸一下,我们的晚饭就好了。

把所有的东西摆上餐桌,母亲突然提出要喝一瓶啤酒,以前不是逢年过节我从来不喝,学会开车后更是不喝酒,今天难得母亲想要喝一点,我哪能不应允。母亲把瓶盖打开,我们一人一杯。啤酒的泡沫极其丰富,我又不会倒,所以其实每个人酒杯里连三分之一都不到。母亲酒量很小,我想如果实在喝不了就让母亲明天再喝,但是边喝边聊,一会儿工夫,我们俩已经喝掉了三分之二。剩下一人一小杯了,那就喝完吧,我容易过敏,但是今晚好像没怎么样,我和母亲都微醺的样子,絮絮叨叨又说了很多话。

我知道母亲一般很早就上床睡觉,吃过饭我就说,你要是困就睡觉吧,母亲点点头,我们便拿了一只暖瓶,一只茶杯,把门插住,准备睡觉。关机的时候,我发现手机显示离早晨闹钟的铃响还有十一个小时零二十分钟,而平时显示是六个小时。

第五编
小村叙事，
对大地和苍生的悲悯

这一部分更多关注的是小村普普通通的那些蝼蚁一样生存的人们，守寡一辈子捧一块温热猪肉的杏妮子她娘吊死了，为哥哥换一个媳妇的三妮的丈夫也去了，细粮糠皮淹死在村头的水井里了，大雪之夜，郑春雨没有连累弟弟，连他的土屋也倒塌了，二大娘家过年的肥猪钱不见了，馍馍篓子的媳妇终于学会了系死扣……

我仍然庆幸我来自乡村，我拥有一个完整的世界。从一草一木到清风明月，从破屋烂墙到大学校园，从最卑微的还住着猪圈一样的邻居到最尊贵的天天背诵《论语》的恩师……我从来没有鄙夷过一棵野草，我在乡下种地的时候，发现一棵野草比我精心呵护的一株庄稼更顽强，我和四婶子要一株瓜苗和与我的恩师谈论一本著作用着同样的腔调。

做教育者的悲悯心源于看见。"圣贤书"以外，还有一种叫作"疾苦"的东西，是城里孩子所不曾亲见，甚至也不曾耳闻的东西。

还孩子一个完整的世界。

城乡折返，我深信：脚上沾有多少泥土，心里才会拥有多少悲悯——对大地对苍生，其实，如何去做一个教学设计在我看来并不重要，重要的是，你是否像一把火炬，点亮另一个生命的前行。

要懂得去观察，懂得去倾听。

我的课前三分钟都是学生的舞台——"三分钟，大视野"，我倾听他们的故事，发现那些宝贵的素材。我的写作课是"作文展播"，让孩子们去讲述自己的故事，然后，大家齐心协力去修改，那是属于他的

"生长点"。在这个生长点上去思考是不是应该加一个环境描写，因为故事的发生到底是一个怎样的场景读者很想知道；是不是该有一个细节刻画，因为这个时候这个人的一举一动都会影响到你想把他描摹成一个什么样的人；是不是该用倒叙，时间的绵延感增加了故事的"重量"，当你站在今天的"当口"，是不是发现这件事真的影响到你的现今人生……

我最讨厌的是"范文"式的模仿和抄袭，据说很多辅导班就是让孩子们背所谓的"满分作文"，在"姥姥家的西红柿树上捉迷藏""一粒神奇的雪被下萌芽的种子""考试没考好走进了一家面馆"……

"文以载道"也好，"强说愁"也罢，总不能"虚假邪恶"，总不能"不择手段"。确保对大地和苍生的悲悯，确保每一个文字的真诚。

细粮　糠皮

端午节回老家，母亲院子里的杏已经挂满枝头，大大的叶子加上密密实实的小杏，一棵大树罩成一把巨伞，像小时候一样，晚饭后便提一只小凳子，拿上扇子和茶壶到院子里乘凉。

初夏的风飒飒，同村的二姐相约来聊，进门的时候，二姐说细粮失踪了。母亲说，前些日子还见他从南河锄地回来，腰弯得很，都快叠在一起了。

二姐说，可不是，就在前天，见他躺在十字路口，可能是喝醉了，都五月了，还穿着厚夹袄，一身酒气。大家喊他的侄子把他背回家，也许他的侄子早就看惯了他那副样子，根本就像没有听见一样，扭头走得很远。

"细粮"是村子里的人给起的诨名，真名是什么我不知道，早些年外地求学，对于村子里很多人我是只闻其名不识其人。到底怎么变成这样的呢？细粮那些年过得多好呀，要不人家怎么叫他细粮呢。二姐跟他住得很近，不停地叹气。

细粮年轻的时候长得像一头牛，黝黑粗壮，皮糙肉厚，但他竟然说上了媳妇——虽然有点痴傻，第二年还生了一个儿子，儿子是他的样子，简直是一条泥鳅。那时候家家户户主粮还是地瓜、土豆、棒子、北瓜的时候，他家竟然主粮吃麦子，蒸成大大的咧开嘴的馒头，或者包成菜包子甚至包水饺，他的那个痴傻的婆娘竟然过上了让其他女人羡慕的生活，满子满黄，二姐说，"细粮"这个诨名就这么来的。

什么时候开始变成这个样子的呢？这就不得不提他的诨名。大家觉得给他取了"细粮"的诨名，他才过上了这样的好生活，必须给他改改，叫他"糠皮"，看他还幸福得像柿子一样吗？

人们开始开口闭口叫他"糠皮"。糠皮是一层长在米外面薄薄没用的东西，每每谷子成熟，先要用碾子把这一层糠皮推碾下来，用簸箕把糠皮弄干净再吃，糠皮多用来喂猪或者拌鸡食。

果然，细粮家的生活开始走下坡路了。慢慢地，人们不再仅靠地里的出产过活，但凡有一点能耐的都开始做生意，有的到外地打工，甚至在城里买了房子，新一辈自然是灵活多变，买了摩托车、汽车停在了街上，地里的东西越来越不值钱，细粮一家的日子没有原来红火了。

其实那是一个意外，细粮平时攒了钱就存到下里管区的银行，有一年过年，他拿出一万两千块钱来，我们当然不知道他为什么要一下拿出那么多钱，难道是给他已经长大的孩子说门亲事吗？不知道，总之他咧着嘴高兴地到了家，拿出口袋里的钱仔细数了数，竟然刚好少了两千！细粮家只有他自己识得钱，他媳妇分辨不清，身上从来没超过十块钱，儿子更不用说，不知为什么他也分不清钱，十块、二十块、五十块、一百块，他根本就辨不明白。细粮也很着急，这些年虽然儿子也能外出打工了，但是因为他分不清钱，人家给他多少就是多少，拿回家来也没法再和他计较。

据说细粮抓紧找了个明白人数了一遍，确实少了两千，对于细粮这个在土地里刨食的大老粗而言，这两千块钱可真是血汗钱，没有人怀疑他说假话，但是银行有规定，必须当面数清，离柜概不负责。细粮顶着大日头跑了一趟银行，人家按章办事，不理会钱少这事，谁让你不当场数明白呢，说不定在路上被人偷了呢，或者布袋在路上丢了呢。细粮自知理亏，也不多言，灰溜溜地回到了村子。

从此他的身子弯得要叠在一起了。

儿子外出打工，媳妇那个样，人都失踪两天了，才告诉别人，家里一个大活人两天没回来了,怎么就不知道找找?唉,要明白着,还能出这事吗?二姐还在感慨。

回到济南,就被各种各样的事情填满,忽然有一天在万能的微信朋友圈里见到一则消息,是我的老家小城的一则寻人启事,找的就是细粮。照片上的他憨憨厚厚的,我想这是他为数不多的照片之一吧,或者是他的身份证照片,也许那时候他还生活得比较幸福,笑意溢满他的整张脸。我真的没有想到,这么多天竟然还没有找到他。他年龄大了,腰弯了,常常喝醉,怎么可能走远?难道房前屋后,岭南岭北,就没有找到他吗?他毕竟是个人呢,他能到哪里去呢?我哀叹一声,赶紧在朋友圈里转了一下,这个家里唯一认得钱的"大梁",若是真的找不到了,那这个家可怎么办呢?

前些日子母亲打电话说杏熟了,满树的红杏缀满枝头,雨水多发的季节来了,每天早晨都要落一地的红杏,虽然我开车回去的油钱够买上百斤最好的杏,但是母亲说,大姐、四姐、弟弟都回家去摘杏,但是有一枝向阳的杏硕大的母亲谁也不让摘,说好了要留给我。

刚进村子就听到哭声,一进门就听到二姐在谈论细粮,说在井里发现了他。前些日子栓子媳妇打水竟然涮不倒水桶,怎么涮也涮不倒,原来是细粮漂浮在水面上,水桶就怎么也不吃水了。

他怎么会跳井呢?那井窄窄的,他是怎么跳进去的呢?

我记得在给学生讲乡村文化的时候讲到过井,讲到农村的女人如果实在没了活路,跳井是一种决绝的死亡方式。真的,跳河有可能被下游的人救起,跳湾可能被本村的人看见,唯有跳井,这样一个窄窄小小的井口,一旦投身进去,就绝不再做活下去的奢望。记得《红楼梦》里的金钏跳井,还记得童年的时候一个嫂子跳了井,湿漉漉地被捞上来,当然已经断了气。有的女人口口声声说要跳井,就是要警告她的丈夫、孩子对她好一点,否则就没有留恋人间的意思了。

细粮竟然跳了井,这是我所听说的,或者说我所知道的唯一选择这种决绝方式的男人。

他牵挂他认不得钱的痴傻的媳妇吗？他牵挂他那认不得钱的儿子吗？我被这问题困扰，竟然湿了眼眶。

二姐说，细粮跳井前又出了些事情，还是和钱有关。细粮把自己存在村子里的钱取出了四百块，他揣着回家的路上遇见了叮叮当（这也是诨名，是指这个人比较能说话，说个不停）。叮叮当突然对街上闲聊的人说，他丢了四百块钱，现在也许正在某人的口袋里。细粮的四百块钱还鼓鼓地撑着他刚刚换上不久的的确良上衣的口袋，他憨憨地难过起来，折身回去找村子里管存钱的人，让他出面证明这些钱是他刚刚取出来的。管存钱的人真不坏，真的就跟着他来到了街上，告诉街上的人他刚刚取过钱，特别是给叮叮当说一声，但叮叮当突然说，我没丢什么钱，一定是糠皮的脑袋不好使了。

糠皮憨憨地站在人群里，他说不清道不明，人家又没有点名道姓说自己，自己怎么就非要证明自己，反而把自己污一身泥呢？

前两天有人见糠皮一个人躺在村东头的十字路口，有人问他，他说他不想活了。人家就劝他说，你不想活了，可是人家司机还想活哩，人家还有大人孩子哩，要是人家看不见把你轧死了，这可就是大事了呀。

糠皮憨憨地往回走了，他大概只是想死，并不想连累别人，这种死法真好，一头扎进井里，死得多么干净利索呢。涮不倒水桶，他们才想起多日找不到的糠皮。报警吧，又怕来了人又捞人又调查的，他们家这么穷，根本耗不起，不报警那谁把他弄上来呢？

大家想到了他在外地打工的儿子，很久不曾回来了，大家忙着打电话，费了半天周折才把他找到。回来束住腰把他送下井去，把他爹抱住提上井来。

二姐说，亏的是有几个侄子、侄媳妇，把细粮媳妇的屋子收拾了出来。细粮的儿子也不再去远处打工了，这日子或许还可以过下去。

你竟然没有见过萤火虫

小村子已经睡熟了。

八月十五,满月。我和地瓜沿门前小路向南走。小桥下已干涸近十年,今年雨水丰沛,据说也山水奔涌咆哮声震整个山谷,可惜那时我并不在家,此刻的小溪潺潺低诉。核桃树刚刚卸下碧绿的圆滚滚的果实,枣子绛红,也还有翠绿的,最赶时辰的是栗子,这几天在天南地北打工的都要赶回家来收秋。

地瓜说,这些日子是小村人口最密集的时候。

在村口的三岔路口南望,朗月下一片苍茫——这就是我常说的南山,纯一色的栗子园,家家户户都有。泰山东麓的栗子有药用价值,栗色光亮如新冲的咖啡,个头也并不大。大哥的栗子园全村最大,从村南山腰曼延到南山顶,向东到东山顶,密密匝匝,每年到这个时候他都要到山下去找可以帮他收栗子的人,每天一百块钱再管吃管住,但这样也并不容易找到人,村子里的人都疯了似的忙着,完全没有可能帮到他,山下没有打过栗子的人没有爬树挥竹竿子的高空作业能力,不是摔了就是被击落的栗蓬伤到眼睛。嫂子这些年又外出打工,只有少数几天能回家来看看。今年雨水好,古语有云:涝收栗子旱收枣。枣子都是打落了自己吃,偶尔也送左邻右舍,几乎没有卖钱的,但栗子却是最主要的收入,大哥家今年能收六七千斤栗子,市价六块钱一斤,值四万块钱呢。又加上养了蚕,昨晚上刚刚领来蚕宝宝,因为这,大哥已连续三个晚上后半夜才睡觉了,南大路那片桑树林子是大哥家的,要弄了桑叶喂蚕。

虽然我也长在山里，但我家那边没有这么大片的山地可以广植栗树，更多的是山楂树，那时山楂曾金贵过一段时间，一捧山楂一斤肉呢。今天下午到达大哥家的栗子园的时候我还是有些激动，公公盖的小屋还在，每一砖每一瓦都是他肩膀挑扛上来的，到了栗子成熟的时节，从晨曦微露到夜色昏沉一整天他都在栗子园，婆婆都要给他送饭送茶。他走了已七八年，但他种下的栗子树一眼望去茂盛苍翠。秋风似剪刀，一阵过去栗核啪啦啪啦落进草丛，斜坡上，沟丛里，遍地都是大大小小的栗子，抬眼望去，树上绿刺猬似的栗蓬裂开了嘴，饱满结实地挤在一起，有的三个有的两个，偶尔也会有四个的，煞是喜人。也有熟透了连栗蓬也掉落下来的，需戴上手套去捡拾，否则就会被栗蓬上的刺刺伤。这种刺尖细结实，一旦被扎便疼痛难耐。栗核皮光滑而紧实，有时连捏几次都握拿不住它，但当满满一把抛到桶里的时候，碰撞出快活的啪啦声，那种收获的喜悦只有熟谙春播夏耘秋收冬藏的人才真正懂得。

大哥要用一个多星期来收栗子，手脚麻利。说实话，落到草丛的栗子无论颜色还是重量都不如树上的，大哥下午一边打落仍在树枝上的小栗蓬，一边絮絮叨叨他的苦与累：他的鸭子被吓得不下蛋了，今年天凉收成不好花生还遭雨淋，没有去年晒得漂亮……夜幕尚未降临的时候，树上树下的人们呼朋引伴地开始往家运栗子，农家选用的仍是肩挑人抬，羊肠小道天若黑了便难走。运到山脚下，改成独轮车。栗核沉重，男劳力便抱到自己车子上，栗蓬略轻，女人们也能推两大麻袋。

下午三四点钟，我们也去南山帮大哥拾栗子。回去的路上红霞漫天，我和地瓜空手，他便领我去栗子园下面的大水库，我喜欢叫它湖，因为我被湖光山色迷倒。小小的野鸭子三三两两推开碧绿的水波，突然一只白鹤就展翅翩飞到对岸去了。地瓜说那是鹭鸶，我不懂，我喜欢它选择这里，天空澄澈，四周绿树掩映，水微漾荡，与世无争处是它最好的选择了吧？

"松鼠！松鼠！"地瓜拉我去看，果然，一只长尾巴的松鼠，嘴巴里衔着一个核桃，正从一棵栗子树跳到一棵柿子树上，见我们围观，便三蹦两跳地上了一棵山楂树。老山楂树干冲云霄,山楂还红中透绿,树下是一丛已红透的山石榴,紫色,一簇一簇,我采两枝回家插瓶。刚才在山崖上还采得开得热烈的黄菊、白菊。昨天我的朋友三皮、伟、冠、春、瑞、莲、民他们几个来玩,地瓜奉献出台湾的两斤高度高粱酒,喝干净的大玻璃瓶正好可以插花。

月到中天,我俩来到孟家岭。玉米、土豆、白菜、胡萝卜、黄姜、小米……我们俩能轻松地说出这些庄稼的名字。童年吃过的那些东西仿佛变成我的手与脚,我用手轻轻触碰月光下的庄稼,我愿意承认我是一个庄稼人。工作后,我还时常回家拉犁播麦,摘苹果掰玉米,地瓜也是如此,据他说上大学那会儿,他割草无人能比,即使那些整天在地里干活的叔叔大爷也比不上他呢。

"萤火虫!""萤火虫!"我一再高呼,地瓜也跑来看。大路的两旁是高高的玉米地,宋代理学家朱熹曾用物极必反的道理来解释腐草化萤,老家的老人总说是死去的人化为飘飞的萤火虫在村子里活动。我倒真的希望那是我那个小脚的奶奶和善良的婆婆公公幻化而成的。在这样的月明星稀之夜,我们曾这样相见过。

那天讲汪曾祺先生的《端午的鸭蛋》,看到他小时候把一只小小的萤火虫放到鸭蛋壳里的月光般的好时光,想起儿时晚上院子里乘凉,各种小虫子蜂拥而至,蚂蚱、磕头虫、萤火虫……便讲述给孩子们萤火虫提着灯笼飘飞的夜晚,但孩子们一脸迷惑,一脸向往,老师,萤火虫什么样子?

我哑着嗓子说,你们竟然没见过萤火虫……

季老师

"高老师,我看见你的车停在公交车站牌那里了,有事吗?"

"没事,季老师,您……"

中午去辅导班接小土豆,早去了二十分钟,刚停下车,发现自己竟然停在了公交车站牌旁边。学车的时候教练反复叮嘱这里不能停车,于是再打火,后退停在了路边,刚熄火没一分钟,就接到季老师的电话,他一定刚刚从这里经过。

季老师是我们家地瓜的"御用司机",我家买车很晚,按照地瓜的理论,打车永远比买车好,除他要为这个城市让出更多"舒适度"的冠冕堂皇的理由外,我认为更关键的是,他有一个哥们似的"御用司机"季老师,时间长了我们都叫他"老季"。

老季实际上做的是"黑出租",我们小区刚建时偏远,正规的出租车不愿来,用私家车拉客人的行当应运而生,每天都排一大排在南门等活。那时我上班近骑电动车,地瓜上班远又是特"节省时间"的人,公交车没有直达山大新校的,于是就常常打车。常打车就要与那一大群出租车司机打交道,他几乎有门口所有司机的名片及联系方式。这些以此为生的人,有的奸猾,明明不在大门口,为了这单活说马上就到,常常误事;有的愚笨,你给他说明白上车地点,他左拐右转找不到;有的唯利是图,说好时间地点了,因为有更好的活就不守信用……唯有季老师最诚恳,不仅说到就一定做到,还常常为乘客着想,就像个老朋友,也许年龄也相仿，一路上唠着家常，说着笑话就到了。

地瓜不知从什么时候起不再用别的司机，不管什么时候到哪里去，只消一个短信，到了上车地点，老季肯定已等候在那里，冬天暖气夏天空调，想得十分周到。

慢慢地我发现他俩成了无话不谈的朋友，地瓜也不需要每次带零钱付款，年头到年尾一次付清就行，地瓜有时出去讲课买当地新茶会随手送给他。刚刚上市的新鲜春芽老季会给地瓜买好放车上，因为那年老季曾送地瓜回老家采春芽，头茬的春芽绛红翠绿，老季知道地瓜爱拿它炒鸡蛋卷煎饼。

很多时候地瓜打老季的车来学校接我，渐渐地我们也成了朋友。他知道我是老师，就说起他读初中的儿子。他说儿子小升初的时候他也曾想找找关系上我们学校，后来他觉得我们学校学生都太强，怕儿子在这样的环境中会自卑，还是选择了对口的学校。他清楚儿子从小不太爱学习，所以他现在拼命多赚点钱，儿子将来如果要租个店做生意或像他开个出租都得要钱。

地瓜多次赞美老季。那些在大门口干黑出租的，因为不用像正规司机那样必须上交一部分钱，日子过得不赖，但他们一般在等活的漫长无聊的时日里，会一起赌钱，虽拿来赌的钱不算多，但也常常出现打架斗殴的情况。老季知道自己的情况，紧一紧多拉个客人就可以把这百八十的钱送给年迈的老娘，他是好男人，永远知道多挣几块钱，早一点收工买块烤地瓜回家和老婆一起吃晚饭。也许不仅地瓜发现了老季的可靠忠厚，有时一个小区的人说起来都知道那个长得颇像《甄嬛传》里的皇帝的老季。一次小土豆也在车上，说，季叔叔您像一个人呢。他笑了，可能很多人都说过，他嘿嘿两声，说，我是我这辆铁驴的皇帝，别人一个也管不了，儿子现在青春期连他都不听吆喝了。

后来为了接送小土豆上学我学了车买了车，地瓜还是喜欢坐老季的车。他嫌我车技差，开车和骑自行车速度差不多，而老季是见缝插针，时时像过限宽门，地瓜说，那叫过瘾，飞快赶趟。

去远点的地方我也习惯叫季老师送我，开车还要操心，济南这种局促之地，据说车拥有量居全国第一，车多路窄，一路提心吊胆，关键是找停车的地方特别难。季老师教我省油小常识，告诉我在别的车后面如何等红灯，如果前面的车突然溜车如何应急躲避……说起停车，他还教给我一些小技巧，说那些大饭店的停车场你可以去，就说来接朋友，一会儿就走，准没事。那次我学他的样子在经十路停了一会儿车，没想到看车的老头撵了两条街去追我开走，看来我是学不会。

那时地瓜还不会开车，我有时坐深夜的飞机，都是让季老师送我去机场，时间把握得刚刚好。他知道哪里钻一个桥洞就能省下好长一段路，他还知道炼油厂附近的一个私人加油站能够加到又好又便宜的油。每一个人都有他自己的生存法则与哲学，比如季老师。

三姐每年都要从东北给我寄新鲜的大米、黑木耳、松子、蘑菇，走的是物流，我既找不到地方又没那么大力气，地瓜也忙得抽不了身，我只要给季老师打个电话，地址、电话发给他，晚上一准给一件一件送到地下室。我说，季老师多收点钱吧，放车上一天那么沉得烧油呀。他说，没有，我先把它存在小区门口的超市里了。"啊，这么重，你还要装卸两遍。""不算重呀。"我两只手还提不起来一箱，他一只手一箱健步如飞，我给钱他也不收，嘴里说着年终一块，放下东西就消失在夜色中。

有次我回老家，地瓜同学聚会喝多了，季老师把他接回家。地瓜醉到不知道单元门密码，季老师给我打电话，把地瓜一步一步扶回家，还让我抓紧回来照顾，他担心地瓜晚上口渴没水喝，也担心他会吐到沙发上。

后来地瓜也学会了开车，有时在路上正飞快地行驶，突然就要降下窗子来和人打招呼，原来是老季，他更快，一下消失在车流里。

一次车胎被扎了，打电话修理厂要五十块钱，季老师就对我说，别给他，三十块就不少。每次审车我们俩要没空，就找季老师，他开我们的车去审，罚款也交明白，回来时车洗得干干净净。

给地瓜打电话告诉他，刚才季老师提醒我别停在公交车站牌那儿，地瓜说：好久没见老季了，找个下雪天约他喝一杯吧。

为自己挖一口深井

自从修好房子以后,我们一直都想为自己挖一口深井。2017年的最后一天清晨五点,我和地瓜早起开车回家打井,大哥昨晚打电话说,打井人天一亮就来,姐姐则嘱咐带着鞭炮和火纸。穿越刚刚开通的老虎山隧道,七点钟准时到了家。

打井可是乡村人的大事呢。

小时候我们村有三口井,街北头一口,街南头一口,村东头一口,为什么是三口我也说不清。据说人类学家可以根据村子里的井推算人口,按老人的说法,够吃。小时候也不知道为什么喝水叫吃水,也许它和粮食果蔬一样重要吧。我们常去的是村东头的那口井,母亲说那里靠着东河一大片干净的沙滩和翠柳,水自然就纯净甘甜,其他两口井因为挨着猪圈或者牛棚,母亲就觉得那两口井的水不好吃。

第一次去井边是特别惧惮的,因为我们这里是用担杖来打水的。担杖就是挑水用的工具,类似扁担,但是扁担是没有什么东西点缀的,扁扁的,而担杖却是在扁担的两头都挂了一串金属扣,最顶端是一个钩子。熟练的挑水者只要把水桶轻轻挂在钩子上,迅速地悬下水桶和担杖,用力甩两下,水桶就听话地反扣或者斜扣过来,把水舀满,如果嫌不满,还可以再晃两下,整整一桶清澈甘甜的井水就被稳稳地提上来了。

但我不敢,因为扣是敞开的,动作不够熟练或者笨拙者甩得不对,就容易脱扣,感觉手里一轻,那只水桶就已经沉入井底,要想再捞它上来可就费老鼻子劲了，要去借捞桶钩子，只有少数人家才有。所以把水桶掉到井里就是一件大事了。幸运的话，水桶还没有沉下去，只是在井里水面上摇晃。弯腰猫在井沿上，左钩右探，说不定可以把水桶再次拎起来，但有时没有这样幸运，碰来碰去竟然把水桶碰满了水坠入了井底。

简单爽利地把水打上井来，这绝对是高难度动作。我也不知道跟着姐姐们费了多少劲才学会了这技术活，也可以加入打水的队伍，肩挑一个担杖，两头两个铁钩子，分别挂了一个水桶。到井边弯腰下去直着脖子，把水桶垂到水面猛地一拉，水桶通过铁钩受力竟倒扣在水里，灌满后又被拉正，两只手不断倒换向上提，水桶跃出水面。

当然也不是回回都那么顺利，有的时候在井上晃荡半天，那只水桶就是不肯就范，冬天也会急出一身汗来呢。

村东的井离我家直线距离大约五百米，但是需要弯弯斜斜穿过好几个胡同，我那时人小力气小，要歇息好几次才可以到家。两桶水压在肩上很是沉重，连走路都歪歪斜斜，放下时小心翼翼，否则好不容易挑出很远的水洒在了地上就可惜了，"泼出去的水"没有办法再捧起了。

其实谁都不愿意去挑水，宁可去打猪草或推碾子。从井口到家歇三四次换两次肩才到家，会挑水的健步如飞水平如镜，不会挑水的跌跌撞撞回来只剩半桶遭人嘲笑。

夏天雨水丰沛井水轻浅还好些，冬天则水深桶重，常常是蹲在井口汲水，有时只好用井绳，所谓"一朝被蛇咬，十年怕井绳"，掉水桶的事情时有发生。

井口是敞开的，大雨滂沱时会倒灌进去；干旱的年景，打不上半桶水，有时需要下井再淘挖，井越挖越深，但仍然有需要去别村挑水吃的时候。特别是大雪纷飞的日子，井口结冰湿滑，一不小心就容易溜到井里面，吃水困难的时候大家都发狠，说终有一天要像城里人一样打开自来水管就可以吃上水。九十年代之后周边的村子陆续开始通自来水，我们村也通了，但还是不能满足，有时候有水，有时候没水，没水的时候还是要去挑水。与此同时，由于长期不使用，井无人管治，水也不好喝了。

父亲就是在这种情况下下定决心要在家里打一口井的，当甘甜的井水涌满大缸小瓮再也不需要挑水吃的时候，母亲激动得连小罐子里也灌满了水。

今天，我们也要为自己打一口深井了，位置就选在大门东小河边两棵大树中间，当然这两棵大树已经被伐掉了。地瓜说，轮到你上场了。按照传统，打井需要敬天。我手端传盘，上面是五样供品——一个大馒头、一个大火腿、煎得金黄的厚厚豆腐、煎鸡蛋、两个大个儿的香蕉，我们不常回来，供品简单上苍也会原谅的。点燃火纸，双膝跪地，嘴巴里念叨着东海龙王保佑，泰山奶奶赐我们福气。火旺盛烤得我脸上热热的。姐夫和大哥都帮忙为我们祈福，火尽了点鞭炮。昨晚九点去买鞭炮的时候，老板娘给塞在编织袋里，说现在不让卖了。但老家打井盖房都离不开这红红火火喜庆的炸裂氛围。

大哥早已经把地面整理好了，铁架子算是搭起来了，还有辆大车拉着个庞然大物。现在的机械真的好厉害，在嗒嗒嗒嗒的轰鸣声中，一米一米的铁杆打进了河沙里。一层白沙，一层黄沙，又一层青沙，我能想象，大地一层一层如厚厚的保护膜。

嗒嗒声引来了很多人围观。这个村子不大，但海拔较高，已经打了几十口井，但不是所有的井都能出水。兴泉哥、兴水哥虽然名字中就有水，但家里打井据说打到八十米仍出水量极小。大哥本来想打一口深井既吃也可以浇田，但是打到三十几米死活打不下去，打井人放弃了，说打上了坚硬的岩石，认命吧，现在吃水没有问题，浇田就难了。他的樱桃园里有几百棵树，干旱的时候简直把人急得团团转。

打到二十米的时候，土变湿了，三十米的时候，喷出了金色的泥浆，再往下打，喷出青色的泥水，到三十五米，开始有大股的水喷涌而出，四十米的时候，喷射的水迸溅上石堰，我们只好转身快跑，否则洒满一身。大哥一开始有点不相信，再打竟然水花飞溅如骤雨来袭……大哥突然急匆匆跑到地瓜跟前激动地说些什么，机器轰隆隆的我没办法听清。

突然他大喊一声："你不知道庄稼人见到水的感觉！特别是旱年秧子都冒烟的时候……"原来大哥要给地瓜一千块钱入股，他从来没有见过这个村子里有人打出这样丰沛的一口井。"这绝对是祥沟第一井！"大哥的眼睛湿湿的。

我当然知道庄稼人见到水的感觉。据四姐说，那时父亲领着全生产队挖井灌溉，等了一天也没存多少水，天色渐暗，四姐挑一担想回家吃，半道被父亲碰到，硬是逼她挑回去倒回水井。庄稼就是他们的婴孩。

因为打井，母亲没少和父亲吵架，甚至扔掉了他的工具，但父亲依然执着，甚至冒着生命危险，井修通有水浇田的时刻让他欣喜非常。

地瓜小时候也如我一样挑水浇田，不过他要到邻村去，耗费半天挑来的水只够浇半步距离，但当第二趟回来时，那半步黄姜已经挺直了身子，水的神奇功效就是如此。

打井队本来说晚上不在这里吃饭，但冬月天短，更何况挖出祥沟第一眼神井，地瓜张罗晚上喝酒庆祝，喧嚷声不停。打到一口好井像预示着好兆头，半夜众人才离开。大哥又拿出钱来入股，被我们退回。这是一口神奇的井，一直抽都不干涸，大哥兴奋地告诉我们，他的樱桃园有救了，我们不要钱他就负责给供应大樱桃！我们三个都多喝了几杯。

第二天是2018年的元旦，安水管的来了，洁白如玉的长长管子入了井口，冲井一小时，再出来的水便甘洌清澈了。大哥、大弟、二弟、姐夫来帮忙，把东屋外放水罐的小屋砸掉，挪移到河边，找人拉了石头把井垒起来，我们也拥有了属于自己的一口深井。

那天去母亲那里，把录的视频给她看，看到水花四溅水量丰沛，她总说是我们的福分。昨天早晨为打井去银行取钱，全是崭新的金光闪烁的百元大钞，马上挑选最好的给母亲当作新年礼物。

粮食的味道

早晨一骨碌爬起来,抓起小篮子和小铁锄,蹬上鞋子就往麦地里跑,馍馍柳、荠菜、羊肠草、白蒿、苦菜,我当然都认识,一棵一棵挖出来,不一会儿就满了篮子。一路狂奔回家,用井水涮洗,在木桌子上挥刀,绿绿的汁液飞溅,新鲜的野菜芬芳弥漫开来,用玉米面拌匀,端到母亲身边。

母亲正在饭屋里摊煎饼,我收拾好"鲜食"的时候,正是母亲快结束一早晨忙碌的时候,她摊的煎饼已经有一大摞,鏊子也被烤得正好,母亲退出大的柴火,只用灶火的余温就可以把我们的"鲜食"烤得酥脆,那是野菜和玉米的醇香。

薄薄地抹一层油,把拌有玉米面的各种野菜铺上鏊子,过一会儿翻一下,一块一块一会儿就熟了。

这是我童年每年春天必做的功课。

我第一次吃全麦馒头的那个早晨值得纪念。

母亲对我们姊妹几个说,今天早上我们要吃一回纯麦子面的馒头,你们快点把自己的活干好,馒头很快就蒸熟了。我们马上就冲出去干活了。大姐挑水,二姐锄地,三姐拔草喂羊,四姐拔萝卜喂兔子,我去捡柴火,弟弟遛狗。我扛着竹箅子,背着竹篓子,去西山,我一边疯跑搂柴火,一边唱着山歌,想象纯麦子面的馒头是什么样子。因为平时我们主要是吃地瓜面的煎饼,后来变成玉米面的煎饼,有时母亲拿这些东西掺合在一起团成团子蒸三合面窝窝头,也会加上萝卜丝或青豆干,但我们确实还没有吃过一次纯麦子面的馒头……当我背着满满一篓子柴火走到村西的时候,姐姐们早就大声呼唤我了,原来只有我傻傻地认真干活,其他人都是象征性地完成负责的活,早就回来眼巴巴等着了。母亲已经蒸熟了馒头,只是见我没有回来她就不开锅盖。

  我扔下篓子跑到母亲的小饭屋,新鲜馒头的香味扑面而来,袅袅的炊烟还盘旋在房梁上。母亲见我们都到了,用木棒掀开了大锅盖,哇,一个又一个胖娃娃似的馒头挤挤挨挨,美好极了!母亲将一双筷子在清凉的井水里划一下,这样不粘。母亲先是用筷子轻压馒头的顶,馒头顶随即凹了一块,一抬,馒头又恢复到原来的样子。母亲高兴地说了声"好了",用筷子夹住馒头,送到我们手里,当然先给小宝贝东子,其他的就不分先后,谁靠近给谁。我们手捧着热气腾腾的馒头,迫不及待地一口咬下去,被太阳充分晒过的新鲜麦子磨成的面粉,经过深井水搅拌,被母亲反反复复地团揉,醒得松软柔和,唇齿之间立刻被麦香填满。我真的吃到了真正的白面馒头,那一天,这个小院像过年一样隆重而欣悦。

  其实从那之后很长一段时间,仍不能每天吃到纯麦子面的馒头。你也许很难想象,当我接到大学录取通知书,吃上国库粮的时候,全家人是多么高兴,周围的小伙伴是多么羡慕。我记得上了大学最愿意做的事情就是把节省下的粮票买成馒头带回家,大学里的食堂不是挣钱的单位,馒头仍保留了老面馒头的原始味道。我每次回家,母亲把我箱子里的馒头拿出来,馏在大锅的箅子上,把鲜蒜砸碎,豆角切段放小碗上锅去蒸,熟了洒上香油咸盐,就是一顿丰盛的晚餐,常常每个人可以吃两个馒头。母亲有时也把自家的鸡蛋煮在箅子下,我回学校的箱子里就咣当咣当滚着几个咸鸡蛋。

  母亲有的时候放进锅子的东西太丰富了。有地瓜,大大小小的,有鲜玉米,有些很老了,有些还很嫩,有胡萝卜,有需要热的馒头,有时还加几个鸡蛋或者鸭蛋、鹅蛋,这三种蛋的个头差别很大,鸡蛋已经熟了鹅蛋还早呢。好在没关系,熟了的可以躺在锅里静静等待不熟的。有的时候母亲还会在锅内侧一圈贴玉米饼子,在底下一层蒸一条咸鱼,这一锅就什么都不缺了。

我记得那时候早饭的任务真的很重,压力很大,父母、姐姐一早就出去干活,且都是出汗的累活,回家来若我的饭还没有熟,用父亲的话说就是怠工了。所以我一到饭点就分外紧张,总是沉不住气几次三番把锅盖掀开查看这许多东西是不是都熟了,用筷子插插地瓜,看筷子能不能从最粗的地方轻松地露出头;用手指肚按下馒头,看它是不是能够轻松地再弹起来;甚至拿出鹅蛋在桌子上转一转,如果转不快,就是没熟,如果迅速地飞转起来,就可以吃啦……

有的时候下过雨没有干燥的柴,我完成任务就很艰难,记忆里总是要烧整整一个早晨。后来我买了高压锅,即使是大个儿的地瓜也很容易熟,我想,这就是为什么现在的吃食味道不再醇香的原因,它在黑暗的泥土里生长缓慢,那么在煮的时候,也应该放在大锅里,让其在万千水泡的热气中一点点一丝丝一层层变熟,如此,味道才糯香软绵。

"掀一掀,烧半天",母亲总告诉我不要心急,最大最难熟的那个东西熟了,一锅就都熟了。干柴在锅底,清水在箅子底下,东西在蒸腾的雾气里,食物原有的味道才被一样一样固定,保存住本味。

文学是一粒粟

"春种一粒粟,秋收万颗子。"

一粒与万颗,这巨大的诱惑鼓舞着农人春日挥汗播撒,夏日在炙烤中劳作,秋日弯腰背负,当然最惬意的,是冬日凄惶雪寒中也能富足与安适。

也许,上苍在每个人来到这个世上的那一刻,都曾经在其内心的某一个角落,播过一粒种子。

文学梦想的一粒粟。

感谢上苍赐予我这粒粟。

这粒粟孕育在春日的一个深夜,乡村的夜晚静得能听见虫鸣,那夜至今我都觉得不真实。我鬼使神差地走到院子里,那时我们还住老宅子,母亲栽种的月季盛放如灯盏,硕大的星星眨呀眨。突然,一颗巨大的流星拖着长长的尾,如父亲打铁时溅起的火星般璀璨,声势浩大地划破我头顶上湛蓝湛蓝的天空,然后消失不见。我呆立在院子中间,像得到一个启示。

这粒粟孕育在夏日的飞絮里。山洪暴发震声隆隆,黄泥湾里眼见着蓄满了水,我和小伙伴们从高处的石堰上跳进水里,无师自通地学会了蛙泳,东西百米之遥竟能一口气穿越,油滑稠厚的黄泥挂在我的身上如一件织布。花翅子鱼诱惑我踩着鹅卵石细沙子跌跌撞撞追逐到三里之外,小螃蟹、小虾米、小泥鳅、小蜻蜓、小燕子、小知了,还有那件碎花裙子，是我夏天的全部。

　　这粒粟孕育在秋日挑灯夜战的那些兴奋里。大人们把白日刨出来的地瓜堆得山高，父亲正用巨大的杆秤给大伙分，一家一堆，地瓜大大小小，有的比我们的脑袋还大，有些比小老鼠还小；汽油灯哐哐作响，男人们高大的影子拖得好长，一直伸展到东河里去了；女人们抓紧旋地瓜干，木头做的长条板凳上贴着铁刀片，一只手按住地瓜，另一只手用力扳动摇杆，地瓜便变成一片一片，馨香的甜味迷惑人。庄稼中要数地瓜收得晚，差不多穿上夹袄了。夜晚特别担心下雨，一旦唰啦啦听到响声，父亲便会吆喝我们起床去收，北岭离家三四里，天冷得刺骨，哆嗦着捡起来根本不干的狗舌头一样的地瓜干……

　　这粒粟孕育在我学生生涯的每一篇习作里。小学时赵老师读我写的小故事，初中时王老师读我写的小散文，高中时彭老师喜欢我写的小小说，上了大学也不断地写东西，我写的散文被挑选出来抄写在人来人往的食堂旁边的一面黑板上。

　　后来我回到大山深处我的母校，成了语文教师。文学这粒粟继续丰盈着我和孩子们的日子。学校西边是一条河，就是传说中的下港大河，河西是大山，清澈的溪水四季潺潺，河东是一望无际的绿色蒿草。每年春水涨起来，我会领孩子们去采薄荷，那时的薄荷只露出小小的绿褐色的尖尖，用指甲掐下来，薄荷的香味就弥漫开来。一般是沿学校向西的那条路到达河边，然后就几乎是赤脚向南，每人都能采很多，回到宿舍就把它们用面糊裹上炸成漂亮的奶色，绿绿的薄荷在面糊中舒展开，透着碧绿的诱惑。当然也有荠菜、马苋菜、面条菜……

　　夏天，我常常在下了晚自习的时候，领孩子们去逮螃蟹，应该不是成群结队，大概是一部分孩子，现在记不太真切了。我们打开手电筒，螃蟹见着光亮就会从水里爬出来，常常是逮到一个大大的塑料桶里，塑料桶周边光滑，螃蟹想逃跑但是没有办法，急得团团转，用爪子抓得塑料桶啪啦啪啦响。我现在似乎还听得见我们对着黑暗中的大山大声乞求回音的狂野。

黑漆漆的夜晚，一弯新月，繁星闪烁，群山环抱，溪水明灭。那是我曾经的生活，是歌谣，是诗章。

秋天，蚂蚱肥美，还有松蘑菇，我会利用周五下午的两节作文课时间带学生去西山，学了一周的孩子在大山的怀抱里撒开脚丫子驰骋。我们从南麓上山，从北麓下来。那是我少年时代跑越野的那些山坡、那些小径。下得山来，和孩子们在下港大河里戏耍一会儿，打水仗，打水漂，逮小虾……

冬天呢，乡村的校园奇冷，我们的单身宿舍更是冷得结冰，教室里煤炭炉子取暖，冬天还没到我们就买好了煤块等待下雪。需要引火才能把又冷又坚硬的煤炭点着，有一样东西最好用——松球，长在松树上的球果，仿佛有蜡一般一点就着。我们再领孩子们上山去时，便拿着巨大的麻袋。孩子们撒在田野里、大山里，仿佛一群兔子，高兴得难以言表。巨大的麻袋盛满了松球，其实并不重，在雪地里像一群黑熊，每个组都滚动着一个麻袋，那简直是玩呢。

我的小屋成了他们的"向往之地"，风干的栗子，滚圆的核桃，软了的山楂，透红的苹果……我给她们扎起小辫……真的应该感谢我的校长，任凭我星辰大海。

后来，我来到山东大学附属中学洪家楼校区，来到这个有着高高塔尖的教堂对面不足八亩地的小小校园，是这粒粟给我稳妥的感觉。我仍然保持着记述身边事情的习惯，怎么生活就怎么教书，怎么生活就怎么和孩子们在一起。

春天，我们真的可以一朵一朵数花开。

先是迎春，山大老校很多，精巧细致的小脸盘，给人的都是惊喜，因为昨天还是没醒的样子，今天却黄灿灿的。接着是连翘，粗枝大朵，泼辣得像个大嫂。

然后是山茱萸，像个被春风炸开的粉黄蛋壳，一小朵一小朵围成饱满匀称的一圈，像极了小时候过年玩的滴滴金，在寒春的夜里划出金色火星和闪烁的喜悦。

只要几天好天气,玉兰就耐不住寂寞,大朵大朵的白里透黄和白里透红,简直让人不敢相信,土地中到底有什么仙露琼浆让树干吮吸了来成就蓝天下这样的硕大富贵辉煌?

然后就有些难分先后了,木瓜,红中带着白,朵小,我曾误认为是山茶,有点像海棠,但感觉质感更厚,一朵一朵也分明。那年赶上巡树师傅正在剪枝,我抱起一大捧欲放的木瓜花到处炫耀,见人就送一枝,插在花瓶里数日不凋。

外国语学院楼前的海棠是一大片,开放的时候声势浩大,拐角处独立的一株——西府海棠,旁逸斜出,繁盛得难以描摹,每每盛开的时候,我会带孩子们去手绘。有一年中考作文题是"共度美好时光",我的学生浩然从考场奔出就向我扑过来,高喊着:"高老师,高老师,我写的是你领我们去手绘海棠!"

樱花开了,红的、粉嘟嘟的、小朵白的,日本晚樱开得晚点,但是整棵树上还没有一片叶子就挤出丝绢般的柔软重瓣。樱花烂漫的时节,有人在樱花树下练太极,悠悠泰然的旋律,随着一缕春风飞舞的樱花坠落,仙境一般。

最迷人的也许是丁香。白的演绎着单纯的"白",也可以珠光宝气;紫色的丁香阐释着"紫"的缠绵悱恻。

从花园路公交车站下车,穿过山大老校校园去学校,似乎成了我每天的功课。香甜在很远的地方就捕捉到了,钻入丁香花的阵阵芬芳,真的有些沉醉不知归路,端庄的,秀美的,风采焕然,也有零星闪烁,但远远望去,铺天盖地般奢华。

山桃、碧桃、紫叶李、榆叶梅、紫薇、流苏、鸢尾……一树接着一树……

夏天是绿色的猖狂,先是操场上的那些鹅黄绿杨——那种嫩嫩的绿,整棵树落满绿色蝴蝶的翅膀般,不知哪一天,变成闪着太阳光泽的冷冷的绿色,很霸道的盛夏硬绿。

每年我都关注那株冲天的冷杉,秋天的时候我看它一天天变成古铜色，叶并不凋零，高接霄汉般孤傲地俯视众生。其他的叶子飘飘洒洒覆盖了整个校园，银杏树下早已经遍地金黄。树下读英语的大学生不知有没有听到脚下的簌簌声，穿着蓝色或绿色校服的中学生把扇子般的金色记忆夹进了书页。

那天讲鲁迅先生的《从百草园到三味书屋》，我告诉孩子们山大老校校园里有几棵高大的皂荚树。婧就在一天去老校食堂吃饭时给我带来一只黑黑的皂角，像得了大宝贝似的炫耀着它坚硬固执的样子，然后放到我手里让我感觉那粒粒种子凸显的诚实。然后她说在皂荚树的附近还有一棵六角枫，她第一次知道，枫竟然也开花。

过不了几天，怀嘉和坤琪会跑来让我看看他们相机里的新品种，不过是地上的一朵不知名的小花。她们说：那年咱们做《春天日志》的时候怎么没有发现它们呢？是小鸟衔了种子来的吧？

其实，我的花瓶里，也有老校校园里花树间野生的绿穗子、苦菜花、荠菜花，不起眼的小东西，却能在我的插瓶里待上一周。

当然不能忘记腊梅，老校南门东拐，一行五六棵，是漫长冬季我流连最久的地方，大雪纷飞的日子最好，头戴棉帽听簌簌雪落的声音——仿佛是上苍的某种暗示，那是一种不真实的传奇。

当然要敬畏这座整日里默默站立的教堂，我曾在圣诞节的时候随着人流识得它的真面目，但更多的时候是在树下远远地仰望，经历岁月沧桑的古砖没有耀眼的光彩，却每每让我几乎不敢直视。

也许因为有这粒种子，写作成为我生活里不可缺少的部分。条件差的时候找个本子就能写，很多写下的东西在搬家和迁徙中丢掉了；后来在电脑上写，电脑崩盘也丢失了不少；现在用手机写，一块小小的智能手机屏成为我的写字板，童年往事，我的父亲我的大姐，我的远行我的思考，我的朋友我的教学，我的学生我的孩子……如果几日不写作，仿佛这些日子就白白荒废过去了，在回家的公交车上，在等会议开始的小小空隙里，我都在写作，写作成了我的日常，成为我的呼吸。

贾岛说："一日不作诗，心源如废井。"

我只不过用写作去证明这段日子我真的活过。

也真的是这粒粟成就了我的两本教育教学专著《陪小土豆们读初中》和《教想曲》的出版发行，真正圆了我的文学梦。不仅如此，正因为自己不断地写作，理解了孩子们没有素材的痛苦，理解了孩子们不懂布局谋篇的无奈，当然也渐渐找到信心，陪伴孩子们在朴素的故事里面加一味文学的情愫，孩子们也因为读我的书，更加信赖甚至崇拜他们的"作家"老师。因为济南出版社的邀请，我开始梳理二十多年的写作教学思考，完成了我的第三本书——写作教学专著《文学是一粒粟》。

在中国教育报组织的"首届全国教育工作者众筹一本书"征文活动中，我获得了全国唯一的特等奖，奖品是欧美双人十日游，这是"万颗子"的收获。

那个夏天带着我的女儿去欧洲五国，我站在了古罗马街头，进入卢浮宫见到了蒙娜丽莎的微笑，漂流在塞纳河上，吃到了威尼斯的墨鱼，到阿尔卑斯山见到了夏天的雪……那粒文学的种子总让我怦然心动，我知道我脚下的路达·芬奇曾经走过，我仰望的星空亚里士多德曾仰望过，巴黎的左岸，因特拉肯小镇……我感激这颗小小的种子成全我去远方，我感激这颗小小的种子在我的世界成长为参天大树，它安慰我，庇佑我。

文学是一粒粟。

第六编
山深未必得春迟

我一度以为,命运之神并不怎么眷顾我。

大山深处卑微地降生,求学之路艰难曲折,毕业分配重新回到偏僻乡镇中学……

人生的春天是从踏实做自己开始。

后来到山东大学附属中学洪家楼校区,做语文老师,做班主任,迄今为止,大概我是这所学校做班主任时间最长的人。后来被任命为备课组组长,做教研组组长,做课题组组长,做项目组组长……我知道个中辛苦,也知道充实中的慰藉。

我知道自己来自凹处,我知道自己也许永远都难以抵达传说中的珠穆朗玛峰,但是我知足,知道自己的努力可以抵达并不太高的一座山的山巅——每个人都有属于自己的人生极顶,只要不停歇,就可以创造自己的高度。

我还是一块砖,哪里需要哪里搬。记得刚刚来到洪家楼的时候,正巧一位初三老师休产假,我一来接的就是初三,还当班主任,当时自己的孩子还不到一岁,也没有现在的正副班主任的说法,自己从农村到城市的适应期是在如此艰难的环境中度过的;好不容易接了初一从头带,还没有教到一半,初三的学生突然没了语文老师,学校就又从初一把我拎到初三,面对中考的陌生学生,我再次艰难地完成了任务;从此无论是从初一送到初三,还是从初二接、初三接,在我都不意外。记得那年接一个初三的班,那是学校出奇难带的班,家长听说我接班后都欢呼雀跃,开学的时候教室里布置满了鲜花。我不认为自己有什么能耐,只是因为热爱，所以执着。

三十年从教，我给来自全国各地的老师们讲读书、讲语文教育、讲班主任工作、讲个人成长，曾多次登上名家人文教育高端论坛暨名师课堂研讨会的讲台，也曾去贫困学校给孩子们捐书，曾接待世界名校的孩子的来访，也曾牵挂一个小小少年的心事，或倾听一位年迈母亲的心声。

正当我以为，穿过山大老校的鸟语花香，听着洪家楼的钟声上课是我每日的功课，2019年暑假，我接到集团派我去辅仁校区的消息，在牧牛山环抱的这座美丽校园里，我忙得忘乎所以，全然以为我退休前的时光应该在这里。

做梦也没有想到，2020年的8月，我再次收到集团领导的电话，让我去青岛即墨校区，当时我心里突然冒出一句：从大山到大海！我是大山的孩子，我不知道我能不能适应大海的狂涛巨浪，但是我深信：爱教育就是爱所有的孩子。从大山到大海，是不是这样才算圆满？

山深未必得春迟。

你只要足够坚定，你人生的阔大正如驶出闭塞山川的风帆。

醒

——2017，我的年度汉字

每年的这个夜晚，我也和很多人一样，想想哪一个字是我的年度汉字。

2017年，我选"醒"这个字。

我曾做过一场长梦。在我刚刚毕业回到我的母校当老师的时候，我的想法很简单，当一个特别好的老师，后来才知道，特别好的老师有一个特别的称呼——特级教师。我从来都没有奢望过自己将来能够拥有这个中学老师的最高荣耀。就仿佛一个要登一座大山的人，从山脚出发，就算这个梦开始了。

我在乡村工作八年，那时候还没有人提"素质教育"这个词，但是我骄傲地认为，那是我所做过的最好的素质教育。

我曾代表学校参加区里的演讲比赛，并获得了第一名，曾代表乡镇参加区里的知识竞赛，获得了第一名，还被选为人大代表。最关键的是，我呼吁在山沟里建起教学楼，至今，那个大楼的左边石头上还刻着我们捐款者的名字。我在那里获得了一份与孩子们的醇厚友情，至今仍没有散去。我搬家的时候几乎一无所有，但山山水水都成了我梦中最美的风景。

美梦继续。到山大附中来继续做老师，近二十年，我从一个热情高涨的年轻班主任，成长为从容淡定的老师，我自己的教育也从法家到儒家至墨家至道家，甚至成为杂家，曾获得济南市优秀班主任，渐渐学会与孩子相处，与孩子商量，去读书，去写作，陆续发表论文，出版专著。我被任命为济南市语文学科带头人，七次登上名家人文教育高端论坛暨名师课堂研讨会的讲坛，获得全国课程设计特等奖、"全国教育工作者众筹一本书"征文大赛唯一特等奖，带学生去美国访学，去过西欧六国……

成长的过程中，也渐渐成为经验的分享者，北至内蒙古，南至温州，西到新疆，东至海边，今年春天，去青岛的平度讲课，回来的路上接到丽从北京发来的短信，建议我报特级教师。我连连说着自己离得还远，但也仿佛一下子被晃醒过来，记起自己还曾做过这样一个梦。

回到家，耐心地把那些散落各处的"成果"汇聚起来，梳理、筛选、总结，自己竟然被自己感动！就像那年春天回母亲的小院，院外已经"新农村"完全硬化，我准备在院子里种瓜，母亲说院子里鸡刨狗挠不可能种出什么东西，但是我坚持撒下了冬瓜、南瓜、丝瓜的种子。过些日子回去，见瓜苗拱出地皮，暑假回去瓜秧就蔓过墙了，秋天就结了好几个大大的冬瓜，我都抱不动；金黄色的南瓜排了一行，丝瓜吃了一茬又一茬……回首追溯，随走随播下的种子，竟长成了气候，仿佛陶氏的田园，繁密繁荣繁华。这些年来所得的荣誉证书，发表的文章、著作，竟然摆满了我的客厅。经校内述职、大学答辩、省级审核，我终于在九月份拿到了特级教师那个红彤彤的证书。

犹记得自己是在登一座山，现在终于登上了山巅，我本以为，登顶的自己会尽情享受"登泰山而小天下"的快乐，至少也是子美的"会当凌绝顶，一览众山小"，但是我突然在山顶苏醒了。

我突然发现自己为了登顶而气喘吁吁，发现自己为了登顶而忽略了周边的风景，竟然丝毫没有自豪感，反而涌上了苏子的"渺沧海之一粟"的苍茫感。醒来之后我明白，到山顶如果没有更高的山峰作为目标，很容易就会走下坡路。

不忘记沉浸在书香里与安静的自己相处，不忘记陶醉在课堂上与活力四射的孩子们相处，不忘记思虑一个家长和一个孩子的对峙，更无法忘记寻找足够的时间给我的家人和土地，读书、教书、写书和种地，成为我的诗意栖居。

今年最大的满足来源于我又重新去种地了，尝试重新做回农民。是二哥的一块地，他现在没空种，我和地瓜就想自己种东西吃。

"清明前后，种瓜种豆"，清明节那天种下花生，然后周末渐次地，播下芸豆、扁豆、芝麻、红豆、绿豆、南瓜、地瓜、韭菜、青椒、茄子、玉米、秋葵、白菜、萝卜、芫荽、菠菜……

我和地瓜早起去南山拉芸豆架，那是树上的枝条，削了尖插在地里，芸豆豆角的藤蔓就缠上去，长得密密的。天那么热，"足蒸暑土气，背灼炎天光"，出透汗的感觉真的很爽。芸豆集中成熟时，我盛了好几麻袋，特别是八粒白，炖排骨简直香煞人。

玉米种了四沟，黑色粒太硬，还是金黄的好，现在冰柜里面还有很多。记得我买了生猪蹄，带着刚掰的玉米去看母亲，那时二姐还没去北京看孩子，我们用大锅木柴煮得烂熟，母亲总说像过年一样，每人吃了两大碗。

秋葵是最划算的，二哥买的种子，种植四沟。每次回来都是先去剪秋葵，尖头朝上一簇簇的。先用沸水烫煮，变成迷人的绿色，装盘摆满。然后拍白瓷色蒜粒，热油麻油酱油下锅，爆香洒在绿色秋葵上，绿、白、酱紫，让人垂涎欲滴。秋葵长得勤快，我们却不能按时回家采摘，老了又没法吃，每次回来都要剪掉很多已经老了的扔掉，实在可惜。后来就对房前房后的邻居说，谁有空谁去剪，老了就可惜了。

花生种得早，收得晚，地瓜买了黑色的薄膜，不打农药，不施化肥，也没有长草，真好。那天下着小雨，好在我们俩都种过地，我调沟，地瓜撒种。地就在路边，路过的大爷说，得弯下腰，否则种子就被摔死了，甭指望它发芽啦……我笑着和地瓜说：最好的语言在民间，不是吗？花生收的季节我正赶上忙碌没有回去，长成瓷实的一个个，剥起来很难，收了两小袋，回来剥一大盘，炸酥下酒，深夜里也痛快。今年不用再问母亲要花生了。

地瓜种了好几茬，先是自家的地瓜发了芽带回来的，然后下港集上买了一把，还有二叔家种完剩下的，以及在北山杏地里采摘的，大约种了六沟。但不幸的是，连秧子都没翻过一次，因为南瓜太霸道了。

南瓜也是二哥买的，据说是日本瓜。地瓜前几天参加日本来访的学者的研讨会，会上听说日本冬至吃南瓜。我第一次见到如此美丽的南瓜，"黄金瓜"的名称真是名副其实，真的黄金般金黄，还有一种墨青色的，瓜蔓延展，瓜也跟着延展，深绿色地瓜叶下趴着几十个或金黄或墨青的圆圆南瓜，神秘得很，赋予我每一次回来数数的快乐。有时回来晚了，地瓜总会把车停放到路边，我俩用手机照着，欣喜若狂。芸豆豆角收完了，秋葵罢市了，南瓜爬上架子，一个一个像金黄的、墨青的灯笼。秋天收的时候发现南瓜像一张网爬满了整块地，还有两条蔓长过土堰爬到南边人家的樱桃树上结了个大大的金瓜。我幻想我们不在的月明星稀夜，便是它们不息的万圣节。

房前屋后也种了一些东西。今年春天带学生去植树，我带回一棵没人要的小树栽在屋东，发芽后我惊喜地发现，竟然是一棵枫树，我便想起了席慕蓉的《槭树下的家》，槭树就是枫树，她说，清晨孩子们的欢笑，一家人的小世界。

天然生长的小西红柿，房后二弟家种的，种子被吹散后落在我的小地里，开花结果，每次回家都摘下来一大捧圣女红果，水冲洗一下就可以入口。

当然最盛大的是我在南墙外种的北瓜，爬满南墙越过墙头霸占院子冲上屋顶，结了上百个不止。枕头大的挂在墙上檐上，地上滚了一地，七八个在我屋顶上，每每回家砍下一个包饺子炖排骨，幸福感就溢出来。

前年我的学生辰丫头送我大朵的牵牛花，顺着白色的滴檐爬上后墙，有的早晨可以开上百朵。二弟家送我的小金瓜被我种在大门口，爬上香椿树结了四五个，卡在树杈上像一个小城堡，秋风吹落叶子后滚散进草丛，五婶子捡到大门里，见到我回来金玉满怀地给我送来。

西墙外的两棵纯属命大,当时因为我育的苗过多,送了大家还有剩余,就在西墙外种了两棵,堰高墙陡我无法给它们浇水,没想到竟然如此顽强,一棵金瓜爬进院子在二哥家门口长出金黄金黄的两个,一棵墨青瓜在五婶家的核桃树和花椒树上长出一排五个,每次回家都去看是否又长出新的,喜悦的心情"欲辨已忘言"。

北山杏林已蒿草满地,我和地瓜在边缘也种上北瓜,每次去看望都手提一桶水,无奈饥渴日晒仅剩下一两棵,秋天蒿子黄了,那个大风的下午我带了剪刀去寻,只结了三个长勺的青瓜。

白菜种晚了,出来地皮天气就冷了,没收多少。萝卜简直一棵也没出,芫荽有几棵,菠菜耐寒,收了几棵,极其肥硕。

韭菜没有长大。青椒种子从官地买的,长得小,没吃几次。茄子苗也是从官地买的,特意把它们栽在东南角。地瓜说,茄子喜欢风凉地。吃了一些,但没有我想的那么多。最惨的是芝麻,长得比我都高,谁承想我们不在家的日子正赶上大风,全部卧倒匍匐在地里。我懂得即使长得再好如果不能很好地把握时机也是空欢喜一场。

当然,还有两棵绣球种在我的窗前,一棵月季植在地瓜窗下,四棵樱花在门两边,大门外有两棵无花果,是楼下的老陈叔叔送我的,时髦的地瓜还网购了四棵竹子、六棵蔷薇……

把南瓜、北瓜、花生、地瓜都收回家的时候我百感交集,早些年跟随父亲下地干农活,懂得了"人勤地不懒",懂得了"种瓜得瓜、种豆得豆",现在,我更懂得了要顺应自然的法则,抓住农时就繁荣昌盛,错过时令就枯瘦无果。记得兄弟姐妹们回家也来我的地里摘瓜剪秋葵,或者我装在车上带给他们,分享的快乐任谁可以体味呢!

记得《闻香识女人》里讲到一个皇帝放弃万里江山去种菜,有人不理解,他说,他们没有见过我种的小白菜。没错,那是来自生命的惊喜与传奇!

最喜欢和地瓜晨起去地里拔草,草盛豆苗稀;日落时分去浇田,蔫了的叶子得了水的润泽很快就挺起来了。大太阳下不干活,躲在院子里喝茶嗑瓜子，偶尔也读点书写点东西。秋收之后无事可干，性本爱丘山，沿着大山沟往里走呀走，是常有的事情。冰冻的柿子脆甜，地瓜用树枝够了给我，手里还采了好几枝野菊呢。

是为记，纪念我要逝去的2017。

幸
——2018，我的年度汉字

我是农民的孩子，我喜欢用农历。就在农历新年的第一天，忙碌了一整年的自己终于可以坐下来，回望过去的一年，安安静静地去思考独属于我自己的年度汉字。如果用一个字来概括我的 2018 年，那一定是"幸"——小确幸、小侥幸、大幸运、大幸福。

在灏宇送给我的生肖日历上，记录着这一年一个又一个的小确幸、大幸福。

2018 新年第一天，在我老家门口，打出了属于我家的一口深井，清澈甘甜的泉水喷涌而出的那一刻，幸福的感觉溢满。我跪在山村宁静的枯河里，感谢上苍赐予我的温柔。

"晚来天欲雪，能饮一杯无？"一月十七日，我收到了小仙从镇江寄来的深冬礼物——米酒和古法定制温酒器，酒杯上漂亮的小字"琴瑟和鸣"是她亲选，让我在雾霾弥漫里想哭。我想，我会在凛冬昏黑里，烫一碗黄酒。她说她记得，初中时候我曾给她梳过小辫子，发丝经过我指尖的轻触，是这个冬天最动我心怀的记忆。

还收到小芬的茶盒小礼物："一直想去看您，想您了！想起我们下课疯跑着抢着帮您打水买饭，找各种机会接近您，晚上赖在您的宿舍不走，听您讲外面的世界，还有就是您看的书……您那时候就是我们几个小山妮的女神。有机会就去看您，儿子也很想去拜望传说中的高老师。"

"那时候不知道外面是什么样子,您让我们对未来充满好奇,有动力,原来努力的女孩子可以那么美。"

二月八日,在南部山区金鸡岭石岛山庄参加集团的培训,最后总结我的教育理想,我写道:与我的弟子读尽天下好书,观览天下好影,体验人生万象,懂得与大自然对话,识得与自我对话,悟得人生真谛。学生的生命饱满,老师的生命不枯,保持永远的童真、童趣与赤子之心。

三月十八日,为了我的新书勒口的一张照片,丽君跑到老校来给我拍照,我俩在校园里转来转去,我才发现和周围现代粗糙的建筑相比,我喜欢那些古典的红楼,哪怕只有一角。我在想,他们的心要多么美好,才能像画一幅画一样让每一座楼和绿树和蓝天映衬得不可分割!

三月二十三日,第一次去永锋实验学校,孔磊讲《土地的誓言》,我做《文化视野大课堂的构建与实施》的报告,与老师们探讨语文教育。我喜欢孔磊的讲述,记得那天很热,孔磊穿着天蓝色的衬衣,下课的时候热得透彻,仿佛他特意选的花衬衫。

三月二十四日,梁峰来济南,我们约在小渔庄,济南的几个学生一聚,光春、开瑞一家,晓红带着儿子,冠华也带着儿子,大人孩子十个人,梁峰仍用家乡话谈着我对他的影响,他说,那时候我让他们做的手抄报启发了他的创业梦想。直至今日,当他工作中遇到困惑的时候,还能想起高老师的金句。

三月二十七日,接到小仙快递的彩色多肉,巨大的纸箱里盛满她到云南旅游时给我购买的缤纷多彩的多肉,还有好看的瓶瓶罐罐。我一棵一棵把它们栽好,好像一个一个笑脸相迎。

三月三十日,依辰手绘一树梅花开放在一楼报告厅的黑板上,我主持,台下坐着山东大学文学馆的谢锡文教授和发起者赵赵老师。我们在附中洪家楼校区成立"三月文学生活馆",我初二四班的学生唱着获奖的歌《四季的问候》,大捧的鲜花弥漫出幸福的甜馨,赵赵老师的一场关于书香的讲座听得人如痴如醉,九点多也不肯离去。我难以抑制内心的怦然,漫步山大校区,丁香盛放,红色白色都香,海棠花繁华,修树师傅未及运走的剪枝花还繁密，我选美好的一枝放在车上载回家，在我的电视机旁树立，整个屋子都充满白丁香的甜味。

四月四日，跟随学生六十里远足，寒风凛冽中，陪孩子们享受这次远征。从发起至今，我已经是第七次走在去鹊山的路上，不过第一次遇到这么寒冷。

四月五日，回老家去，在长城岭与一树一树的桃花合影。回到母亲的小院，仰望被大杏树分割得湛蓝湛蓝的天空。回到我自己的小院，见樱桃花新芽初绽，见无花果鼓出无数个小小的圆。

四月八日，齐鲁壹点用了整版的《人文周刊》介绍我们做的《母亲小传》，刊载的是我的学生杰夫和海川的文字。杰夫说，母亲是那个熟悉的陌生人。我担心小学就失去母亲的海川，建议他写写别人，海川说，母亲生病离开的日子他还清晰地记得，他怕现在不写长大了就印象模糊，这让记者读出了眼泪。

四月十一日，在附中本部校园的宣传橱窗，贴出来一张海报，那是我最喜欢的女孩灏宇的手绘——《文学是一粒粟》。运动会后的冷雨之夜，孔磊主持，我在三月文学生活馆讲《文学是一粒粟》，在黑板飞满蒲公英的一楼报告厅，讲述自己与文学的缘分。济南的近二百个孩子和老师在座，还有我学生琳带着她的学生而来，人间四月天，正适合播种一粒粟，在旷野，在心田。

四月二十日，世界读书日活动，四地九校联动，规模宏大。我们语文组领头，一个一个走上高台，特意穿了漂亮的裙子，读书给孩子们听，我读的是《小岛书店》，全校弥漫书香。读书的卡片挂满了银杏树，每一个孩子，都获得了世界读书日的纪念证书。看到所有的老师最美的读书姿态，看到所有的孩子读书最美的痴迷，我给每一位读书的老师也写了一张证书，愿每一个读书的人都难忘今日。策划的时候担心老师们不参加，倡议一发出去，半夜还收到英语老师秀娟的请求。最终像个盛大的节日，像是校园狂欢。

四月二十一日晚，谷雨刚过，韭菜鲜肉饺子出锅，红酒斟满，我和母亲在屋檐下坐定等雨，深夜两点，听见雨滴敲打杏叶落下的声音，我喊母亲一起看雨。母亲说，还得是老天爷，没有一处浇不着。清晨被鸟儿清脆的喉咙唤醒，听水桶禁不住歌唱，调沟整垄的农人们，此刻，可以裹被微笑酣睡至太阳高升。

四月二十五日我去泰安，回来去公交车站乘车时被我的学生峰发现，他打车一路追赶我坐的公交车，约了我在乡镇教的第一级学生小仙、玲、伟，也约到毕业后没有见过的莉，她手提一个巨大的蛋糕，写着"想你们了"，然后乘车去见我的小弟波，在济南的光春竟然也在。我们喝了几杯，脸红红的，小仙回忆说："我记得那时候高老师的长波浪卷发，黑色高跟鞋，漂亮的呢子套装！记得高老师给我扎的马尾辫！我那时最大的梦想就是长大了能成为高老师那样的人！"

半夜才往回赶，光春开车。他们几个一路视频，知道我安全到家才散去。第二天早上，玲发微信说："老师您一句话，让我早上的晨练是流着泪完成的。您永远都是我们的人生导师。"

四月二十八日，小韦约我见面未果，他的卡片就飞来了，他保持着每到一处给我寄明信片的习惯，仿佛回到十五年前的那个早晨，他背着书包来上学，远远地微笑着和我打招呼。

五月五日，我和锋带着三班的五十个孩子及其家长抵达南部山区香山书院进行拓展活动，罗汉塔积木、敲鼓击球、不倒森林……给我留下深刻印象的是把眼睛蒙上走过一段曲折的路——"风雨人生路"，宇澄带领我，他准确地给我信号，我读得懂他的每一寸关怀，特别怕我摔倒。还有一项是孩子们自己动手做午饭，难忘恺熟练地燃火做饭，也难忘辰君弹得一手好钢琴却不会拿一把刀切一片肉，还有下午的真人CS，我被孩子们围攻，很快付出了九条命。

五月六日，我农历生日，从中国银行取了一叠崭新的百元钞票，装进漂亮的写满福字的红色信封，开车回家送给老妈。我知道老妈不识字，现在也并不缺钱，但我还是认真地写上字：纵是苦日也幸福。我家的李子树缀满白花，月季牡丹大朵大朵粉红高举，杏子尚青。我和老妈在门口玩自拍,母亲穿着蓝地红花的上衣,在红色对联黑色大门前笑得恬静,背景是她挪到门口的玫瑰花,足足有四十朵正盛放。

五月十八日晚上,在学校一楼报告厅,我去家长讲堂做《感谢上苍赐我们一个孩子》的报告。文清、苏超挥汗摆桌子,丽丽调电脑,欣做的宣传海报,我的弟子若皓写的字,辰画的青山绿树红日白云图,芳宇笑着在"赐"字的旁边画一朵小小的红色花朵……六点钟,整个报告厅挤得满满当当,连讲台上都坐满了人。令我感动的是,竟然有许多家长朋友站在窗外的走廊上听完全场。来听课的,还有我的学生晓红和冠华。杰夫的妈妈说,这是一场充满诗意的讲座!她一直在默念时间过得慢点再慢点,千万别结束,让自己多熏陶一会儿……颖涵的妈妈发朋友圈说,这是一个听讲座人的难眠之夜。这也是我的难眠之夜,谢谢这个夜晚,谢谢那些会心的时刻。

五月二十日,回老家种地瓜、花生,家里的黄色菊花已盛开,春天我让二哥从他邻居家挪的两棵杏树结子三颗,地上的薄荷长得密密肥肥。

五月二十一日,细雨绵绵,我去千佛山校区给初三的孩子讲写作,三百多名孩子专心地听。夜色暗下来,孩子们热情不减,他们当我是他们的老师,没有任何距离,没想到孩子们带了自己写的文字来,天快黑了,孩子们还不肯离开。

五月二十三日,去山大附小趵突泉校区参加小学语文"学导课堂"研讨会,爱教育的人自会听得见鸟鸣虫唱,自会看得见灵蓝紫色,他们设计的名签都爱心荡漾。看王香校长带领下的小学语文课堂研究成果,那是我迄今为止见过的最好的小学课堂,老师的导引恰到好处,学生的表现精彩纷呈,处处是孩子的饱满成长。

五月二十四日,四点半就醒来,因为有即墨北的召唤,提前一个小时到达火车站,一想到即将见到我最爱的秀姐姐,就特别兴奋,我的影子一样的小维不离左右。去青岛即墨参加实验小学的语文组教研活动,维升讲《不负过往,不惧未来》,还听了两位教师的课。晚上,给家长做《感谢上苍赐我们一个孩子》的分享。二十六日,我给孩子们讲《文学是一粒粟》，然后，我们在校园合影，黄菖蒲正怒放，孩子们叽叽喳喳像一群鸟雀。秀姐不让我住宾馆，直接把我接家里住，路上还拐弯带我去海边，一遍一遍说着时间短。维丽去买了海鲜，那个夜晚我们喝了即墨老酒，秀姐放了姜片和红红的枸杞。维丽的小丫头俏俏飞来飞去，快活极了。

五月二十九日，永锋实验学校"聚焦教师发展，共享生命成长"齐河县校本培训现场会上，我给来自齐河的骨干老师们讲"文化视野大课堂的构建与实施"。

五月三十日，"演讲课"开讲，经过激烈角逐，每组决出一名获胜者，获胜者将迎来更大的挑战——去山东大学老校小桥边的大树下演讲。演讲者站在小桥上，大家席地而坐，周围人来人往，但孩子们镇定自若，有命题，有半命题，有自选题，我被孩子们的精彩感动。

六月二日，漂亮女孩张养易，听完我的一场关于文学的讲座，说，主要是迷我一双好看的眼睛。她捧着我的两本书来求签字，幸福地说着幸运，她说别的同学已经买不到，我画一朵山茶花给她，我知道她心中自有诗意。

六月五日，回老家大山深处种地，玉米很旺，秋葵很懒。嫂子说，她在看樱桃的间隙帮我把盖花生的塑料布挑开，解救闷在薄膜下的花生芽。我提一桶又一桶水，浇灌我种的花花草草，悠然见到的南山上，正有布谷声声传来。母亲给我的月季牡丹已经开出大大的粉色花朵，树下金灿灿的菊花一大簇，珍贵的三颗杏又长大了一些。确认石榴树是红色花朵，我只希望你开花，结不结果子其实不重要。三叔家的杏还很青；路过姐姐家的杏树，杏已经蒜瓣子一样挂满墙头，姐姐踩着木梯子，为我够到树梢上最甜的那颗。村子里的夜晚清凉，送给四妹妹芒果，开花时节樱桃园遭了轻雪，她却为我留了最香最甜的那颗。回济南的路上，我的玻璃瓶里盛着六朵大月季花，一路欢欣在瓶子里跳啊跳。

六月六日，吃闺女家一块肉，给母亲带来野菜午餐，小白菜是五一节种的，竟然已经长得很大，母亲用鲜肉包的饺子，走的时候再带上一桶。

六月十三日，即将去青岛校区的黄保红姐姐来听我的课，她总说遗憾，这么多年了，竟然没来听过我的课。她静静地坐在学生后面，任我们课堂上海阔天空，她始终虔诚得像个小学生。她鼓励我，说我的课讲得好，眼里有所有的孩子，从容大气。

然后我们俩去董小姐约饭，她说起临走前听了很多课，去小学听课尤其让她很感慨：有一天她去听一节数学课，有一个被单列出来的孩子孤零零地坐在边上，她便过去和他坐同位，整堂课小家伙像空气一样静默，但当老师讲到一个难题的时候，他竟然脱口说出正确答案。"你知道吗？那一刻我泪奔了。"保红姐姐说起那一刻，竟然还热泪盈眶。

六月十四日，去济南一中送考，目送孩子们进考场。别看平日里一个个嘻嘻哈哈，真到考试了，还是有小小的紧张，小脸绯红。

六月十五日，山大基础教育集团语文组"名家名篇"研讨会在凤凰路学校开展，山东师范大学的潘庆玉教授执教《湖心亭看雪》，学东执教《黄河颂》，最后我来点评。总被潘教授感动，大学教授到中学来尝试教学，带着自己的理论来实操，好棒！听潘教授讲课像是听小玉说书，愈翻愈险，愈险愈奇。评课的时候我引用了佐藤学《静悄悄的革命》中关于课堂的对话。仿佛乒乓球教练在带学生打球，好的教练什么球都可以接住，不好的教练则整堂课都在捡球，这是我真切的感受。

十一点多回到学校，发现桐嘉从美国回来看我。我们站在教室走廊遥望远方拍照，欣喜如鸟雀。我发朋友圈，许多人都误以为是我的女儿。

六月十七日，回老家去，发现我的蔷薇花开了。我从网上买的水红色品种，很多层。四婶子说，谁走到这里都要停下来看一看，闻一闻。地瓜被骗了，买的蔷薇是白色的。我嘲笑他：谁家的围墙边会种白色的蔷薇？他强词夺理，说：你闻闻，唯有它是真正的香气弥漫。

六月十八日吃过早饭准备回济南，刚好接到光春的电话，他说摘了满满一筐红杏送我，我说我在老家呢，那我就走勤村吧，回济南的路有好几条，走勤村路过光春的家，那里有齐国和鲁国的分界线，还有古长城遗址。刚刚转上河岸,就看见光春在村口等我,身边放着满满一筐红杏,沉甸甸放后备厢,地瓜竟然禁不住诱惑,我说还没有洗呢。我俩相视一笑,一路吃着杏往家走。那是大山深处的大玉杏,个儿大,肉肥,清甜。

六月二十八日,参加山东省最美教师评选,健帮我制作视频。天热得要死,孩儿们好给力。这些孩子明年就中考了,可是仍然陪我摆拍,教室里、小树林、图书馆、老校校园,都留下酷热夏天的难忘回忆。

六月二十九日,我的第三本书《文学是一粒粟》出版,霞买束鲜花给我纪念,那是我喜欢的紫色雏菊,迷人的紫色,在我的办公桌上开了很久。

七月四日,我的学生天旻的爸爸给学校送来二百本稻盛和夫先生的《干法》和《活法》,感恩学校带给孩子的教育,放在罗老师的图书馆里。很多老师来领,我说,暑假来了,闲暇的时光,正好可以思考,我们该怎样生活。我还邀请天旻爸爸给"三月文学生活馆"的孩子讲《明心之路,垂直攀登》,我主持。天旻爸爸在开场白中谈到天旻在这里上学时候的情景。我对这个孩子印象深刻,他毕业后,有一天我走过教室,无意间发现了正在读书的天旻,原来他一直坚持来读书,读的是西方哲学史。后来他被保送北京大学国家发展研究院硕博连读,我一点也不惊讶。

七月十三日,我的新书发布会在洪家楼报告厅举行,济南出版社的丽君和社长一行来了,我的书中引用的小作者也来了几个:梦溪、一凡、童梁、新元、凤羽、颖男、贾冕、煦丫头、雅馨……特别让我感动的是,其中有两位听过我讲座的老人,来自几个校区的孩子们济济一堂。

讲完我请小作者们吃饭,聊起已经远逝的时光。晚上,捧着煦丫头为我选择的花束和丽君为新书发布会买的大捧鲜花回家,内心溢满幸福。

七月二十五日,收到小仙从西藏寄来的"星月菩提",她说,在大昭寺门口闲逛,突然看到这串星月菩提,想起"亲爱的高老师"。

八月十一日,在山东大学文学生活馆讲《文学是一粒粟》,讲述我的成长，收到一诺妈妈买的大捧鲜花。讲的过程中几度哽咽，因为今天是老爸 2014 年离开我的日子，我以这样的方式纪念。梅丫头和辰丫头也赶来听。离开的时候，谢教授专门来告别，她说，录像的是她的研究生，那个孩子反复说，高老师讲得好。

八月十七日全体教师去齐河培训，我代表教研组做《语文组十年》的汇报，回顾我来附中二十年的成长。是回顾也是总结，当天下午冒雨回学校招聘教师。

八月二十四日，受陶老师推荐，去内蒙古鄂尔多斯鄂托克前旗中学给老师们讲述《一个语文老师的专业成长》，受到他们的热烈欢迎，竟然还碰到一个山大毕业的学生，去了一趟草原。

九月十日，留学英国的佳西来看我，带来她自己做的好多压章让我挑，喜欢的太多，还有她做好压好封皮的本子，好喜欢。她还带了最好的咖啡给我。

九月十四日，我的学生丽萍、光春、冠华、开瑞、继兰，以及晓红和她刚刚小升初的女儿帆，请我吃饭庆祝教师节，主要是庆祝我的第三本书的出版，我每家送了一本。帆丫头马上拿出笔读起来，菜上来了也不吃，忙着做旁批勾画。

九月十五日去泰安参加文凤丫头的婚礼，已经二十多年没见的庆华到华泰酒店来见面，她一点没有变，上高中的时候骑自行车来往陪伴最多的就是庆华。下午五点多，见到多年不见的慧英传河一家、继芹义军一家，在生态园小酌，他们都是我的初中同学。和慧英在下港真山真水间做了八年的乡镇中学教育；继芹虽然最早离开下港，但几乎每年都聚，亲姐妹一般。晚上仍下小雨，传河开车和慧英一起把我送回大姐家。

九月十六日，大哥大姐陪我去扇子崖，在青山绿水间漫步，离开泰安已经很多年不曾爬过泰山，从西路上山更是少之又少。至黑龙潭，大哥忙着帮我拍照，无奈后来姐姐身体不舒服而折回来。中午外甥马健请客，我们大吃一顿"国宴菜"。

九月二十一日，去千佛山校区教研，研讨高考题。近几年我们每年都会研究高考题,包括小学老师,没错,我们不能割裂搞教育,不能眼睛只盯着自己教学的小范围,只有知道未来在哪里,才会有全局观念,才不至于"瞎子摸象",才能真正做到"十二年一贯制"。

十月五日,回老家,收获还留在地里的所有东西,地瓜、香菜、生菜、大冬瓜、茄子若干,把所有的东西装上我的小土车的时候,我有一点富翁的豪迈感,我也似乎理解了父亲的秋日欣喜,也理解了母亲即使年迈,仍然喜欢去地里转转,带着新鲜泥土清香的食物最养我心。

我的地边上菊花开得正盛。那是一种金色边的"波斯菊",最初的想法是喜欢陶渊明之"采菊东篱下",没错,别人家的地边种的都是豆角瓜类,我的地边朝着大路的方向全部都是菊,这东西繁殖力极强,第一年我是从大门口移栽到这里来的,第二年便不需要栽种,去年的种子被风吹得到处都是,连大路两旁的枯水沟里都开满了这种菊。

十月十二日,人文教育高端论坛暨名师课堂研讨会在济南铁道大厦召开,我做《文学是一粒粟》的分享,老师们拥过来,表达着对于教育的执着。一个老师加我微信说,两个小时的讲座全程都不敢喝一口水,眼睛真的不愿意从我的身上移开,从我身上得到了极大的启发,一晚上都在思考,此刻躺在床上仍旧激动不已。我的样子完全符合她对自己未来的设想。感谢今晚的遇见,她愿意成为一粒努力生长发芽的粟。

每年的人文教育高端论坛暨名师课堂研讨会仿佛是语文人的节日,讲完课老师们的热情也是澎湃得很,加微信合影谈心。有一个偏远山区的年轻男老师,竟然一直等待大家散去才羞涩地过来和我合影,谈他的教育梦想。

十月十三日,开启江苏徐州党员红色之旅,前往潘安湖、马庄文化礼堂和淮海战役纪念馆参观,作为党支部书记,我还主持了语文支部的民主生活会。

十月十八日,校园"柿子红了"诗会举办,我收到"三月文学社"孩子们的邀请书——一张手绘的有一颗硕大红柿子的邀请函,我率领得意弟子龙浩泉、杨灏宇倾情演绎《悼念一棵枫树》。这个画面成为我记忆里永远的美好。

十月二十日重回徐州，参加外甥女娟的婚礼。住在离她家很近的酒店，晚上跟着姐姐姐夫去娟家看看，两个孩子构建的小家物品丰富，感叹这代孩子过日子的起点之高。

姐姐有两个女孩，在重男轻女的乡村，姐姐的心情就没有好过，记得我刚结婚的时候，见到姐姐几次她就哭几次。娟是姐姐的第二个女孩。老大丽丽去了温州安家，姐姐哭了很久，没想到老二也嫁得不近。

不过这几年姐姐转变了观念，看见两个女儿都过得很好，自己的内心也安稳下来。今天姐姐穿上娟专门给她选的喜庆的红色衣服，戴上专门给她买的首饰，手提皮包，看上去很精神。婚礼结束后我们去湖边散步，娟说将来不希望妈妈这么辛苦，他们买的靠湖的房子很大，专门给姐姐留出来向阳大卧房。

十月二十二日，回泰安老家参加老妈的生日，为了买好吃一些的蛋糕，我们早出发一小时去舜耕路蛋糕专卖店，一路小心翼翼唯恐颠坏。

大舅、二舅、我们姊妹一大桌，在八亩地的小酒店里，吃到了只有在乡村才会吃到的"蚕蛾蛹子"，酥酥脆脆的；也吃到了只有乡村才能吃到的凉拌菜，清爽得很。舅舅每次都要给我们上一课，谈谈他的孝道文化，夸奖我们姊妹做得好。

十月二十五日，班会，给获得校长奖学金的孩子发奖，和他们合影。

十一月六日，去趵突泉小学参加教研组活动，对已成形的导学课堂提出更灵活更丰富更多彩更深厚的期待，给他们做关于读书的报告——《愿你是我清澈丰沛的上游》。

晚上六点，在千佛山校区，在"家长讲堂"做《核心素养下语文教育应对》讲座，负责人文清和庆举全程在听，英俊说上次在洪家楼错过，这次是专门请假打车来听的。

十一月九日，中小学衔接教研在千佛山一楼报告厅举行，来自洪家楼校区刚入职一年的青年教师子臣执教《再塑生命的人》，趵突泉校区的教务主任红梅执教《真理诞生于一百个问号之后》，我感动于子臣和学生的本真对话，我感动于红梅与她原来教过的学生在课堂再次相遇。孩子们说，仿佛看到一簇阳光照进心房，下课了孩子们还围着她久久不肯离开，我想这就是最好的教育。

十一月十日，在洪家楼校区一楼报告厅，我给初三的孩子讲《高老师作文课》，璐同学追上我说：老师您讲得太好了。我说：谢谢亲鼓励我。第二天，道远转发他班学生家长的微信给我，她说，高老师您好，耽误您几分钟的时间，我想说几句心里话，向我尊敬的您说……

十一月十一日，在舜耕山庄，济南出版社的年会活动上，我做《文学是一粒粟》的公益讲座，那么多陌生的孩子和家长来听，开讲了才发现松姐姐在座。讲完有个陌生的家长和女孩在门口等我，说期末考试因为读了我的书触发灵感作文得了 58 分，孩子很兴奋地说，没想到看到《有一种声音，在记忆深处》突然触发了她很多年前的一段记忆："我把自己都写哭了，我都不知道我有这么好的素材。"我告诉孩子，每个人的生命都是一座矿山。

十一月二十三日，在洪家楼校区一楼报告厅，山大基础教育集团第三届"名家名篇"研讨会举行，上午，来自山东师范大学的潘庆玉教授执教《湖心亭看雪》，来自江苏的特级教师胡培兴执教《动物笑谈》，来自济南济微中学的李妮妮执教《大丈夫》，皆可圈可点。下午孔磊老师执教《周亚夫军细柳》，凤凰路中学的褚凤辉老师执教《茅屋为秋风所破歌》，最后大家做了真诚的交流。

十二月一日，张博士定点的惠民孙武中学年会举行，我被张博士特邀去同老师们聊聊一个教师的成长之路，听众里竟然有去年在山东省部编教材研讨会上听过我讲座的老师。来到这里，仿佛回到我刚毕业时工作的那所中学，对甘于付出的老师们深深敬佩。下午，静老师领我们去武定府署参观，回来路上，不断收到老师们发来的微信，说我唤醒了他们内心沉睡已久的种子，鼓舞他们不甘平庸。

十二月六日，韩松杰转学去天津，他专门来办公室送给我一个保温杯（松杰妈妈说，意蕴"一辈子"），还送给我一张卡片："当我诵响一篇篇经典的古文,当我迈出一个个坚定的步伐,当我回荡在记忆的流年中,您便浮现在我眼前。刚来山大附中时,就听闻您是语文学科的名片,缘分使我与您相遇,您总像母亲一样呵护着我。遇到问题您会慢条斯理地教育和开导我,在您的课堂上,我们全面发展,思想的火花总是碰撞,感谢人生路上您给我的帮助。在未来,我一定会成为美好的样子,诗与远方,我都会坚强!您永远的学生韩松杰。"

松杰妈妈打电话给我的时候泣不成声,她遗憾孩子离开这么好的老师与学校,孩子遗憾不能获得山大附中的毕业证。我记得我的上几届孩子留下过红色毕业证的封皮,便专门去油印室马老师那儿选了一张粉红色的A4纸,裁好,仿照毕业证的样子给松杰手绘了一个毕业证,甚至手绘了学校的圆章和历下区教育局的圆章。

期中考试后的那个下午,孩子们专门为热爱足球的松杰举行了一场足球赛,四班的小伙伴也特别友好,共同制造松杰进球的机会;我专为他开了场班会,给他发"毕业证书",还赠他我的新书,扉页上写下:"记得,你曾说过,每天为我泡茶,于是,每一个弥漫茶香的日子,都有你。"松杰为每一个同学买了漂亮的同学录,给每一个同学都精心写了留言。几个男孩为他专门写了首歌,那是他们的足球迷小队,唱着唱着就哭了;全班同学给他买了一个美丽的盒子,底上铺满沉甸甸的彩色玻璃球,孩子们一个个拥抱。松杰爸爸妈妈也来了,买来了巨大的蛋糕,桌子面那么大,写下了每一个老师和同学的名字,一块一块切到手里,大家甜蜜地享受。我和孩子们说,好男儿志在四方,地球村的我们不必说再见。

十二月十日,北京166中学课堂教学研讨会举行,我们七人组到达天安门附近的这所精致学校。一路辛苦,晚上的自助餐恨不得每个人都能吃下一条羊腿。行程紧张,我们只好晚上去天安门广场,一直走到晚上十二点,空气清凉夜色苍苍,走在长安街走在王府井,心里却暖暖的。第二天听课交流,晚上往回返。

十二月二十一日,我们去奥体中路中学参加青年教师读书会,每人手捧一本书的样子好美。有教学的，有教育的，有文学的，有哲学的，听他们讲和每一本书相遇的故事，仿佛世界不再存在，只有书页翻动的声音。

十二月二十四日，我的学生井煜翔、李宇桐、贾晨阳组成的"成语三人行"打败初三所有班，又打败初二的冠军，获得全校总冠军。升旗仪式时发了奖杯和奖状，站在人群里的我，隔着很远给他们拍照。犹记得他们为了这个活动不午休晚放学的辛苦付出。

十二月二十五日，收到诺丫头从新加坡寄来的卡片，上书：我在新加坡很想您，尤其是吃肉骨茶的时候。她还画了一个手拿玫瑰、头上有小花的小天使，还有一只口衔橄榄枝的漂亮青鸟。

十二月二十六日，孩子们上演《变色龙》，小狗好几个，是他们自带的毛绒玩具，还有若皓和焱小朋友披着狗皮亲扮"小狗"，那神态那举止，简直是"戏精"，虽然是一样的故事，却被他们演绎成若干个版本，创造力真让人叹服。

一月一日，一年一度的全校新年联欢会举行，全校在山大体育馆盛大集会，孩子们的表演异彩纷呈，松杰回来了，大家好开心。

一月二日，上演《雷电颂》，宇澄装扮上手铐脚镣，真切地表达着屈原的情绪，这是文字的魅力，虽然只不过是几个小字写在苍白的纸上，但读来让人感慨万千。

一月三日，山东大学办公信息网上发布2018年度专业技术职务及岗位评审结果公示，最上端的正高级教师一栏，写着附属中学：高平。

我并非第一个见到这个消息的。我刚一下课，接到一个朋友的电话，让我去看看山大网站的信息，我打开电脑，看见我的名字。

我的办公室在四楼，那是个十几个人组成的小小屋子，课间十分钟来与老师交流的孩子们简直是炸了锅，我悄悄溜出来，来到山东大学老校，来到我常常带孩子们来，更是我常常独自光顾的那棵腊梅树下，你能相信吗？大雪纷飞，北风凛冽，可是它不知道怎样谛听到春的讯息，绽放出如此美丽芬芳的花朵。

说侥幸,也有,但幸运是真的。我想起自己上初中的时候独自走在"深山巨谷"中的坚持,我想起上高中时候坐不上公共汽车徒步六十里回家,我想起高三时候骑自行车跌落山谷磕断了一颗牙,但我仍然喜欢读书,那仿佛是一种召唤,我知道,不读书就没有我想要的生活。

如果一定要从浩如烟海的汉语大字典里选取一个字代表2018年,我选"幸"。

山
——2019，我的年度汉字

2019年暑假我接到集团电话，派我去辅仁校区任教。虽然对洪家楼校区万分不舍，在这个小小的校园，我度过了生命中最美好的二十年，但是，我没有拒绝。我来到牧牛山下，觉得我教育生涯的最后十年，应该就在这里度过了。

郑校长让我选择去教务还是政教，他说学生管理中心的工作最棘手，我选择了去政教处。我做了十年的教研组组长，看到很多孩子厌学，许多家庭亲子关系紧张，许多老师讨厌做班主任，许多家长焦虑甚至绝望。我很想知道，到底发生了什么，也许在学生管理中心更能看见教育的真谛。

现在回想起来，那真是疯狂努力的一年，我当着正班主任，带着两个班的语文课，还做着学生管理中心的事情，关键是家委会、心理苹果屋等工作也需要我去忙，我还做了"学长讲述""老班时间""牧牛山夜话"三个栏目。

"学长讲述"栏目也是一份沉甸甸的责任：2012年，在牧牛山的怀抱里，崛起了一座崭新的九年一贯制学校——山大辅仁学校，只有初一和小学共十二个教学班。学校推行了"学长制"，让这个校园里的"大孩子"去影响那些"小不点"，七年了，那群牵手走进学校的少年，他们去了哪里？有哪些辅仁的印记，镌刻在他们的生命里？

2020年，辅仁学校已经发展到八十六个教学班。

"学长讲述"是让那些已经毕业的学生讲述他们在辅仁的多彩生活和他们远走之后的思考与成长，展示他们迈向多元万象社会后"辅仁学子"的样子，来见证这座年轻学校的成长，来启迪在校"辅仁学子"的远大梦想。

最难忘的一期是"从牧牛山到清华园"，从辅仁毕业的双胞胎姐妹戴蓓、戴蕾双双考上清华大学的"讲述"让在校学子激情昂扬，关键是琳杰还找到了戴蓓、戴蕾初一时牵手的那个小女孩，而今年，这个小女孩也要直升辅仁初中部。

用心的琳杰让她们在原来牵手的地方又合影，这是动人的一幕。

"老班时间"是邀请一些老班主任给家长开课，从教育理念到日常管理全方面引导，让家长真正成为教育的同行者。引导他们读书，指导他们做好陪伴，甚至帮助他们做好时间管理。"老班"们还值班负责给年轻班主任"出点子"。

"牧牛山夜话"则是构建家校合作的平台，我们会定期举办家长沙龙，就孩子教育过程中存在的问题进行对话。比如新初一的衔接问题，比如放假期间"神兽"在家的日子……

有天晚上我值班，沿环山路走向操场，大大的操场只有我一个人，感觉是如此开阔，没有月亮，牧牛山顶上亮着一盏灯火，黛青色的山体被环山路上珍珠项链般的路灯点缀，一会儿，楼上的灯灭了，有大人有孩子，彼此说着话，沿环山路离开。

我在偌大的操场上走啊走，仿佛此刻空了的校园里只有牧牛山在陪伴着我，不知为什么，李白的那句诗跳了出来——"众鸟高飞尽，孤云独去闲；相看两不厌，只有敬亭山"。

此刻，相看两不厌，青青牧牛山。

在洪家楼校区的时候，每天早晨我走着去学校，三十分钟。晚上放学后，有时也加班，也会走着回家，三十分钟。穿过山东大学老校去教堂对面的这个不足八亩地的小小的校园，是我每天的功课。

有时在上课，洪家楼教堂的钟声响起，悠远的声音传来，涤荡心灵。春华秋实，山东大学老校里的每一棵树，甚至地上的每一棵草，似乎都是我的亲戚，我时时拜访。我知道山桃三月斜开在东北角小红楼的背景上，山茱萸则盛放在南门东侧的小路上，西府海棠是瀑布般倾泻在小河旁。秋天我们去寻过最美的叶子。腊梅好几棵，那天下了大雪，我领孩子们踏雪寻梅，大大的雪球从河对岸掷过来……

辅仁校区则在三倍距离的地方，步行肯定是不行了，也没有直达的公交车，倒车要一个小时以上。虽然辅仁有很多的车位，但我们小区没有车位，我回家没有地方放。开始的日子我骑电动车，天冷了，我就去洪家楼坐班车，那里有一群附中学籍的孩子，学校开通了班车。

除了出行的问题，我是喜欢辅仁的，比起洪家楼那个小小的校园，这个校园阔大，砖红色的教学楼依山而建，南边是牧牛山。工作调动之前，我曾多次来这里教研，湛蓝天空下的红砖黛瓦，石榴树下影子婆娑，栾树正开出米黄色的细沙，大大的操场，崭新的塑胶跑道，我觉得广阔的空间对于孩子们的成长是那样美好，他们的视线也格外广远……

即使到了八月份，我还不相信自己有一天真的可以来到辅仁工作，当消息确定时，竟然有一种幸福感从心底升起。在这里，有我一直特别崇拜的"郑帅"，年纪轻轻就是省特级教师，年纪轻轻就做了执行校长，年纪轻轻就是齐鲁名校长，私底下我管他叫弟弟，郑校也一直叫我大姐，印象中他永远都是谦谦君子，从不疾言恶语。在洪家楼共事的日子里，他留给我的印象永远是那么绅士谦和，我喜欢和这样的人一起做事情，即使后来集团发展，许多老洪楼的老师去新的地方，但是我们永远那么亲，真的像赵校长说的那样，我们学校一直是"家文化"，洪家楼的校园那么小，那时候大家几乎每天都能碰好几次面，想想那可真是大咖云集的时代呢！

新初一组建，还没有开学，我便来辅仁上班，见到所有的老师都会热切地打招呼，我受到前所未有的欢迎与赞美，有时连自己都觉得不好意思，我并没有他们说的那么好，但是他们给了我家人一样的关切与信任，让我如一棵树挪到另一个地方，被呵护与照顾得无微不至，必须抽出新芽去报答他们的厚爱。

首先是学校的传统项目：衔接课。我们见到了新初一这一群可爱的孩子，刚刚带完初三的我，见到初一的孩子，觉得他们真小，像刚刚冒出的笋芽，明眸皓齿，笑靥如花。

带队去潍坊参加社会实践活动，在五天的时间里，我记住了所有孩子的名字，跟着他们早起晨练，吃早餐，上特色课程，玩密室逃脱，看电影，当然还有走正步走鸭子步，每一名孩子都十分坚强，我们班一个孩子也没掉队。

每天的安排紧张有序，我看到带着自己宝贝来参加实践活动的星华老师、嘉枫老师，眼睛一刻不停地盯着那些站军姿的孩子，我看到韦校长坚持到十二点还要查一遍房，我看到琳杰每晚都要一一给每一个宿舍关掉空调……

开学了，我受到语文组兄弟姐妹们的热情似火的迎接，放学后在学校对面的小酒馆里，郭老师带着月饼率领着一群"语文人"小聚。我们畅聊着过去也期望着未来，成蕊从背包里拿出一瓶红酒，急匆匆又回去加班的她其实自己都没有喝。

开学第一周教师节的大型活动，就安排在了辅仁校区，下午的团建，晚上的冷餐会，大家欢聚一堂，在过去活动结束时我是急着回家的人，但那天晚上我留下来和大家一起搬桌椅。当看到小广场再次恢复月华如水下的干净，我真的很自豪是这个团队一分子。

初一团队在"党"的领导下——党是我们的年级主任——构建了活力四射的年级群，发布着林林总总的事情。由二十个人组成的正副主任团队每天都凑在一起商量着卫生如何分工，纪律如何落实，班级文化如何创建。

我和文琦是绝佳的搭档，她总是那么利索地处理着班里的事情。她聪明漂亮像孩子们的姐姐，早上来得那么早，为了看看是不是有的孩子早来抄作业；晚上走得那么晚，为了让背着沉重"包袱"的孩子尽快用上门口的橱柜；军训的时候她给每一个孩子照相，回来后她编辑每一个精彩瞬间；为了让所有的孩子都有事可做，她中午不休息，光是表格就做了好几遍。

更让我惊喜的是，不久，我喜欢的另一位弟弟甄校也从奥体中路中学调到辅仁来了。他是学生管理方面的专家，在洪家楼的时候就是团委书记和政教主任，去了奥体中路中学更是创新了许多新做法。甄校曾在辅仁教过三年，自然比我适应得快很多，我也要抓紧适应，附中的家文化我们要传承下去。我们几个人都想尽可能多做一些，能为彼此减轻一点压力就倍感欣慰，虽然短短三周，但我觉得我已经完全是这个地方的人了。

教师节宣誓；"九一八"早晨，让学生会宣读《我们不能忘却》；十月一日有泉城义工的活动，琳杰又忙着做出所有的表格，到办公室里宣讲；还有骑行的活动正在招募，研学的汇报，唱校歌比赛，红歌报名，初二的家委会开会，新初一家长会，上级要来查安全问题，晚上我们的操场要开放……

那天早晨淅淅沥沥地下着小雨，我来得很早，先泡上一杯红茶，抬眼望去，我竟然被那个画面深深打动：一群穿着整齐校服的孩子打着五颜六色的花伞正沿环山路缓缓走来，青青的牧牛山是这幅流动画卷的背景，墨绿色的松树是山尖，秋草已微黄在山腰，农场在山脚，竟仍有花儿开放……此刻，学校广播里正在播放着朱自清的散文《匆匆》："燕子去了，有再来的时候；杨柳枯了，有再青的时候；桃花谢了，有再开的时候。但是，聪明的，你告诉我，我们的日子为什么一去不复返呢？"

立在窗前，那一刻我有些恍惚，仿佛是梦境也仿佛是诗境，我透过玻璃望了好久好久，直到预备铃声破空传来。

夜凉如水，万物岑寂。我在广阔的操场上走到第五圈，月亮还是没有升起来。西山房屋里还有昏黄的灯光，秋虫的鸣唱陆续登场。

相看两不厌，青青牧牛山。

我们做的事情实在太多，有的时候这边开着教学方面的会议，那边是家长的会,特别是小升初的时候,我们连夜为直升的孩子做暑期的"暑夏时光盛宴"。记得韦校长半夜和我不断地交流稿子的情况,我还专门为孩子们写了一首小诗:

请一定,等我回家

一座山
从来不说话
在我,却是稳定的力量
那是牧牛山

世上原来真的有这样一座校园
栖停在一座山的臂弯里
青蓝瓦,砖红墙
小庭院有石榴、白腊和木连廊
弯弯山路上,是密密站立的黄杨

苦菜花的苦
绿葡萄的酸
紫桑椹的甜
之字形栈道到达的那座小小风亭

怀揣一本书笑靥如花的老师
为了一道题和我争得面红耳赤的同桌
跑道上为我击鼓助威的你们
还有啊,我每天负责擦干净的那块黑板

好在，好在呀

九月时

我还可以回到这里

成为我一直羡慕的拥有更多能量的学长

我会起个大早

踩着环山路漆黑柏油的细香

走进装满鸟鸣的那间教室

我朗读清泉石上流

或谛听雨中松果落

我是辅仁的孩子

亲爱的牧牛山

请一定，等我回家

  我并没想到，这首小诗其实也写给了自己，因为我只待了一年，就被集团派往了青岛校区，本来以为大山可以栖息，没想到下一程是大海。

  趁周日去办公室收拾东西，我的学生晓旭来帮忙，来来回回折腾多遍把东西收拾到车上。记得去年从洪家楼撤离，东西收拾了好几车子，堆满地下室，来辅仁前告诉自己不要带太多东西过来，但是至少也打了三年的谱，衣服、鞋子、书本……冬天的衣服还有没拿回家的，还有兴冲冲买的运动装——为了有仪式感，先让琳琳去网上搜，又和琳杰买了同款。塞满了后备厢，物业李经理见我提着重重的袋子抓紧接过去送我，又把车座也占满，暗暗地骂了自己好多遍。

  今天校园空旷，只见到了丛丛，给我送来便携的小水果机，说随时都可以做果汁来喝。今天值班的还有甄校长，他感冒发烧，打电话过来，我去向他道别，说着我们一年来的种种，感慨万千。琳杰打了电话来，说着突然与不舍。这一年的"学长讲述"，多少个日日夜夜的沟通与策划，几多高光时刻属于努力的我们。

  我和这间我喜欢的南向的办公室里所有的东西告别，桌上大电脑里的东西都粘贴进 U 盘或删除，一切干净得仿佛我来时的样子，孟主任还说新学期开学给我换个新的，这个老旧电脑都不转了；笔记本电脑是上直播时和孟主任申请，家亮弄干净送过来的，我也让它恢复到原来的样子；Pad 是去年来时发的崭新的，所有的课件都删掉，我想把给孩子们扫描的作文本导进电脑却没有成功，最后也完全删除。我来到这里时房间那么乱，我一样一样整理，把小桌横过来，花花草草让这里充满生命的喜悦，我要向每一个生命告别，给每一棵都浇了水，尤其是我背后的那棵血龙木，迎查时没办法要扔掉，我从垃圾堆里和琳杰把它抢救过来，一群人帮忙抬，今天只能叮嘱琳杰谁也不准取走它。

  把借的书贴好条子，两间房子的钥匙——当时孙主任把学术中心的也给了我，可惜到现在还没有装修完——还有进地下室的蓝牙，都分门别类整理好让琳杰去还。

  孩子们放假有些带不走的东西放在我这里，我找了箱子一样一样收拾干净整洁，还有他们的档案材料，我们班的小章是文琦为了仪式感专门去做的，当时做的阅读存折，还有家委会买给班里的多肉，都放在桌子上，等开学让文琦来弄吧。不过要带走禹泽去年教师节送我的小盆景——层峦叠嶂，其实是仙人掌和仙人球组成的，但这个名字取得真好。左手边的小木桌，也是迎查时丛丛要扔掉我抢救回来的，铺了马老师送的扎染，连同小白瓷的茶碗，也都尽数收走。

  去山上和我种的东西告别。正午时分天热如蒸，我拔了三行花生，给琳杰留下三行。多少个日落时分我喊琳杰和琳琳上山，给它们浇水。琳杰总是把摘下的好东西让我带走，琳琳苦心种植的水果黄瓜可以吃了，洗好了送到我办公室来，每天午餐也都提前给我领回来，好吃的菜总是给我多盛。芸豆没有了。那次太旱了，韦校长看不下去，周末帮着把水浇透。黄豆结了荚，小西红柿也还有几棵，种在地边的瓜藤还没来得及坐瓜……

把所有属于我的东西搬走后,办公室仿佛变了样,打扫卫生,把所有的垃圾都倒掉,然后,嘭的一声带上门,以后不必再担心忘带钥匙。

开车出来的时候,心里默念着和牧牛山再见,和辅仁说也许不会再见。

海
——2020，我的年度汉字

又是八月份，我接到集团庄校长的电话，说要派我去青岛校区。青岛校区我真的去过，在第一次十二年一贯制课程建设研讨的时候，在他们需要我去参加教研活动的时候，我曾经如此痴迷海，早晨早早地起来去看"海日生残夜"，夏日里，赤脚走在海边沙地上……

但是去工作，对我来说有点突然。

思来想去，毕竟是集团培养了我，当集团遭遇困难的时候，也许挺身而出才是最对的选择，但是，我实在离不开我刚刚教了一年的孩子们……

八月的后半个月，我没有把要离开的消息告诉孩子们，也没有告诉家长们，因为我知道，他们也一定离不开我。直到八月二十五日离开济南的前一刻，我还在给他们批改作业，直到八月的最后一天晚上的七点钟，我才在家长群里给他们发了一封信，告知我离开的消息。

就此别过，这次是真的

亲爱的孩子们，这次是真的，但是我不是被调回洪家楼，连我自己都没有想过，做梦也不会想到，我这学期被集团派往支援的是青岛即墨的山东大学实验学校。

还记得那次吗？我对你们说，我被调回洪家楼，"就此别过"，说着转身就去开门，我听到有好几个人哭出了声，特别是袁泽，简直就是号啕大哭。当我又重新回到你们身边，笑着说只是和你们开个玩笑的时候，我听见雷动的掌声，大泽说，老师，我们不兴这么玩的！

有个妈妈后来告诉我说，孩子回到家仍觉得心有余悸，熙恒一次在学校半天没看到我，就提心吊胆，他在日记本里写道：

我是有后遗症了，担心您真的离开我们。一整天都没见到您，简直失魂落魄。

从此不敢再和你们开类似的玩笑。

这次是真的，你们收到我的信的时候，我已经踏上了去即墨的车。我几乎都要哭了，我的牙疼得厉害，不能吃饭，嗓子疼痛到无法吞咽，整整一周，我几乎没有下楼。我知道我也离不开你们，在身体疼痛和心理疼痛中周折，我不敢想象你们听说我离开的样子。放假的时候我见到你们听说马老师离开的时候神伤的样子，据说孟隆也号啕，六班的孩子总是那么有人情味，我几乎不能想象。

好在，告诉你们个好消息：接替我的，是李欣老师，毕业于山东大学文学院，曾是山大附中报的主编，也是假期项目组研发团队的核心人物，见到她你们就知道了。李欣老师是我特别喜欢的老师，是可以和你们玩到一起的老师，由她来带你们我是放心的，仿佛自己的孩子没有丢给别人。

今年我首次体验把自己的学生给别的老师，我来附中那么久，喜欢从初一带到初三，因为我经受不住一种别离是在中途。但是也有几次是中途接班，接过初三，也接过初二。其实老师们也大都不喜欢中途接班，所以我希望你们忘记高老师，好好跟着李欣老师学习，她教学成绩优秀，人也可爱，唯有这样，我在青岛工作时才是安心的。

当然，如果你们想高老师了，可以写信，咱们都加过好友的，也可以写纸质的信，寄给我就好。你们不是写了很多跟高老师相关的文章吗？小窗发给我吧，现写的也欢迎，这将是我教学生涯中的珍宝。周末我基本都会回到济南，时间允许的话我也会来看你们。地球村了，青岛才几步远，欢迎你们来青岛找我玩。这是个靠近海的崭新学校。

人生没有不散的筵席，只是比原计划早了一点点。记得放假的时候我去门口送你们，感觉不过是凡常的放假告别，没有丝毫的预见。有孩子说，老师，可以拥抱一下吗，又是好久见不到了呢，好在我没有拒绝……

虽然我平日里对你们要求严格，因为从心底里希望你们好，辅仁一年，不管课堂上耳提面命，还是通过"学长讲述"让你们领悟，都是希望你们成为厉害的人，这世界上没有任何人能阻止你成为厉害的人物。

只是再也不能，看天气好就去"山行"；只是再也不会，大雪覆盖整个校园的时候，绕过教学楼去踩没有人踩过的雪；只是再也不提，洪山路直冲的那座山，是我计划中领你们秋天叶红的时候去攀登的；只是再也不说，下午第四节，又有一个世界名校的学长来了，听听他怎么说……

如果你们有什么想法，一定告诉你们的李欣老师，她比我点子还多，我也相信，我们六班一定可以成为初一时候就梦想的样子。

虽然我离开，但是心里还是那句"莫失莫忘，不离不弃"。你们还有亲爱的文琦老师，现在又有李欣老师华丽加入，只有我只身远行。

不说了，流泪中……

来即墨的这几天，正赶上台风过境，总是阴雨连绵，正如我的心情。就在昨天下午的家长会上，竟然一说起你们就哽咽了呢。

其实别离是人生的常态，也唯有别离让我们懂得珍惜，青春年少的你们可以接受一切美好，也可以迎接一切挑战，相信我们的神奇六班在李欣老师和文琦老师的带领下，定会乘风破浪，独占鳌头！

梦想远大，何惧风雷。

变是永远的不变，接受变化需要勇气，我有，也希望我的孩儿们也具备。

祝福我的孩儿们！

确定真的要来青岛。

第一个电话是青岛校区的执行校长晓华打的，她说着各种好，空气、校园、老师、孩子……说要把我照顾好，一定不会让我累着，这里安静，喜欢读书的我一定喜欢。

"我要亲自回去接你！"电话中，她按捺不住激动与兴奋。

临走的那个晚上，约了霞和欣在新草堂，这是一家火锅美食店，因为霞在青岛半年，告诉我所有该带的东西，欣要接我的班，我要把每一个孩子说给她听。

我带了清酒，喊着今晚不醉不归，没承想真的每人半斤下肚，我开始脸红气短。两个人非要送我去车站，临别霞还要表白，欣在我上了公交车还要照相。

早晨还没有醒，收到霞的电话，说要用的锅灶用具她们几个已经下单，今天就不要出门去买了，青岛那边油盐酱醋包括菜板子维丽已经全部都给我摆放好，到了就可以开火做饭了。

果然听到外面的雨声，温暖成这个样子也是我想不到的。"欣的小养生壶今天到青岛，我和玲玲的电饭煲明天到，汤锅和蒸笼得二十八号到，倩倩和亚男的炒锅可能明天也到……"霞让我自己配喜欢的赏心悦目的碗碟、筷子、果盘，喜乐开始海边的日子。霞说，我选的锅你应该会喜欢。

亚男给霞发信息说：霞姐，我和倩姐准备了炒锅、海鲜、东北大米，明天下午我们直接给高老师送去。这两个都是霞在青岛的弟子，据霞说，她们听说我来青岛高兴坏了。但是医生叮嘱我不能吃海鲜，大米我已备好，叮嘱她们千万不要买了。

下午维丽发来信息说:"油盐酱醋糖等基本调味料给您备了一些,洗衣液、鞋刷之类的准备了,刷锅刷碗的也有,这些您都不用考虑了,明天我给您带些面条,买些蔬菜水果等放冰箱。还有咱们这里的语文老师们要给您准备点海鲜放冰箱。总之,您到来我们好开心,用这种方式迎接您最开心!"

"最首要的是解决吃饭的问题,我上午看了看厨房的其他物品,满足基本做饭差不多了,等您来到缺什么我们再去置办。刚来确实艰苦些。不过我和霞姐商议,决定给您解决掉,尽可能减少您的辛苦。好啦,高老师,坐等和您会师。"她们可能不知道,最开心的其实是我!

我被这一群丫头们暖到。

还没坐上车,就接到刘霞的电话,问我是不是乘上车了,接着发来为我做的安家指南。

八月二十五日下午一点,晓华亲自找车去接我。女儿担心我一个人远行孤独,亲自送我到学校,下午五点半,我们到了。到房间之前,就见到了维丽,见接我的车飞驰而过,她牵着俏丫头奔过来,还有倩倩和亚男,手里拿着早就下单买回来的炒锅、蒸锅、汤锅;那是他们要给予我的"安适",打开门,发现他们的"策划"十分周到,魏老师说,都细致到大葱了,锅碗瓢盆酱醋,连筷子都有了。原来我还没有来,晓华已经把电磁炉准备好了,还让物业送来了碗碟筷子,还有洗菜的盆子,竟然还有漏勺,还有未开封的电饭煲、养生壶,到处都被维丽收拾干净,洗衣液也齐了,打开冰箱,绿色葡萄、今天七夕的甜饼、土豆、西红柿、面条、紫菜、鸡蛋,满满当当,打开灶下柜子,我喜欢的花碗小碟赫然在列。这些姑娘太有心了!

两室一厅的南向房间,书房精致,卧房有巨大的衣柜,电视、电冰箱、洗衣机都是全的。

大家怕我累就抓紧离开了,晓华说接风酒要等我歇过来好好喝,只有维丽留下来帮我把电水壶装好,教给我如何使用,把电视也打开调好,空调也帮我都试过。我抓紧打开我的紫砂茶壶泡红茶,她高兴地说着干杯祝贺会师。

维丽一走，我开始"物归其位"。喜欢那个小书房，把当时去马老师处要来的扎染铺上，把电脑摆上，大果盘上了餐桌，洗漱用品去卫生间，鞋子也摆进柜子，衣服都进衣柜，大米去厨房……

收拾完所有的东西，天色渐渐暗下来。"今晚咱们去吃火锅吧？"女儿今天替老公来送我，陪我过七夕。在手机上搜索火锅店，今天过节要提前预订座位。下楼右拐步行十分钟，是一家部队火锅店，果然座位难订，庆幸我们早到了一会儿。牛肉汤底料，火锅食材十分丰富，还有鸡米花和玉米沙拉，热气腾腾吃得过瘾。结账出门，发现下起了小雨，转身向老板借一把伞，帅气小伙竟然拿了车钥匙要开车送我们，顿时十分感动。习惯打车的女儿非要转钱给他，他说下雨了就应该送送，不要客气，说疫情防控期间自己原来的生意无法维持才出来开火锅店。我看见了没有被击垮的善良。

晚上收到玲玲的短信，她说我要开启的海边生活是上苍送我的一份特别的七夕礼物。"高老师您知道吗，我在您这儿学到的最重要的一点就是，不管任何环境任何事情，您都喜悦地接纳，并且有办法把一切变得更美更好。青岛天气更凉一些，您早晚注意添加衣物，新的学期，我也会加油的！"其实玲玲不知道，这次的海边生活，并不是"喜悦地接纳"，毕竟在济南生活了二十年，毕竟要中途跟我的孩子们说离开。

八月二十六日早晨，又下雨了，瑞刚叮嘱我去吃早餐，他们那么客气地问我是否满意。去中学楼和老师们见面，认识了初中部的老师，开了短会，收拾办公室——初一、初二分开，每间办公室五六个人。午餐维丽约我，见到了秀姐、石老师、赵老师和茜。下午两点半开会，去办公室一收拾差点迟了。徐校长隆重地介绍了我，还让我说了几句话，这是我从大山到大海的教学生涯崭新的开始。今天还收到党主任的邀约，可惜我已经离开济南了。

会后到教室转转，最兴奋的是有巨大的阅览室，洪家楼只是一间小小的阅读空间，辅仁因为学生增加把阅览室改成了教室，而这里却有个占据半层楼的巨大阅览室。在那里终于见到保红姐姐,去年她到济南的时候我们俩在洪家楼的董小姐告别,没有想到今年我来了。那天她知道我来,难掩兴奋激动,给我发信息说:一片祥云飞到了青岛上空。

晚上,文心去超市买东西,我回房间煮面,维丽和秀姐打电话相约,都谢绝了,毕竟开学前事情太多,大家都忙。文心竟然跑了那么远的超市,还买了整包的牛肉,真是厉害!她说穿过南边的村子找到了超市,只是买的东西太多,只好打车回来。

吃饭时间和地瓜视频,他才刚刚回到小区,还没吃饭。我离开的时候从超市给他买了肉食和早点。也许我们都不在家他也慌忙,竟然把钥匙锁在家里要打电话给开锁公司。

瑞刚把衔接课方案给心月,说明天我们讨论一下。我又联系了小郑校长,问交接的事情。和李欣通话,说我们要建立友好班级的事情。

八月二十七日晓华约我一起吃早餐。吃过早饭,先去秀姐组织的计划传达现场,段主任、汤主任、董校长反反复复说着课程建设的事情,然后是备课组组长会,我讲了讲备课组组长的重要性,维丽那里正在开班主任的会。领了新的电脑,网络不是太好,小将帮我全部安装好。午饭碰到了庄校长,给文心领了一份饭回来。

昨晚因为有拉东西的声音,又加上仿佛翻动书页的声音搅得我没有睡好,黎明时分又被狗吠声吵醒,所以一回到宿舍就爬到床上睡了,才想起来下午有个心跳复苏的讲座,马上收拾一下去了办公室,还好没有错过。

四点钟去维丽办公室商量了一下"时间管理"的事情,回来领着玮玮和笑笑把板块理清楚,略作美化就可以去印刷了。笑笑是我的小徒弟,讲传统文化。

晚饭时,文心用霞和玲玲买给我的漂亮电饭煲蒸了米饭,我回来做了西红柿土豆炖牛肉,晓华还在加班,我们给她留了一小碗。一会儿冉冉又打电话来说着不舍,琳那天也来电话表达不舍,说自己的福报不够,哽咽得说不成话。我也好舍不得这些孩子,但是明天,我的另一群孩子就要来了，今天中午家长就已经买了漂亮的橡皮树和一排的绿萝，心月也找孩子在黑板上画了点东西，写了几个字。

这几天一直淅淅沥沥，台风过境的青岛一会儿一阵雨，一忘记带伞就会被浇上。刚刚回来，就接到倩倩的电话。霞给我买的砂锅到了，满身都是霞的浪漫优雅时尚气息，还有几件小东西也分外美丽。是霞的风格，她不想让我感觉孤寂与荒凉。

八月三十日晚上七点跟我的孩子们告别，为了不让他们分神，我干脆退了群。在这边一个群一个群地建立起来。每天步行五分钟就可以到办公室。石老师把培养室的绿植送我一些，维丽送来漂亮的多肉，笑笑帮我领了打扫卫生的工具，从林主任那里又领了衣架和崭新的电脑，移过来一部电话。一切顺利，可以工作了。

保洁的大姐那天帮我收拾东西，用我听不太懂的即墨话问我：我每天都给你提前把茶杯洗干净你介意吗？

我笑着说，不介意。怎么会介意，不是应该感谢吗？

从青岛回济南的第一个周末，俊哲妈妈和家委会的主要成员约我"明湖秀"。他们其实从七月份就在约，几个孩子暑期组成"骑行"队，坚持最久的是俊哲，允泽、开元、安可也不错。家委会成员对班里贡献大，自然和他们打交道也多。

但是后来我收到调走的消息，竟然不敢见他们，觉得虽然是集团的安排，但是中途离开孩子们，心里还是过意不去，但是他们的盛情我实在无法拒绝。在济南工作生活二十多年，未曾明月荡舟湖上，望"新砑的银子"一样的月光，那夜，看到了。

记得刚刚组建家委会的时候，俊哲妈妈雷厉风行，带领大家布置，从窗帘到凳子上的坐垫，从教室后墙的装饰到钟表的摆放位置，一切都安排得十分妥当。已是二孩辣妈的她常常搬椅子就往高处站，被她点燃的我们，也把往墙上贴东西当小菜一碟，很快教室就被我们整饬一新。"环境育人"不是一句简单的口号，而是实实在在的践行。午睡的时候，墨绿色的窗帘一拉，孩子们可以有个香甜的午觉。

我记得随口说过一句班里有个阅读桌就好了，因为我实在不喜欢统一配置的蓝色塑料桌凳，没有读书的感觉，没承想第二天俊哲妈妈就把一个精致漂亮的阅读桌放在了书橱边上，还买了几盆多肉植物，教室顿然一新。我也喜欢多肉，孩子们眼里也闪光，那是初秋，有几盆白的、黄的和粉的菊花也开了，还有长寿花，使初到辅仁的我心安一隅，只要有时间，我和文琦都会在阅读桌上批改作业。午餐时间，我们也用它约饭，那时候喜欢和孩子们在吃饭时乱说一气，反而读懂了他们真实的内心，还知道了家豪所说的女生吃饭常常剩下三分之二的事实。

也许大家都爱这张桌子，我们不在的课间孩子们也装模作样地在桌子旁边活动。没多久，那张小桌就掉了腿，我曾请物业师傅去修过几次，但是都没有修好，最后，它被请出去放在了南墙根。

不知道俊哲妈妈怎么知道的，很快就给我们换来一张超级稳固的、比上一个还要大一些的栗色阅读桌。我当时就明白为什么她工作做得好，孩子也带得好了，这是个灵秀能干的大女人。

我们总喜欢利用一切机会锻炼孩子们，又是他们几个，在元旦和放假时，给孩子们准备了水果和好吃的，让他们边唱边跳边歌边舞。这样的青春，会成为他们甜成蜜一样的记忆。记得刚刚复学的时候我想让他们疯狂一把，就委托他们在牧牛山上做了个项目，有爬山寻宝，有挑战过关，没想到天公不作美，大雨滂沱，只好改成室内项目，允泽妈妈当即变身主持人，孩子们你演我猜不亦乐乎。

疫情平稳后，为了让孩子们回到盼望已久的教室时有惊喜，家委会又增加了一些绿植，特别是一盆巨大的多肉法师，因为怕每晚都有的红外线伤着，一直在办公室陪我到放假。

我们在教室的黑板上方写了两行字，一行是："一个国家最美丽的风景是这个国家的年轻人。"那是何冰老师在《后浪》演讲里的句子。另一行是我们复学典礼的主题："梦想远大，何惧风雷。"黑板很高，家委会借了梯子。我看正在高处忙碌的家长不是太熟练，一问竟然是俊哲爸爸，原来他们全家总动员呢。

还有我们一拍即合的"牧牛山夜话",俊哲妈妈一马当先,上午文案策划就出来了,马上发通知,活动一结束,活动总结具体到每一个细节,甚至每一句话,公众号上一发,点击率超高,许多没来现场的家长看后,都有"身临其境"的收获。

临近放假的时候,我们又在家长群搞起读书打卡,俊哲妈妈想了很多鼓励大家读书的法子,当然也对根本不行动的家长感到失望,说,总希望老师关注自己的孩子,但是老师倡导的事情却不肯做。这点我也明白,家委会每次组织活动,总是优秀孩子的家长参与的多,不肯参与的家长便失掉了许多成长的机会。我也惋惜,想起用腾讯文章线上编辑的方式催促更多的家长参与,不过还是有人无视这项活动的存在,我们只好在群里鼓与呼。

约着一起去欣赏"明湖秀",也是希望我们能够见证孩子们的成长。我知道这样不妥,他们开玩笑说,AA制,算是集中家访,他们还不用打扫卫生。时间却一直没有定下来,不是这个孩子有外出旅行,就是那个孩子有连续的辅导班。约着约着就到了八月中旬,我接到了去青岛工作的通知,离开时没有告诉他们,怕他们难过。

我故意拖延的"明湖秀",成为一种幻影。

但是开学了,不得不告诉曹会长,为了不给学校带来麻烦,我便委托曹会长先给家委会成员透透风,避免家长不能接受。曹会长以大局为重,给家委会成员一一打了电话,安慰他们。

不想"明湖秀"成为一个遗憾,曹会长执着地坚持,让我周末回来必须参加,现在我已经不是他们的班主任,必须变成"亲人"。我还没落地济南,她的电话就打过来了,告诉我具体的时间,兴奋之情溢于言表。

晚上七点半,明湖北门,见到了这几个孩子,他们扑过来与我深情地相拥。俊哲内敛,是不喜欢表达的学霸,画画、书法样样精通,上学期一篇关于宣纸上声音的写作让我牢牢记住。允泽是能说的学霸,课堂上老师问题还没有抛出来,早已洞察先机的他便大声喊出了答案。开元是多才多艺的才女，宣传栏里有几幅她的中国画，春花灿烂的山野，蓝光遍林的月夜，疫情防控期间的小桥流水……她还是英语口语国际大赛的得主，每天晚上都坚持把读书笔记交给我，即使我离开了。安可是有武大樱花梦的才女，成绩多好都觉得自己不够好，是个安安静静就可以把事情做到极致的可人儿。

明湖浩渺，也许是疫情的关系，人并不多。我们被引导着上游船，孩儿们让我第一个上船，红茶、果茶、冰茶随心选取，红葡萄、绿葡萄、紫脆枣都洗干净，红豆、绿豆糕饼用荷花瓣包了，甜到心里去。微风吹拂，波涛起伏，偶有大鱼跃出水面，船行水中，心一下子变得如明镜一般，大家自由自在地吃着水果点心，喝着茶，看游船也像条鱼一样安闲舒适地划过水面。

"月亮！月亮！月亮！"俊哲的弟弟俊涵高呼起来。我们立刻透过船窗户往东去看，果然看到了一轮巨大的月亮斜挂在超然楼上。"月亮还没满！"俊涵说。今天是七月十八，在乡村的时候，奶奶总会告诉我说，"十七、十八坐着等"，就是这两天不像十五、十六的月亮一样早早又圆又满地挂上天空，需要我们小孩子拿一只小木凳，耐心地坐在大门口等候它才姗姗来迟，苏子说，"月出东山之上"，可惜那时候的我还是什么都不懂的山村小丫头。十八的月亮确实不是特别圆，但是它圆过了。

我们一行十五人，刚刚好坐满一只小船。那枚大月亮始终跟随，大家也都拍下这动人的时刻。朱自清回忆和朋友冬天在西湖坐小划子，"月光照着软软的水波，当间那一溜儿反光，像新斫的银子。湖上的山只剩了淡淡的影子"。如此惬意与悠然，也许此刻我们都浸在里面了吧。"家人团坐，灯火可亲"，大家都不再说话，眼光和月光，都被深深记住。

我们今晚是特殊的客人，来到康熙南巡时的湖心小岛历下亭，波与地平，亭台楼阁错落有致，掩映水面，我们在这里合影，感觉我们从来也不曾分开。

真正的"明湖秀"开始了，我们在历下亭隔岸坐下。俊涵说，在近处会很热，因为有喷火，冲天的水光。过去曾见过烟花烂漫的明湖，现在应该是不允许了。俊涵上次来被震撼,特别是水幕印象深刻,问妈妈为什么首都不是济南,看来美炸了。"四面荷花三面柳,一城山色半城湖",现在荷仅剩下最后的几朵含苞,其他的都结成了莲蓬。

我们以茶代酒,祝福孩子们前途无量;我们以茶代酒,祝福每一个家庭幸福安康。船停上岸,正是"得月亭",满心欢喜地看月亮一直都跟随着我们,"月亮走,我也走"。孩子们明天早上还要去华山环湖骑行,我建议大家往回走。到停车场,分给孩子们我的书——最后的几本赠书,恰好还够他们的。开元早就找我签过名,今天送她另一本我喜欢的书。因为都在东边住,允泽妈妈提议要送我,我接受了。爽朗的允泽妈妈一路上都在说曾带允泽去过的地方,金钱、时间、陪伴与付出,为了培养一个优秀的孩子,他们愿意奉上一切。

到青岛后,周末我们会相约回济南,这周我们有安排回不去,和晓华约好早起看海上日出。

睡得早,带着点小兴奋,早上起来的时候并没有困倦的感觉,一路急行,夜色渐远,玫红色的天空出现在眼前,二十分钟,我们就到了海边。海上仙山影影绰绰。

有第一次见到大海的少男少女,天尚早气温有点低,他们叽叽喳喳地从瞭望桥上下来了。我和晓华都穿了厚厚的外套,并未感觉多冷,昨晚退潮后的细沙子上还有小螃蟹的"密码",小小干净的白色贝壳。

天色大亮,但是仍然是水天相接,早有小船漂泊水上,马达的轰鸣传过来,海鸟们也都忙碌起来,上下翻飞,停栖在水边的竟然发出小猫一样的声音,我是第一次听到这声音,感到新奇有趣。

晓华认为观光桥上才是最佳观测点,我们便转身往桥上走。"日出了!"晓华高声说。她来了三年多,来过几次但都大雾迷蒙没有见到。我抬头一看,果然,一个小小的红点从暗黑色的云雾之中露出来,鲜艳耀眼,但是感觉软软的,湿湿的。昨天还给孩子们讲"海日生残夜",残夜,果然是"生",如一个婴孩,慢慢地——半圆形的轮廓,四分之三,然后整个跃出海面!

我和晓华在惊喜惊叹惊呼中用手机拍下了整个过程。五点五十到五点五十一分，也就一分多钟的时间里，海面突变，刚刚还混沌一片的天空被这个巨大的星球照亮，霞光万道，金银财宝铺满了整个大海。

那一刻有呆立在那里的"痴狂"与失神，眼睛里只有这个巨大的、光芒万丈的红色星球，一切在它面前都黯然失了色，它统治着这山这水这万物，还有我。晓华和我都尝试拍下手托红日的景象，果然还是可以做到的。我们俩也像得了宝物的孩子一样，兴奋地朝水面走，感谢晓华拍下我义无反顾走向海的画面。

王安石说，世之奇伟、瑰怪，非常之观，常在于险远。真的，如此美景并不是常常看到，也不是谁都可以看到，整个海边不超过二十人，安安静静地，仿佛所有人都被这一刻摄住，只有伫立，只有专注，心无旁骛……

庆幸今天这个早上没有睡懒觉，庆幸有晓华为伴，庆幸上苍在我第一次兴冲冲奔向它怀抱的时候，没有赐我大雾迷弥，而是让我见到"海日生残夜"的瑰丽与壮阔。

往回走的时候，已经不能直视它，它开始"耀眼"，像火花四溅后的"钢铁"般坚硬夺目。不过六点多一点点，平日里还真是没有睡醒呢。想想大自然是多么隆重地进行着每日的日升日落，潮涨潮息，只是奔波劳碌辛苦的人们，没有福分见到罢了。

突然有了苏东坡似的感慨："何夜无月，何处无竹柏，但少闲人如吾两人者耳。"

2020年，我们几乎所有的课程都是围绕海，因为我们得天独厚的地域优势就是大海，我们从校园出发走二十分钟就可以"面朝大海"了，我曾经领着孩子们来体验"海日生残夜"，曾领他们在海边进行千米竞跑、海边骑行，曾领他们进行海洋知识竞赛，曾领他们逐浪踏海，今年的"海洋特色校"建设，也完全是围绕海做文章，从小学一年级到八年级，每学期有七十个课时是领孩子们进行与海洋有关的探索……

喜欢海，热爱海，感谢大海。

后　记

你坚持只要最好的，往往都能如愿
——我与名家人文教育高端论坛暨名师课堂研讨会的十年

我与名家人文教育高端论坛暨名师课堂研讨会的缘始自与陶公的相识，那是一次齐鲁名校长活动，记得是杜郎口中学、历城六中、泰安实验中学和我们山大附中的语文教研活动。活动结束的时候，每个学校有十分钟的时间展示学校特色，那时候我正和语文组的老师们如火如荼地做《让灵魂沐浴书香——阅览课实施策略研究》的课题，从设计、收发调查问卷，到确定100种推荐阅读书目，到设计读书笔记模版，到各种读书活动的开展……赵校长大概知道陶公深爱读书，就安排我来汇报。那时我完全不知道陶公何许人也，自然无知者无畏，眉飞色舞地讲述自己做的那点事情，讲完坐在人群里有一点完成任务后的窃喜与轻松。

一阵掌声过后，一位身材颀伟的长者健步走上讲台，那是在洪家楼校区的一楼报告厅，那时候还没有现在这么豪华的液晶大屏，身边的老师窃窃私语，说，这就是上次给我们讲《做一个幸福的老师》的陶老师。我当时真的不知陶公其人。然后我就突然听到陶公指着我说，这个小姑娘做得好，读书的人自是淡定、从容、优雅，气度不凡。他还说，如果山大附中坚持这样做下去，是个可以出大师和思想家的地方。我当时真的有点受宠若惊,记得一下热了脸,从小到大还没有人这样在公众场合表扬我,陶公那时候并不知道我的名字。

  真正近距离接触陶公是在接下来的日子里,陶公惊叹于我们语文组的实力,他说他在全国跑过许多地方,可从来没有见过一个语文组实力如此强大,当即决定把第二届名家人文教育高端论坛暨名师课堂研讨会委托给我们来承办。那时候我刚刚做教研组组长,听到这个消息其实喜忧参半,高兴我们得到如此隆重的认可,忧愁得怎样努力才不辜负陶公的信任。

  果然,陶公为了确保质量,四场报告、两节课他都亲自来听来看,包括赵校长的他都听了好几遍,但陶公没有听我的,他说确信自己的眼睛毒,认准了就不担心。其实到今天我已经多次登上名家人文教育高端论坛暨名师课堂研讨会的讲台,陶公事先一次都没有听过,只是确定题目的时候打个电话,然后他总是说,你讲什么都可以。但是我知道,他对每一场报告和每一堂课的要求都近乎苛刻,因为他总说,只要有一处不够好,就对不住跋山涉水而来的老师。

  接下来的几个月时间里,陶公来的次数较多,只要不与上课冲突,我都会陪他听课或者听报告,因为只要在陶公身边,总感觉日子是枝繁叶茂的,我终于领会以前听过的一句话,有修养就是让别人舒服。陶公住得远,但他每次来听课都比我们早,我们总说,陶公来的路上从来不堵车。他永远都那么谦卑、那么温和,他总是能够看到别人的闪光点,然后燎原般成就。

  那时候历城宾馆还在花园路上,恰好讲课用我们自己的学生,我们和传说中的教育大家魏书生、吴非老师同台,那是莫大的荣幸,我们语文组开始在全国有了些名气。

  第一次要登上全国会议讲坛的我们还是挺紧张的,为了出场效果好,我们还专门请来化妆的老师。我讲完课的时候黄传新主任说,下边的老师讨论,讲得是真好,但为什么梳了个新娘头?我其实很不适应聚光灯下的感觉,仿佛灯光亮到我睁不开眼睛,并且那时候根本没有在众人面前做分享的经验,做了很多的链接,网络又不好,打开一个又一个链接耗时很多,汗滴浸在脸上,生怕给陶公丢脸。但他总是坐在第一排仰脸笑吟吟地看着,无论当时有多慌,有陶公坐在那里就仿佛有了主心骨。最关键的是,我走下讲台的那一刻,他总给我最大的鼓舞与肯定,春风煦暖的感觉。

中午,他又怕工作人员不周到,跑前跑后地给我们送饭票,虽然离学校真的很近,但他多给了我一些,说我们学校的老师来不及回去吃也到会议上来吃吧,还生怕我们吃不好。看他忙碌的身影,我总会情不自禁地想起自己的父亲。

也许是那天讲得还不错,当然我知道陶老师无论到哪里讲课都没有忘记表扬我,他谈论我怎样领着孩子们读书,怎样把孩子们带到大自然中去,怎样做抵达孩子们心灵的教育,从那时开始我就经常收到一些邀请,有来自遥远的温州的,也有来自更远的内蒙古和新疆的。也真的是因为这个机缘,那几年还真和语文组的老师们把"阅览课的实施策略"升级了好几个版本。

后来我们开始做"体验类课程的建构与实施",其实主要还是站在学生发展的角度。"纸上得来终觉浅",阅读与写作是语文教育的双翼,当时也正是赵校长"经历即成长"德育课程建构的黄金时期,我们把初一到初三语文课本上的活动课程,以及我们语文组多年来创立的比如"母亲小传"等品牌项目梳理汇总成了我们的特色体验课。当时正是各种模式满天飞的时候,赵校长说,不用给我模式,有个理念就好,我们便提出了"文化视野大课堂"的概念。"文化"是一种生活方式,"视野"指让老师们站在更广阔的文化空间,"大课堂"之"大"不仅仅指师生共在的四十分钟,还包括学生在课下读书和体验类活动的总和,把语文课打造成广阔无限的文化空间……"济南市首届体验类课程展示活动"定在了我们学校,我代表语文组给来自济南市的二百多名骨干教师汇报《语文体验类课程的建构与实施》,当时的省教育厅厅长张志勇也来了,他说,在山大附中,他见到了理想中的语文教育。

因为陶公经常关注我们的教育教学，他认为我们提出的"文化视野大课堂"的概念很符合他"生活的外延有多大，语文的外延就有多大"的大语文思考，所谓"站在文化的高度思考语文教育"，他便安排我在名家人文教育高端论坛暨名师课堂研讨会上给老师们分享。那时候花园路拓宽，历城宾馆已经拆了，会议地址转到了火车站附近的铁道宾馆。陶公找的这个地方实在是太"贴心"了，来自五湖四海的专家学者从火车站出来转身就可以进会场，也有讲到火车马上就要开动才从课堂出来的，简直是"效益"最大化了。

说实话，我再次登上名家人文教育高端论坛暨名师课堂研讨会讲台的那个下午，我把自己对于语文教育的所有思考、实践和以后的打算都毫无保留地分享给来自全国的上千名老师。刚讲完，我就被一群老师簇拥在讲台上好久无法离开，苏州工业园区的一位教研组组长吴淑敬老师激动地写字条给我说，她遇到了理想中的语文，遇到了理想中的语文教育。

每次讲完课陶公都会请我们吃饭，就是在铁道宾馆"华盛顿"厅吃个便餐，馒头管够，没有酒也没有饮料，有玉米粥。大家团坐，没有上下座的推让，谁来了谁找座位坐下，随吃随聊，后来就互加微信，留下联系方式。陶公则每次都坐在主人的位置上，关照我们吃饱吃好。

总能见到那些让我仰望的人，余映潮老师、孙绍振老师、黄玉峰老师、魏书生老师、程翔老师、成知辛老师、王君老师、史建筑老师，还有老咪和向晴……当然陶公也会给我们授课，那是他对于《学记》的解读，他一直谆谆教诲我们，不要追求所谓高效课堂的"术"，而要追寻属于生命规则的"道"。当然，陶公还会做主持，他喜欢把"大家"推荐给大家。

那是一群语文人的春晚，率性纯真的"我们"的文化会餐。

那天聊完天之后从铁道宾馆出来，月亮已经高高地挂在碧蓝碧蓝清澈如水的天宇，我的心突然变得好"大"，想到自己从一个穷困偏僻的小山村走来，父母都是大字不识一个的农民，我却可以站在全国的讲台上，和一群我心目中最厉害的"名家"同台，心潮澎湃不能自已。我放弃了原来打算坐公交车回家的计划——有一趟公交车可以直达我家——选择了步行回家。"只闻花香，不谈悲喜"，两个多小时，我似乎在跟那个一路走来的自己对话。十月的济南有点清凉，高跟鞋敲在马路上，其实我三百六十五天有三百多天穿运动鞋，但今天因为讲课穿上了高跟鞋，走得很奢侈，宽阔的柏油路面给我坚实的笃笃声。

"你若盛开，蝴蝶自来"，也是因为和陶公相识，我便把自己写的东西发给他，当时虽然也梦想出版一本属于自己的小书，但是又觉得是奢望。2013年，我的第一本书《陪小土豆们读初中》真的由福建教育出版社出版发行了，陶公还专门为我的小书写了序言，他说，"对于这本书，我不期待它一问世就出现'洛阳纸贵'的奇观，可是，我相信它是值得品尝的，是经得起时间检验的。当若干年之后，高平老师成了更多的人高山仰止的教育名家的时候，大家再翻开这本书阅读的时候，就会获得另外一种惊喜：任何的'名'，都是有其'实'的；任何的结果，都是有其过程的。"那是2012年的8月。

据说当时出版社还有人犹豫要不要为一位名不见经传的普通中学老师出书，但是2014年的暑假，我收到成知辛主编的电话，说这本书一线的老师们特别喜欢，希望我利用暑假把出版第一本时拆走的部分整理一下出版第二本，我当时简直不敢相信自己的耳朵，兴奋得说不出话来。因为第一本书出版的时候，我像一个囤积了一辈子的渔夫见到买家，所有的东西都晾晒出来。成老师说，即使一个爱书者也并不喜欢外出的时候搬着一块砖一样厚的书，所以出版的时候，要删减一部分。放下成老师的电话，我马上开车回家，把去年未选入的部分进行了整理，一部书的厚度就有了，书名是成老师起的，他说一个好的老师就应该随教随想，似一曲生命的乐章，就叫《教想曲》吧，那些平日里在电脑和手机里存放了太久的文字跃出屏幕，都成了书中锦缎般的记忆。

每当我问陶公我可曾让他失望，他都说我还能做得更好，不做昙花一现的名师，要做有着持久发展潜质的名师。

陶公知道我们语文组一直在追求一种理想的教育生活——还原一个知识分子读书的生活方式，于是第七届的时候，他又邀请我去讲《核心素养下的理想教育建构》，我从读书、体验类活动、文化视野大课堂的宏观视角来谈我们如何坚守属于我们的语文教育……我也越来越把这个讲台看成是分享所思所想的"场域"，没有了初次登台时的紧张局促，反而安适恬淡平和，因为每次陶公都用最欣赏的眼光注视着我们每一个人，从来都是赞美与关怀。我坐定在台上，眼望着济济一堂的朋友，觉得自己是他们中的一个。

不知多少次都对自己说，陶公，我只想修炼成像您一样的人。

名家人文教育高端论坛暨名师课堂研讨会做到第十届的时候，仿佛是我们语文人的"大庆"，陶公又一次约我，提前了半年时间。我思来想去，打算讲讲我个人的写作教学是如何推进的，因为恰巧我出版了第三本书《文学是一粒粟》，这本书多亏了济南市教研院的程菊姐姐，她那时正在我们学校挂职，她曾听过我一场语文教育的分享，其实姐姐是地理教研员，而我那时候每年都会给来自全国的考察团讲很多场。她听后感慨万端，她说在全国听过很多次关于语文的讲座，但唯有我让她"震撼"，姐姐便替我策划说可以出一套关于读书、关于写作、关于体验类活动等的著作。当时我被她说动了，但是现在看来让姐姐失望了，因为除了这本写作方面的书，其他的都还没有做到。

我在梳理写作教学的过程中，也给很多学校的老师学生做过讲座，但他们最感兴趣的竟然是：高老师为什么会写作？书中写的生活是真的吗？你是怎样成长为今天这个样子的？

我便在课件上敲出那些代表我成长历程的因素，逆时光而上，我追溯到了我的求学历程中老师的影响，家庭的折影。这时自己才一惊，那粒小小的文学的种子早早就萌芽了。是这粒种子，成就了现在的我。

陶公怕我白天讲时间太短，让我晚上讲。说实话，那天晚上结束的时候，我被团团围住，陶公也说他被感动得数次落泪。后来一位来自济宁的乡村教师专门给我写了一封信，她说她那里很多老师年过四十就不想再上课,熬着等退休,但听完我的分享,她主动申请去当一名班主任。

今年我收到陶公的邀请比较早,他说会务组有一个专门的群,去年讲完后很多人向他请求说可不可以邀请高老师去他们那里做讲座,还有几个因为上次安排在晚上而没有听会,这次极想补课。雷总也说,这次必须安排在周末的下午,让更多的老师可以听到。我答应了,还专门改了一个题目——《一个语文老师的成长小史》,讲述从大山深处走来的一个小丫头,如何走向更好的人生大山,讲述我走过的那些起伏跌宕。这次陶公仍然坐在第一排,后来他说,因为上次听完有个老师专门找到他说我讲得最好。他身边的好几个人都是他特别邀请专门来听我讲课的朋友,有的还挺远。

赵姐姐说,她也是名家人文教育高端论坛暨名师课堂研讨会最初的参与者,十几年下来,她也同样见证了我们的成长:"你的优雅从容、淡定自信在这一次给我留下的印象最深!"赵姐姐穿一身绛紫色旗袍,如一幅画从我身旁走过,她的鼓励定格成"人文教育语文人"最美的记忆。

十年,真的,我从一个刚刚接任教研组组长的课题研究新手,渐渐成长为自己梦想中的特级教师、正高级教师,这是我自己都不曾想到的。除了那三本书,山东大学出版社还出版了我主编的语文组的教育教学成果——《今天,我们这样教语文》。此外,我还主持了语文组的老师们共同参与的山东省教育科学研究院的重大课题《文化视野大课堂的建构与实施策略研究》,2020年通过了专家组的鉴定审核,结题通过。

十年,如此漫长艰辛又如此充实荣耀,内心的感慨感动感谢自不必说。陶公始终没有变,精神抖擞健步如飞。近些年因为会场就设在济南,每每讲完课,只要有时间,我都会去蹭课,陶老师都会把我讲课时的席签找出来,让我坐在第一排的最佳位置。

我想说,在做人做学问诸方面,陶公大概是我今生的方向。

英国小说家毛姆曾说:"人生实在奇妙,如果你坚持只要最好的,往往都能如愿。"

没错,突然想起宋人方岳的小诗《入村》中的句子,"山深未必得春迟",素履以往,心之所向,不停歇。